김정환의
민족과 종교와 교육

안창호 최현배 김교신 함석헌의 교육사상 탐구

김정환 저 · 우정길 편저

박영story

머 리 말

김정환(1930－2019)은 '인간주의 교육사상'을 구상하고 체계화하여 제안한 교육철학자이며, 아울러 자신의 이러한 교육학적 사유가 이 땅의 교사들에게 가닿아 '인간화 교육, 교육의 인간화'라는 열매를 맺도록 혼신의 노력을 기울인, 수많은 교사들의 스승이기도 하다. '인간주의 교육사상'으로 불리우는 그의 교육적 사유의 형성 과정과 그 의미에 관하여는 한 편의 논문(우정길, 2020. 이 책의 부록 참조)이, 그리고 그의 학자적 삶과 사제동행(師弟同行)의 아름다운 문화에 대하여는 『김정환 선생님 추모학술제 자료집』(고려대 교육사철학회 · 안암교육학회, 2020)이 길라잡이가 되겠거니와, 그의 목소리를 더욱 직접적으로 듣고자 한다면 총 30여 권에 달하는 그의 저서와 역서 그리고 총 40여 편에 달하는 그의 논문을 열어 보기를 권하는 바이다. 그의 어느 저서를 펼치더라도 '인간주의 교육사상'이라는 단단하고 온화한 대지를 경험하게 될 것이며, 그의 어떤 글을 읽더라도 '인간화 교육, 교육의 인간화'를 향한 그의 경건한 진심을 느낄 수 있을 것이다. 그의 글은 언제나 반듯하고, 열정으로 가득하며, 생기가 넘친다. 아울러 그만의 아름다운 문체는 마치 육성(肉聲)을 재현한 것 같은 특별한 체험을 선사하기에, 그 울림이 깊고 오래간다.

이 책은 교육철학자 김정환의 방대한 연구 중 20세기 전반(前半)의 대한민국을 살고 사유하며 실천하였던 4인의 교육사상가들에 대한 11편의 연구논문을 선별하여 묶은 논문집이다. 이들 4인이란 외솔 최현배, 도산 안창호, 김교신, 함석헌으로서, 김정환은 이들 각각의 교육사상을 '겨레얼 일깨움의 한글교육론', '주인의식 각성교육론', '섭리적 민족지리관에 근거한 민족적 자아발견 교육론', '섭리적 민족사관과 씨올사상에 근거한 인격혁명론'으로 명명하고, 그 세부적 체계들을 정리하였다. 아울러 이들을 엮어서 민족교육론이라는 상위 개념으로 승화시켜 내었고, 이것을 다시 자신의 '인간주의 교육사상'의 중요한 기둥의 하나로 세우는 데까지 나아간다. 이 책에 실린 11편의 논문들은 그 내용과 여정을 담은 30년간의 보고서이자 '인간주의 교육사상'의 주춧돌들이라 할 수 있다. 이 연구들의 연구사적 의의와 교육학적 의미 그리고 교수적 활용에 관한 상세한 해설은 이 책의 "서문 - 『김정환의 민족과 종교와 교육』에 대하여"에 제공되어 있으니 필요에 따라 참조하시기를 바라거니와, 더욱 직접적 음미를 위하여는 이 책에 실린 김정환의 글들을 탐독해 보시기를 권한다.

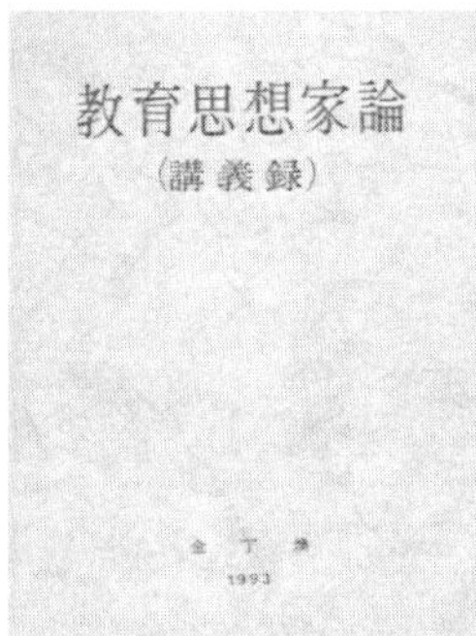

이 책의 기획은 편저자의 책장에 오랫동안 꽂혀 있었던 한 권의 미간행 강의록 사본이 계기가 되었다고 할 수 있다. 이 책의 서문에서도 언급하게 될 이 미간행 강의록에는 "教育思想家論(講義錄). 金丁煥 1993"이라는 제목이 붙여져 있으며, 그 안에는 그가 존경의 마음으로 탐구하였던 교육사상가들에 관한 옥고들이 수록되어 있다. 이 연구들의 내적 체계와 연구사적 의의를 편저자가 집중하여 재음미하게 된 것은 2019년에 들어서이다. 2019년은 3·1운동 및 대한민국임시정부수립 100주년을 기념하는 해이사, 그 교육학적 의의를 탐구하기 위하여 김정환이 회장을 역임(1981–

1982)한 바 있는 한국교육철학학회가 “일제강점기, 저항과 계몽의 교육사상가들”이라는 주제로 연차학술대회를 개최한 해이며, 동시에 김정환이 하늘의 부름을 받고 가족 친지와 제자들에게 작별을 고한 해이기도 하다.

이렇게 기념의 은유들과 상실의 슬픔이 포개어지던 그해 내내, 편저자는 그의 오래된 강의록을 책상 맡에 두고서, 대면하여 뵌 적은 없으나 문헌을 통해 이미 친숙하였던 스승의 ‘교육사상가론’을 그의 논고들을 통하여 수강하게 된 것이다. 그리고 그것은 민족과 종교와 교육에 대한, 혹은 민족교육과 종교교육의 통합적 사유에 대한 그의 열정 어린 안내와 엄밀한 가르침이었다. 이 강의로부터 얻은 영감과 가르침은, 공적 영역에서는 2019년 한국교육철학학회의 연차학술대회의 기획 전반에 걸쳐 소중한 나침반이 되어 주었고, 개인적 차원에서는 “일제강점기 한국 교육사상가에 대한 연구현황 고찰”(2019)과 “김정환의 ‘인간주의 교육사상’의 형성과 의미에 관한 고찰”(2020)이라는 연구의 친절한 길라잡이가 되어 주었다.

이제 지면을 빌려, 그의 선구적 연구들에 대하여 그리고 그가 강의록의 행간에서 보여준 인간에 대한 깊은 애정과 교육을 향한 열정에 대하여 존경과 감사의 마음을 표하고자 한다. 아울러 이 책에 실린 글들을 통해 그가 즐겨 불렀던 ‘민족과 종교와 교육의 노래들’이 오늘날 인간의 교육을 고민하는 모든 교육인들의 사유와 실천 속에서 메아리치기를 진심으로 소망한다.

이 책의 기획 단계에서 조언해 주신 강선보 교수님, 그리고 출판에 흔쾌히 동의해 주신 유족 대표 김제완 교수님께 감사의 말씀을 드린다. 또한 오래된 원고들을 정리하는 과정에서 도움을 주신 분들께도 감사의 마음을 전한다. 마지막으로 이 책의 저자인 김정환 교수님과의 오랜 출판의 인연을 여전히 소중히 여겨 주신 박영사 안상준 대표님께도 감사의 뜻을 표한다.

2021년 가을

편저자 우정길

일러두기

🕮 원문의 한자(漢字)는 가독성을 높이기 위하여 의미의 변화가 발생하지 않는 범위 내에서 한글로 옮겨 적었으며, 필요에 따라 한글과 한자를 병기하였음.

🕮 외국인명 및 고유명사는 저자의 원문 표기를 유지하였으며, 필요에 따라 해당 외국어를 괄호 속에 병기하였음.

🕮 이 책의 각주는 원문의 각주(번호 · 내용)와 동일하며, 필요에 따라 편저자가 자구(字句)를 추가할 경우, 확인이 가능하도록 별도 표기하였음.

🕮 원저자가 방점을 사용하여 강조한 내용을 이 책에서는 진한 글씨로 표기하였음.

🕮 원저자가 본문 속에서 간략한 설명의 목적으로 추가적 설명을 붙여 놓은 경우 "필자 주"로 표기하였으며, 이 책의 편집 과정에서 편저자가 부가적 설명을 붙인 경우 "편저자 주"로 표기하였음.

🕮 각 원문의 첫 쪽에 표기되어 있는 "저자 소개"는 생략하였으며, 책날개의 저자 소개로 이를 대신하였음.

🕮 각 논문의 출처는 해당 글 제목의 각주로 표기하였음.

차 례

I. 서문

『김정환의 민족과 종교와 교육』에 대하여(우정길) ············ 1

II. "백조, 민족과 종교와 교육을 노래하다"(김정환) ············ 17

1. 외솔 선생의 민족적 교육학(1973) ············ 21
2. 김교신의 교사로서의 특질 분석(1974) ············ 41
3. 김교신의 민족정신사적 유산 – 『성서조선』의 일기를 중심으로 – (1976) ············ 61
4. 도산(島山) 교육사상의 발전적 계승책(1986) ············ 97
5. 최현배의 교육사상 연구(1988) ············ 137
6. 김교신(Ⅰ) – 민족에 대한 그리스도교적 사랑(1989) ············ 173
7. 김교신(Ⅱ) – 민족에 대한 그리스도교적 사랑(1989) ············ 185
8. 함석헌(1991) ············ 197
9. 외솔 교육사상의 틀 분석(1995) ············ 209
10. 외솔 교육사상 분석(1997) ············ 217
11. 김교신 – 민족적 기독교를 통한 종교입국 주창자(2002) ············ 235

III. 부록

김정환의 "인간주의 교육사상"의 형성과 의미에 관하여(우정길) ··· 249

찾아보기 ············ 281

I

서문

-『김정환의 민족과 종교와 교육』에 대하여 -

우정길

-『김정환의 민족과 종교와 교육』에 대하여 -

이 책이 담고 있는 논문들은 1973년에서 2002년 사이에 출판된 김정환의 논문들로서, 이들은 모두 일제강점기를 관통하여 살고 사유하며 실천하였던 교육사상가들에 대한 연구이자, 김정환이 오랫동안 연구하고 교수하였던 민족교육론의 중요한 사료(史料)라는 공통점을 갖는다. 본 서문에서는 이 책에 별도로 모아진 김정환의 연구들이 갖는 의미를 다음 세 가지 측면, 즉 (Ⅰ) 민족교육론의 재음미, (Ⅱ) '인간주의 교육사상'과의 관련성, 그리고 (Ⅲ) 종교개혁의 정신사적 맥락 등의 관점에서 해설함으로써, 이 책의 글들을 접하는 독자들의 이해를 돕고자 한다.

Ⅰ. 민족교육론의 재음미
- 연구사적, 교육이론적, 교수활동적 관점에서

일제강점기 교육사상가들은 해방 이후 한국의 교육사학계와 교육철학계가 충분한 관심을 기울이지 못했던 주제였다. 즉 조선과 대한제국, 그리고 일제강점기와 미군정기와 대한민국으로 이어지는 일련의 역사적 흐름 속에서 그들이 매김하였던 자리와 역할과 위상에 비하자면, 일제강점기 교육사상가들은 교육사학·교육철학 연구의 시각지대에 놓인 채 오랫동안 정당한 조명을 받지 못하였다고 볼 수 있다(김정환, 1997: 20). 한용진 외(2010)의 연구[1] 및 박의수(2004)의 연구[2]에 근거하여 일제강점기 교육사상가 연구의 현황을 분석한 우정길(2019)의 연구의 결론을 공유해 보자면, 아래와 같다.

> "'교육사상가'와 '일제강점기'가 조합될 경우, 두 학계 모두 상당히 소극적인 연구 경향을 보였다는 점은 특별한 주목을 요하는 부분이다. 특히 교육사학계의 경우 1990년대 이후 일제강점기에 대한 일반적 관심이 점증하였고, 심지어 2005-2009년 기간에는 일제강점기라는 시대가 여타 시대를 제치고 가장 관심도 높은 시대로 나타남에도 불구하고, 일제강점기 교육사상가 연구는 일제강점기에 대한 일반적 관심의 경향에 역행한 것으로 파악된다. 그런가 하면, 일제강점기 자체에 대해 소극적인 관심을 보여 온 교육철학계에서도 역시 1990년 이후 일제강점기 교육사상가 연구가 전혀 주목을 끌지 못한 것으로 파악된다. … 이 두 연구가 고찰한 시기에 한정하여 본다면, 일제강점기 교육사상가들에 대한 연구는 한국의 교육철학계와 교육사학계가 충분한 관심을 기울이지 못했던 연구의 사각지대였다."
>
> (우정길, 2019: 87f)

물론 위와 같은 반성이 2000년대 들어 갑자기 나타난 것은 아니다. 위 결론은 한국교육학회 교육사·교육철학회의 창립(1964) 이후부터 2000년대 초까지에 이르는 방대한 자료에 근거하여 사후적으로 분석된 실증적 연구들의 결과이기에 신뢰할 만한 것이기는 하다. 그러나 위와 같은 반성에 근거한 기획은 학회 차원에서도 없지 않았거니와,[3] 이미 몇몇 연구자

1) 한국 교육사학계의 대표적 학술지인 『한국교육사학』과 『교육사학연구』에 1969년부터 2009년까지 게재된 499편의 논문을 바탕으로, 교육사학계의 연구동향을 분석한 연구.

2) 1960년부터 2003년 사이 발표된 석사학위논문(1588편), 1960년부터 1991년 사이 출판된 논문과 저서·역서(1302권), 1991년부터 2003년 사이 『교육철학』(現 교육철학연구)과 『교육학연구』에 게재된 논문(386편), 그리고 해당 기간 발표된 박사학위논문(82편) 등의 방대한 자료를 바탕으로 한국 교육철학계의 연구 동향을 분석한 연구.

3) "한국교육학회 교육사연구회"(現 한국교육사학회)가 출판한 『교육사상가 평전』(제I권)(1987) 및 "한국교육학회 교육철학연구회"(現 한국교육철학학회)가 1987년("한국

들에 의해 오래전부터 자성의 대상으로 지목된 것이기도 하다. 일제강점기 교육사상가들에 관한 한 가장 광범위한 발굴과 소개를 선보인 손인수의 아래와 같은 성찰이 그 대표적인 사례이다.

> "우리나라 교육사상가의 평전은 아직 정리되어 있지 않은 단계에 있기 때문에, 이를 쓴다는 것은 생각처럼 쉬운 일이 아니었다. 쉬운 일이 아니기 때문에 우리들은 블룸(B.S. Bloom)이나 듀이(J. Dewey)의 교육사상은 알아도 이승훈, 안창호, 조동식, 김교신 등의 교육사상은 제대로 이해하고 있지 못하는 것 같다. 블룸, 듀이를 말하기 전에 이승훈, 김교신을 알아야 하는 것은, 그것이 〈나〉 자신을 포함하는 한국적 진실이기 때문이다."
>
> (손인수, 1990: ii)

그리고 이미 그보다 40여 년 전에 『한국교육사』(상·중·하. 1956-1959)를 통해 6인의 일제강점기 교육사상가들의 이름을 간략하게나마 거명해 두었던 박상만의 아래와 같은 목소리는, 그가 해당 역사의 시대에 더욱 근접하여 있었기에 그 울림이 자못 특별하다.

> "경술년(庚戌年) 이후 오늘날까지 40유여년간은 우리 민족은 가까스로 여러가지 고난을 겪어 왔으므로, 여기서 옳은 교육이 행해질 리 없었고, 따라서 위대한 교육자가 나올 리 없었다. 그러나 다행히도 다음에 말할 도산(島山) 안창호(安昌鎬), 한흰샘 주시경(周時經), 남강(南岡) 이승훈(李昇薰), 한서(翰西) 남궁억(南宮檍), 백농(白儂) 최규동(崔奎東) 이 다섯 분 선생이 그러한 수난기에 나타나서, 쓰러진 한민족의 갱생을 확신하고, 거기다가 교육의 이념을 굳게 세운 뒤에, 교육가로써 또는 혁명가로써 죽엄을 무릅쓰고 눈물겨운 활동과 실천으로 정의(正義)를 굳굳이 지켜 모진 형옥(刑獄)도 두

교육철학의 개척자들")과 1992년("한국교육사상가 연구")에 개최하였던 학술대회가 그 예이다. 이 두 학회의 기획과 관련된 구체적 내용은 우정길(2019: 88f)을 참조하기 바람. 가장 최근의 기획은 한국교육철학학회 2019연차학술대회("일제강점기, 저항과 계몽의 교육사상가들")가 있음. 이에 관하여는 한국교육철학학회 연구기획자료인 "2019 한국교육철학학회 연차학술대회를 준비하며"(한국교육철학학회, 2019)를 참조하기 바람.

려워하지 아니하고, 오로지 청년학도를 마음 속 깊이 이 민족혼을 부어 넣기에 여생을 다 바치어, 오늘의 우리의 국권을 회복할 큰 기틀을 잡아 놓았던 것이다." (박상만, 1959: 391)

그리고 이로부터 10여 년이 지난 1971년, 박상만은 다시 이렇게 말한다.

"대저 학문하는 태도는 먼저 내 것을 알고, 다음에는 남의 것을 알고, 그 다음에는 내 것과 남의 것을 대조하고 비교하여, 그 좋은 점을 취함으로써 내 것을 일층 갈고 닦고 다듬고 윤내어서, 내 것을 아주 완미(完美)한 것으로 만드는 데 있을 것이다. 서방 교육하는 사람 가운데는 이 태도를 멀리 벗어나서 내 것을 알기 전에 남의 것을 먼저 알기에 힘을 쓰고, 내 것을 말하기 전에 남의 것을 먼저 말하기를 좋아하는 경향이 너무나 짙은 것이 있어, 필자는 언제나 이를 못마땅하게 여겨 온 바다." (박상만, 1971: 自序)

박상만의 첫 출판으로부터 60여 년이 지난 시점인 2019년, 한국교육철학학회가 3·1운동 및 대한민국임시정부수립 100주년을 기념하여 "일제강점기, 저항과 계몽의 교육사상가들"이라는 주제로 연차학술대회를 개최하고, 그 연구의 결과들을 동일 제목의 저서로 묶어서 한국 교육학의 역사에 기록·보존하였다는 점은 위와 같은 연구사적 맥락에서 그나마 다행스러운 일이라 할 수 있다(한국교육철학학회, 2020).

이 짧지 않은 한국 현대 교육학의 여정을 회고해 보건대, 김정환이 남긴 선구적인 연구들의 가치는 더욱 적극적으로 환기되고 공유될 필요가 있다. 박상만의 회한을 담은 마지막 권고의 시점인 1971년 이래, 혹은 김정환이 직접 회고하는 보다 정확한 계기를 들자면(김정환·강선보, 1998: 370), 1972년 7·4공동선언 이후 민족과 민족교육에 대한 논의가 정치적으로 해금(解禁)되면서부터 30여 년 동안 김정환은 민족교육이라는 큰 그림을 그리며 자신의 연구를 묵묵히 수행해 나갔다. 이 민족교육의 이념 정립이라는 기획을 담은 글의 시작이 바로 이 책 제II부의 첫 글 "외솔 선생의 민족적 교육학"(김정환, 1973a)이었으며, 그 마지막은 이 책 제II부의 마지막 글 “김교신 – 민족적 기독교를 통한 종교입국 주창자”(김정환, 2002)이다. 이 기간 동안 김정환이 집중적으로 조명한 교육사상가들의 이름은 최현배, 김교신, 안창호 그리고 함석헌이며, 이렇게만 하여도 이미 일제강점기 교육사상가 4인에 대한 연구들을 선보인 셈이 된다. 그리고 이러한 사례는 한국의 교육학계에서 결코 흔하지 않다.[4)]

김정환의 연구가 여타 일제강점기 교육사상가 연구들(손인수, 1990; 김선양, 1999; 이문원, 2002)과 대비되는 점이라면, 김정환은 이들의 생애와 업적과 사유에 관한 사료들을 제시하는 데서 한 걸음 더 나아가, 이들 각각의 사유에 교육이론적 체계를 부여하고, 그 각각의 의미가 드러나도록 이름을 부여하였으며, 이 모두를 엮어서 “민족교육론”이라는 상위의 개념으로 승화시켜 내었다는 점이다. “국혼교육론”(박은식), “자주적 국사교육론”(남궁억), “주인의식 각성교육론”(안창호), “겨레얼 일깨움의 한글교육론”(최현배), “섭리적 민족지리 교육, 민족사관에 근거한 민족적 자아발견 교육론”(김교신), “고난사관과 씨울사상에 근거한 인격혁명론, 섭리적 민족사 교육”(함석헌), “언론 · 산업 · 교육의 포섭 · 통합교육론”(김성수) 등은 그가 숙고하여 제안한 이론명들이거니와(김정환, 2006: 300; 김정환 · 강선보, 1998: 366), 그 각각의 명명 속에서 그는 또 세세한 체계들을 한 아름씩 발굴하여 펼쳐 보였다. 최현배에 대하여는 “민족교육론, 구국교육론, 사회교육론, 국어교육론, 페스탈로치 교육사상의 체계화”라는 다섯 갈래로 교육사상을 정리하였고(김정환, 1995a; 1997), 김교신에 대하여는 “섭리적 민족지리관에 근거한 민족교회관과 한국인관”이라는 밑그림 위에 교육학적 관점에서 “이상적 교사상과 가정교육관”(김정환, 1976)을 추출하고, 최종적으로는 다시 “종교입국론”(김정환: 2002)으로 교육사상의 정수를 개념화하였다. 안창호의 경우 “선비 사상, 국민교육이념, 노작교육론, 주인의식 각성교육론, 민족교육론”(김정환, 1986) 등의 다섯 체계를 제시하고 이를 “교

4) 참고로, 김정환은 이 4인의 교육사상가들에 더하여 “박은식, 남궁억, 이승훈, 김성수”(김정환, 1973a; 1995c: 273; 2006: 300f; 김정환 · 강선보, 1998: 366f) 등을 추가적으로 언급은 하지만, 이들에 대한 독립적 연구성과로 이어지지는 않았다.

육입국론”(김정환, 2002)으로 명명하였다.

여기서 한 걸음 더 나아가 김정환은 위와 같이 체계화·유형화된 민족교육의 이념들을 현대의 대안교육, 평화교육, 전인교육 등의 지평으로까지 연결·확장하여 논의함으로써, 민족교육의 이념들이 현대 한국의 교육학적 맥락과도 유의미하게 연결될 수 있는 지평을 열었다(김정환, 1987a; 2006; 김정환·강선보, 1998: 384f). 그가 이룬 민족교육 이념의 체계화·유형화와 지평의 확장은 한국의 자생적 교육사상의 발굴과 체계화라는 측면에서 분명 긍정적으로 평가되고 재음미될 가치가 충분하다.

김정환의 연구가 갖는 연구사적·교육이론적 기여에 더하여 추가로 언급되어야 할 점은, 김정환이 자신의 민족교육론을 대학의 강의실에서도 적극적으로 교수하였다는 사실이다. 그가 “교육사상가론” 강좌의 교재로 활용하였던 미간행 강의록(1993: 이 책 머리말의 <그림> 참조)에는 위 4인의 교육사상가에 대한 자신의 연구논문들(이 책 제II부의 4-7번 글)이 실려 있는데, 이 강의록은 1980년대 후반부터 1990년대 전반에 활용되었던 것으로 보인다. 아울러 그의 민족교육론에 대한 애착은 그가 교수활동에 활용하였던 교재 곳곳에서도 확인된다. “교육학개론” 강좌의 교재로 활용되었던 『교육의 본질과 과제』(1973b) 및 『교육학개론』(1984, 1987a)에는 “민족교육론”이라는 제목의 장(章)이 별도로 마련되어 있었으며, “교육철학” 강좌의 교재로 활용되었던 『교육의 철학과 과제』(1974b) 및 『교육철학』(김정환, 1987b; 김정환·강선보, 1998)에도 역시 “한국교육의 이념 탐구” 또는 “한국교육의 이념과 과제”라는 제목의 장을 통해 민족교육의 이념이 교수되었다. 아울러 “현대교육사조”라는 강좌의 강의안을 보완하여 출판한 『현대의 비판적 교육이론』(1988b)에도 김정환은 “한민족과 교육”이라는 제목의 부(部)를 두고, 그 안에 세 편의 논문을 담아 한민족의 교육적 인간상을 논하고 있다. 이외에도 교사교육과 교사론이 언급되는 대부분의 논저에는 어김없이 페스탈로치와 함께 위 교육사상가들이 모범적 스승상의 예시로 언급되었다(김정환, 1995b; 1997).

그러므로 이 책에 실린 김정환의 연구들이 갖는 의의는 다음 세 가지로 정리될 수 있다. 첫째, 일제강점기 교육사상가들에 관련하여 혹은 20세기 전반의 한국의 자생적 교육사상과 관련하여, 연구사적으로는 1970년대부터 2000년대 초반까지의 시대적 공백과 필요를 충실히 메움으로써 이 시기 이전과 이후 사이의 가교의 역할을 하였고, 둘째, 위 교육사상가들과 관련하여, 교육학적으로는 사료의 수합과 소개라는 차원을 넘어 사상의 체계화를 통한 이론형성에 기여하였으며, 마지막으로, 교수활동의 측면에서는, 이러한 민족교육의 담론이 예비교사와 현직교사들 그리고 나아가 한국의 교육계 전반에 지속적으로 교수·성찰되는 체계적 계기를 제공한 것이다. 이렇게 김정환은 민족교육의 의미를 환기시킨 현대의 교육철학자이자 동시에 교수로서 소명에 충실하였고, 그의 마음의 스승 페스탈로치와 김교신의 학문과 삶을 닮아가기를 희구(希求)하였다.

Ⅱ. '인간주의 교육사상'과 민족교육 · 종교교육

서두에서도 언급하였거니와 김정환의 교육적 사유는 '인간주의 교육사상'으로 불리운다. 그리고 이 '인간주의 교육사상'은 총 다섯 개의 이론적 기둥들, 즉 "페스탈로치, 교육인간학, 실존주의 교육사상, 종교교육 그리고 민족교육"으로 이루어져 있다(우정길, 2020). 이 책에 실린 11편의 논문들은 이 다섯 기둥 중 직접적으로는 민족교육에 해당하지만, 포괄적으로는 세 가지, 즉 페스탈로찌와 종교교육 그리고 민족교육 모두에 관계되는 것이기에, 이들은 김정환의 '인간주의 교육사상'의 전모를 이해하는 데도 매우 중요한 자료들이라 할 수 있다.

우선 페스탈로치라는 중심 기둥과 관련하여서는 외솔 최현배의 교육사상 탐구가 그 한 축을 이룬다고 볼 수 있다. 김정환은 국내외적으로도 명성이 높은 페스탈로치 연구가이다. 그의 박사학위논문도 페스탈로치에 관한 것이있거니와, 필생의 한 가지 연구 업적을 꼽으라면 페스탈로치의 교육사상이라고 고백할 정도로(김정환, 1995b: ii) 페스탈로치 연구에 대한 그의 열정은 깊었으며, 그 수준은 세계적인 것이었다. 이런 그에게 있어서 히로시마대학(広島大学)에서 자신에 앞서 페스탈로치 연구로 박사학위를 취득하였을 뿐 아니라 한국인 최초의 페스탈로치 연구자였던 최현배는 특별한 의미의 존재였을 것이다. 즉 김정환에게 페스탈로치는 존경해마지 않는 교육학자이자 최고의 교사임과 동시에 최현배라는 당대에 드물었던 한국인 선배 교육학자와 자신을 이어주는 매개이기도 하였던 것이다.[5] 그래서인지 최현배의 교육사상을 이해하는 김정환의 시각에는 페스탈로치의 교육인간학적 틀이 투영되어 나타나기도 한다. 그가 최현배의 교육사상을 "민족교육, 사회교육"이라는 개념으로 체계화해 낸 것도 페스탈로치의 국민교육(Volksbildung)이라는 개념이 투영된 결과라고 할 수 있다(김정환, 1995b). 주지하는 바와 같이 독일어권의 'Volk'는 국민과 민족과 민중을 동시에 의미하기에, 페스탈로치의 교육사상을 탐구한 김정환의 관점에서는 최현배의 '민족'교육이 국민교육이자 사회교육이라는 개념으로 자연스럽게 연결되었던 것이다(김정환, 1973a: 62).

둘째, 종교교육과 민족교육이라는 요소의 경우, 이 두 가지가 김정환의 '인간주의 교육사상' 내에서는 상호불가분의 관계에 있다는 점은 대단히 특별하다. 즉 김정환의 사유 속에는 민족과 종교와 교육이 하나로 뭉쳐 있다. 종교와 민족이 늘 동일한 것을 의미하지는 않겠으나, 김정환에게

5) 최현배에 대한 김정환의 심상은 외솔의 교육사상에 관한 그의 글에서 다음과 같이 언급되고 있다. "외솔이 청운의 뜻을 품고 수학한 히로시마(広島)에서 공부를 했고, 또 외솔이 우리말과 얼을 지키기에 급한 나머지 계속 연구하지 못했던 페스탈로찌 교육학을 연구하고 있는 사람으로서, 개인적으로 외솔에 남몰래 존경의 염을 품었으며, 또 위와 같은 과제를 인식하고 있으면서도 오늘날까지 아무런 수필 하나도 이에 대해서 써 보지 못한 것에 깊은 죄책감 비슷한 것을 느끼고 있었나"(김정환, 1973a: 59). 아울러 김정환은 『페스탈로찌의 생애와 사상』의 "머리말"에서도 다음과 같이 적고 있다. "필자를 페스탈로찌 연구의 길로 몰아넣으셨고 지금은 그렇게도 기다리시던 페스탈로찌의 묘 옆에 나란히 쉬고 계시는 故 오사다 아라타(長田 新) 은사님, 우리나라의 교육입국의 이념을 페스탈로찌에게서 찾으셨던 故 최현배 선생님, 그리고 민족의 밝은 앞날을 꿈꾸며 교육에 힘쓰고 있는 우리 나라의 무명의 교육동지들에게 삼가 이 책을 바친다. 1974년 이른 봄"(김정환, 1974b: 4).

있어서 이 둘은 동전의 양면처럼 나란히 자리한다. 잘 알려진 바와 같이, 김정환은 기독교 신자였다. 그것도 만년의 회상을 담은 저서 『한 교육학자의 자서전. 백조의 노래』(김정환, 2011)에서 총 열다섯 장 중 다섯 장을 할애하여 자신의 기독교적 신념을 고백할 정도로, 그는 신심이 깊은 기독교도였다. 그에게는 도덕 역시 종교 안에 있다. 그는 『교육의 철학과 과제』(김정환, 1974b)에서 제6장의 소제목을 "도덕 · 종교와 교육"으로 정하지만, 내용을 보자면 그는 사실상 도덕을 종교라는 틀 안에 넣고 논한다. 도덕과 종교가 동일하지 않을 수 있는 가능성에 대하여 그도 모르는 바는 아니었을 것이지만, 그에게 있어서 자신이 신앙하는 종교는 도덕보다 큰 그릇이었다. 그는 이렇게 말한다. "물론 종교는 윤리와 다르다. 그러나 기독교는 윤리적 종교다. 한국교회도 윤리를 회복해야 한다"(김정환, 2011: 121). 아울러 민족마저도 그에게 있어서는 종교에서 안식을 찾아야 할 무엇이다. 종교는 그가 모친으로부터 물려받은 유산이자, 민족이라는 문화적 유산을 전수받은 통로이기도 하였다.

김정환이 1960년대부터 동참하였던 서울성서연구회는 그가 "위대했던 무교회 선생님들, 자랑스러운 무교회 선배들"(김정환, 2011: 127f)이라 칭송한 인도자들을 만났던 곳이자, 김정환이라는 인물 속에서 종교교육이 자연스럽게 민족교육과 합하여지게 된 계기라 할 수 있다. 페스탈로치를 연구하기 훨씬 이전에 가졌던 기독교 신앙 그리고 이를 통해 새롭게 발견하게 된 민족교육의 가치는 그가 "내가 가장 존경하는 사람"(김정환, 2011: 84)이라고 고백한 김교신에 대한 연구로 첫 결실을 맺게 된다. 그는 "김교신의 교사로서의 특질 분석"(김정환, 1974a)을 통해 교육자 김교신을 조명한 바 있으며, 이후 "김교신의 문화정신사적 유산"(1976), 『김교신』(1980), "김교신(I, II) - 민족에 대한 그리스도교적 사랑"(1989a; 1989b), 『김교신. 그 삶과 믿음과 소망』(1994), "김교신. 민족적 기독교를 통한 종교입국 주창자"(2002) 등을 통하여 교육사상가이자 교육자로서 김교신에 대한 연구의 모범을 한국의 교육학계에 세워 놓았다. 아울러 이 책에 함께 실린 안창호와 함석헌에 대한 연구들(김정환, 1986; 1991) 역시 종교교육과 민족교육의 관점에서, 특히 대한민국의 20세기 자생적 교육사상의 역사 및 일제 강점기 저항과 계몽의 역사라는 관점에서 간과되어서는 안 될 중요한 기여라 할 수 있다(우정길, 2019; 한국교육철학학회, 2020).

이 책에 모아진 연구들은 김정환이 그의 30대로부터 노년에 이르도록 종교와 민족을 어떤 관점에서 바라보고, 이 둘을 교육이라는 관점에서 어떻게 통합적으로 체계화시켜 나갔는지를 방증해 주는 중요한 자료들이다. 동시에 이것이 그의 '인간주의 교육사상'의 넓은 뜰로 입장하는 중요한 통로가 됨은 물론이다. 이 책에 실린 11편의 논문들이 가리키는 페스탈로치, 민족교육, 종교교육에 더하여 페스탈로치의 교육사상에 대한 심화된 연구들, 20세기 후반 독일의 교육인간학 그리고 마지막으로 실존주의 교육사상에 대한 연구들이 더해지면, 이로써 그의 '인간주의 교육사상'이라는 반듯한 건축물의 다섯 기둥이 완비되는 것이다.

Ⅲ. "백조, 민족과 종교와 교육을 노래하다" – 종교개혁의 정신사적 유산의 계승

마지막으로 이 책 제Ⅱ부의 제목 "백조, 민족과 종교와 교육을 노래하다"의 의미에 대하여 부연하고자 한다. 일반적으로 '백조의 노래'는 예술가의 마지막 작품을 가리키는 대명사로 여겨져 왔다. 백조가 죽음의 직전에만 한 번 운다는 전설 때문에 붙여진 이름이다. 예술계에서 가장 유명한 사례로는 작곡가 슈베르트(F. Schubert)의 서거 이후 그를 기리며 출판된 연가곡집 "백조의 노래"(1828)가 있지만, 그에 앞서 페스탈로치가 『백조의 노래(Schwanengesang)』(1825)라는 제목의 자서전을 출판하였다는 것도 주지의 사실이다. 김정환도 자신이 존경해마지 않았던 페스탈로치를 따라 『한 교육학자의 자서전. 백조의 노래』(2011)라는 제목의 자서전을 집필하며, 다음과 같은 회고를 남겼다.

"나이 여든에 들어서면서 자주 '백조의 노래' 전설이 생각난다. … 백조는 늙으면 역시 무리를 떠나 지내다가 죽음을 예감하면, 외로이 조용하게 아름답게 슬프게 그리고 마지막으로 혼신의 힘을 다해 울어본다 한다. … 회한과 그리움과 꿈이 뒤섞여 나오는 울음일 것이다. 그래서 '백조의 노래'는 자서전의 단골 제목이 되기도 한다. 페스탈로치도 1825년에 『백조의 노래』라는 자서전을 썼다. 내가 지금까지 써 온 것은 실은 이 백조의 노래 같은 것이다. 회한과 환희, 만남과 그리움 이런 것들이었다."

(김정환, 2011: 3, 231)

김정환은 저렇게 페스탈로치를 좇아 자신도 '백조의 노래'를 남기노라 술회하고 있지만, 1973년부터 2002년까지 그가 혼신의 노력으로 집필하였던 글들을 한 글자씩 옮겨 적으며 다시 음미할 기회를 선사받은 편저자에게 이 '백조의 노래'는 또 다른 하나의 의미로 다가온다.

페스탈로치와 슈베르트의 경우와는 무관하게, '백조'는 김정환이 그의 글 곳곳에서 칭송해 마지않았던 종교개혁가 루터(M. Luther. 1483-1546)의 별명이기도 하였다. 그것도 루터 당대에 그에게 붙여진 별명이 아니라, 그보다 100여 년이나 앞서 체코 프라하 지역을 중심으로 활동하였던 기독교 신학자요, 성직자이자 프라하 카렐대학(Univerzita Karlova) 총장을 역임한 후스(J. Hus. 1369-1415)가 예언을 통해 부여한 별명이었다. 후스 역시 당시 부패한 교회권력을 향하여 성서의 가르침으로 돌아가라는 비판을 거침없이 가하였고, 이로 인하여 콘스탄쯔 공의회(Konzil von Konatanz) 종교재판에 회부된 후 여하한 소명의 기회를 박탈당한 채 화형에 처해진다. 1415년 7월 6일, 죽음에 이르기 직전 그는 다음과 같은 말을 남긴다. "너희는 지금 거위(Hus) 한 마리를 불태워 죽인다. 그러나 100년 후에는 태울 수도 없고 삶을 수도 없는 백조가 나타날 것이다." 이처럼 '거위(Hus)'라는 이름의 육체는 역사의 무대에서 사라졌지만, 그로부터 100여 년이 지난 1517년, 후스의 종교개혁의 정신은 루터라는 이름의 백조로 부활하여 새로운 역사의 마중물이 된 것이다.

김정환 역시 넓은 의미에서 후스와 루터와 같은 종교개혁인의 후예라 할 수 있다. 그가 우찌무라 간조(內村鑑三)와 김교신을 그리도 흠모하였던 이유 역시 그가 깊이 공감하고 실천하였던 종교개혁의 정신 때문이기도 하다. 그에게 종교개혁의 정신이란 "민족적, 민중적, 반교권적"(김정환, 1976; 2002)인 것을 의미하였다. 그가 페스탈로치를 소개할 때면 늘상 읊조리곤 하였던 "귀족중심의 교육에서 민중중심의 교육으로, 교사중심의 교육에서 생도중심의 교육으로, 지식중심의 교육에서 생활중심의 교육으로, 특정 기능중심의 훈련에서 인격각성의 교육으로"(김정환, 1995: i)라는 구호도 교육학의 언어로 계승한 종교개혁의 정신이요, 김교신을 "평생을 교육의 장(場)을 지키면서 민족의 교사, 민중의 교사, 젊은 영혼의 교사 그리고 평신도의 교사로 일관한 사람"(김정환, 1980: 17)이라 칭하며 존경과 전파를 이어나갔던 이유 역시 종교개혁의 정신이 김교신의 교육학적 사유에 배어있다는 판단 때문이기도 하였다. 김정환에게 종교개혁의 정신은 자신의 '인간주의 교육사상'의 사상적 원천이었고, '인간화 교육, 교육의 인간화'를 위한 실천의 동력이었다. 어쩌면 1415년 후스가 외쳤던 그 '백조'라는 별칭은 그로부터 100여 년이 지나 루터(1517)에게도, 루터 이후 500여 년이 지나 김정환(1930-2019)에게도, 그리고 이들의 정신을 자신의 학문과 삶에 구현하고자 분투하는 오늘날의 모든 이들에게 부여되는 영예로운 이름일 것이다.

이런 의미에서 이 책 『김정환의 민족과 종교와 교육』에 모아진 11편의 논문은 모두 '백조' 김정환이 즐겨 부른 노래들이라 할 수 있다. 백조의 노래이기는 하나, 그것이 한 번으로 마감되는 전설의 노래가 아니라, 그의 사후에도 계속 울리는 노래일 것이다. 그가 진심으로 추구하였던 종교개혁과 교육개혁의 정신이 계속되는 한, 민족과 종교와 교육을 향한 그의 노래는 한국의 교육학계에 언제나 메아리되어 울릴 것이다.

참고문헌

고려대 교육사철학회 · 안암교육학(2020.08.27). 『김정환 선생님 추모학술제 자료집』(서울특별시의회 제2대회의실).

김선양(1999). 『현대한국교육사상사』. 서울 한국학술정보.

김정환(1973a). 외솔 선생의 민족적 교육학. 『나라사랑』 10, 58-74.

김정환(1973b). 『교육의 본질과 과제』. 서울: 박영사.

김정환(1974a). 김교신의 교사로서의 특질 분석. 『나라사랑』 17, 33-46.

김정환(1974b). 『교육의 철학과 과제』. 서울: 박영사.

김정환(1974c). 『페스탈로찌의 생애와 사상』. 서울: 박영사.

김정환(1976). 김교신의 문화정신사적 유산 - 『성서조선』의 일기를 중심으로. 『민족문화연구』 10, 169-201.

김정환(1980). 『김교신』. 한국신학연구소.

김정환(1984). 『교육학개론 - 교육의 본질과 과제』. 서울: 박영사.

김정환(1986). 도산 교육사상의 발전적 계승책. 『도산사상연구』 1, 113-161.

김정환(1987a). 『교육학개론 - 교육의 본질과 과제』. 서울: 박영사.

김정환(1987b). 『교육철학』. 서울: 박영사.

김정환(1988a). 최현배의 교육사상. 『교육철학』 6, 91-105.

김정환(1988b). 『현대의 비판적 교육이론』. 서울: 박영사.

김정환(1989a). 김교신(I) - 민족에 대한 그리스도교적사랑. 『살림』 8, 63-71.

김정환(1989b). 김교신(II) - 민족에 대한 그리스도교적사랑. 『살림』 9, 62-71.

김정환(1991). 함석헌. 『한국의 교육사상가(下)』. 서울: 교원복지신보사, 313-322.

김정환(1993). 『교육사상가론』. 미간행강의록.

김정환(1994). 『김교신 - 그 삶과 믿음과 소망』. 서울: 한국신학연구소.

김정환(1995a). 외솔 교육사상의 틀 분석. 『나라사랑』 90, 85-88

김정환(1995b). 『페스탈로찌의 교육철학』. 서울: 고려대학교출판부.

김정환(1995c). 『인간화 교육 어떻게 할 것인가』. 서울: 내일을여는책.

김정환(1997). 외솔 교육사상 분석. 『동방학지』 95, 17-33.

김정환(2002). 김교신 - 민족적 기독교를 통한 종교입국 주창자. 『한국사 시민강좌』 30, 283-295.

김정환(2006). 『한국교육이야기 백 가지』. 서울: 박영사.

김정환(2011). 『한 교육학자의 자서전. 백조의 노래』. 서울: 월인.

김정환 · 강선보(1998). 『교육철학』. 서울: 박영사.

박상만(1959). 『한국교육사(하)』. 서울 대한교육연합회중앙교육연구소.

박상만(1971). 『한국역대교육명가열전』. 서울 한국자유교육협회.

박의수(2004). 한국 교육철학의 연구 동향과 과제. 『교육철학』 31, 1-22.

손인수(1990). 『한국교육사상가평전』(Ⅱ). 서울 문음사.

우정길(2019). 일제강점기 한국 교육사상가에 대한 연구 현황 고찰. 『교육철학연구』 41(2), 81-103.

우정길(2020). 김정환의 “인간주의 교육사상”의 형성과 의미에 관한 고찰. 『한국교육학연구』 26(3), 139-162.

이문원(2002). 『한국의 교육사상가』. 서울 문음사.

한국교육철학학회(2019). 연구기획자료 - 2019 한국교육철학학회 연차학술대회를 준비하며. 『교육철학연구』 41(2), 211-221.

한국교육철학학회 편(2020). 『일제강점기, 저항과 계몽의 교육사상』. 서울: 박영사.

한국교육학회 교육사연구회 편(1987). 『교육사상가평전』(I. 한국편). 서울: 교학연구사.

한용진 외(2010). 학회지 분석을 통한 한국의 교육사 연구 동향. 『교육사학연구』 20(2), 155-179.

II

"백조, 민족과 종교와 교육을 노래하다"

김정환

제 1 장

외솔 선생의 민족적 교육학

외솔 선생의 민족적 교육학

김 정 환
〈고려대 교수 · 교육학 박사〉

민족 교육학자로서의 외솔의 민족 사회 교육학의 본질과 특색, 거기서 추출되는 유형은 무엇인가.

Ⅰ. 민족과 페스탈로찌와 외솔

외솔은 학문적으로는 우리말을 다듬고 지켜 온 사람, 인간적으로는 지사적이며 동시에 꿈과 사랑이 몸에 배인 사람, 그리고 사회적으로는 하늘이 주신 그분의 사명을 다하시고, 모든 국민의 존경을 한몸에 받으시며 아름답게 세상을 떠나신 분이며, 또 모든 사람이 그렇게 추앙을 하고 있는 분이다. 그런데 이런 그분의 생애와 업적의 객관적인 평가에서 우리가 간과하기 쉬운 측면이 있으니, 그것은 민족의 교사 그리고 교육학자로서의 업적이다.

외솔은 우리 나라 최초의 '페스탈로찌 학자'이자, 또 「베스달로찌이의 教育 思想(원문대로)」이란 논문으로 학사 학위를 받으신 분이며, 한 걸음 더 나아가 피히테의 「독일 국민에게 고함」에 견주고도 남음이 있는 《조선 민족 갱생의 도(道)》를 우리 겨레에게 외치심으로써 민족의 독립을 성취할 수 있는 참된 정신적 · 문화적 · 경제적 기반이 어디에 있는가를 사회 교육학적 넓고 높은 관점에서 다듬어 보이신 분이다.

〈나라사랑〉 첫 권에 외솔의 3대 저작의 의의와 내용이 소개되어 있는데, 그 중의 하나에 《조선 민족 갱생의 도》가 들어 있음은 이렇게 일반 사람이 간과하기 쉬운 측면을 올바르게 평가한 쾌사(快事)라 아니할 수 없다. 그러나 외솔의 일면의 사회 교육학적 센스에서 쓰여진 저

외솔 선생의 민족적 교육학*

민족교육학자로서의 외솔의 민족 사회 교육학의 본질과 특색, 거기서 추출되는 유형은 무엇인가.

Ⅰ. 민족과 페스탈로찌와 외솔

외솔은 학문적으로는 우리말을 다듬고 지켜 온 사람, 인간적으로는 지사적이며 동시에 꿈과 사랑이 몸에 배인 사람, 그리고 사회적으로는 하늘이 주신 그분의 사명을 다하시고, 모든 국민의 존경을 한몸에 받으시며 아름답게 세상을 떠나신 분이며, 또 모든 사람이 그렇게 추앙을 하고 있는 분이다. 그런데 이런 그분의 생애와 업적의 객관적인 평가에서 우리가 간과하기 쉬운 측면이 있으니, 그것은 민족의 교사 그리고 교육학자로서의 업적이다.

외솔은 우리 나라 최초로 '페스탈로찌 학자'이자 또 『**베스달로찌이**의 敎育 思想』(원문대로)이라는 논문으로 학사학위를 받으신 분이며, 한 걸음 더 나아가 피히테의 『독일 국민에게 고함』에 견주고도 남음이 있는 『조선 민족 갱생의 도(道)』를 우리 겨레에게 외치심으로써 민족의 독립을 성

* 김정환(1973). 외솔 선생의 민족적 교육학. 『나라사랑』 10, 58-74.

취할 수 있는 참된 정신적·문화적·경제적 기반이 어디에 있는가를 사회 교육학적[으로] 넓고 높은 관점에서 다듬어 보이신 분이다.

〈그림 1〉 영원한 교사 페스탈로찌

『나라사랑』 첫 권에 외솔의 3대 저작의 의의와 내용이 소개되어 있는데, 그중의 하나인 『조선 민족 갱생의 도』가 들어 있음은 이렇게 일반 사람이 간과하기 쉬운 측면을 올바르게 평가한 쾌사(快事)라 아니 할 수 없다. 그러나 외솔의 일련의 사회 교육학적 센스에서 쓰여진 저작들이 우리나라의 교육학자들에 의하여 학문적으로 연구가 되어 있지 않고 또 이런 측면에서 그분의 사상을 학문적으로 계승·발전시키지 못하고 있는 점은 못내 아쉬운 일이다.

필자는 외솔의 사상과 업적은 계속 학문적 연구의 대상이 되어야 할 것으로 믿고 있는데, 그것이 한글 영역에 그치지 않고 교육 영역에도 미쳐야 할 것이며, 또 우찌무라 간조(內村鑑三)의 표현을 빈다면 한 인간의 후세에의 최대 유산은 그 '숭고한 생애' 그 자체에 있을진대, 외솔의 인간관·종교관·자연관·민족관이 부각될 수 있는 '생애와 사상'의 연구도 이에 마땅히 병진되어야 할 것으로 보고 있다.

필자는 외솔이 청운의 뜻을 품고 수학한 히로시마(広島)에서 공부를 했고, 또 외솔이 우리말과 얼을 지키기에 급한 나머지 계속 연구하지 못했던 페스탈로찌 교육학을 연구하고 있는 사람으로서, 개인적으로 외솔에 남몰래 존경의 염을 품었으며, 또 위와 같은 과제를 인식하고 있으면서도 오늘날까지 아무런 수필 하나도 이에 대해서 써 보지 못한 것에 깊은 죄책감 비슷한 것을 느끼고 있었다. 그런데 이번에 홍이섭 교수의 권에 거슬리지 못하여, 표제와 같은 제목으로 여기에 이렇게 외솔의 민족교육론의 특색과, 그것이 오늘날의 우리의 현실에 미치는 의의에 대하여 피력할 기회를 갖게 되어, 괴로운 일이기는 하지만 기쁨을 느끼기도 했다.

외솔을 누구에게 비교할 것인가? 필자는 페스탈로찌라고 믿으며, 또 이것을 외솔도 기뻐하실 줄 믿는다. 왜인가? 그 첫째는 두 분이 다 교육을 통해서 나라와 민족을 건지고자 한 민족교육학자이며, 둘째는 두 분이 다 한 민족의 문화유산과 얼이 국어에 응고(凝固)되어 있는 것으로 여기고 국어 교육을 교육의 가장 핵심적인 것으로 여긴 데 있으며, 셋째는 한 영역의 뛰어난 학자이자 동시에 길이 추모될 실천가인 데 있고, 넷째는 생애를 교육의 마당에 담으셨고 모든 곳을 교육의 마당으로 활용하신 데에 있으며, 그리고 마지막으로 두 분이 다 아프리카의 전도가 리빙스턴의 "사람은 사명을 다할 때까지는 절대 죽지 않는다"는 울부짖음처럼, 그 모든 역경을 섭리로 여겨 믿음으로 극복하고 하나님이 주신 그 고유한 사명을 다한 데에 있다. 그러나 페스탈로찌와 외솔의 생애의 일들에 몇 가지 차이점이 있으니(이 점은 외솔을 위하여 경하해 마지않을 일이지만), 그 첫째는 페스탈로찌의 경우 끝내 경제적인 시달림과 식자들의 몰이해 속에 사망하였는데, 외솔은 적어도 말년에는 경제적 여유와 식자의 깊은 관심을 즐기실 수 있었다는 것이고, 그 둘째는 페스탈로찌의 경우, 인생에 있어서의 가정적 즐거움을 충분히 맛보지는 못했는데 외솔은 이것을 남달리 만끽한 것으로 보인다는 점이다. 그런데 바로 이 차이점이 또한 페스탈로찌와는 달리 외솔 선생의 교육 활동에 크게 이바지한 점이 되기도 했다.

기독교 신자에 있어서는 생활 그 자체가 예배이자 기도가 되어야 하는 것처럼, 다음 세대를 통하여 민족의 미래를 꿈꾸는 교사에게는 모범적 그리고 단란한 가정생활 그 자체가 교육인 것이며, 따라서 교사에게는 부부의 사랑과 이해, 그 가정의 자녀에 대한 모범적인 가정 교육이 필수 불가결로 요청되는 것이라 하겠다. 이런 면으로 볼 때 외솔은 우리에게 있어서는 페스탈로찌 이상의 민족의 교사였던 것이다.

필자가 외솔의 생애에서 가장 감명을 받은 일은, 실은 역설적이지만, 그분의 서거 후의 한 가지 사실에서이다. 부인께서 부군이 가신 지 바로 두 주일 만에 뒤따르신 일이다. 나에게는 참으로 영혼을 뒤흔드는 충격적인 일이었다. 어떤 서양인이 자식이 죽었을 때 느끼는 괴로움을 'sharp'로 표현하고, 남편이나 아내가 죽었을 때의 괴로움을 'deep'으로 표현했다고 들었다. 자식의 죽음은 면도날로 베인 것처럼 싼듯싼듯 쓰리지만 곧 아문다. 왜냐하면 그 결합은 본능적인 것에 가까웁기에! 그러나 남편이나 아내의 죽음은 무딘 도끼로 얻어맞은 것처럼 깊이 파이기에 절대로 아물지 않는다. 왜냐하면 그 결합은 인격적인 것이기에! 따라서 반려자의 죽음은 자신의 정신적인 죽음과 허탈을 가져오는 것이다. 외솔 부부의 이런 영혼적인 결합을 이들의 죽음에서 본 나는 깊은 감명을 받았고, 이것이 국민에게 미친 심정적인 영향은 아주 클 것으로 여겼다. 이리하여 외솔은 참 교사로서의 삶을 또 하나의 죽음을 통해서 보여 준 것이다.

육신의 죽음을 표현하는 서양의 'sharp'와 'deep'에 해당하는 우리말 표현에 '하늘이 무너진 것 같다', '땅이 꺼지는 것 같다', '눈앞이 캄캄하다'는 세 가지가 있는데, 이상하게도 실은 어느 괴로움이 부자간의, 또 어느 괴로움이 부부간의 사별의 괴로움을 뜻하는 것인지 확실치 않다. 이것은 우리에게 진정한 부부간의 결합과 윤리가 희박하며 애매한 데서 나온 현상이라 하겠다.

위에서 나는 민족의 교사로서의 외솔의 생애와 업적의 의의를 페스탈로찌와 견주면서 살펴보았다. 이것을 서론으로 대신하기로 하고, 다음에는 민족교육과 그 유형, 외솔의 민족교육론의 특색을 논하고, 그것이 현대의 우리에게 끼친 막중한 의의를 밝히면서 이것을 결론으로 대하기로 한다.

Ⅱ. 민족교육의 본질과 그 유형

민족교육이란 민족주의에 입각한 교육을 말하기도 하고 국가주의에 입각한 교육을 말하기도 한다. 그런데 근세에 이르러서는 하나의 민족은 수개의 국가에 정치적으로 분열되어서는 안 되고, 또 같은 민족으로 구성된 정부에 통합되지 않으면 안 된다는 원칙이 확립됨으로써, 국가는 필연적으로 단일 민족으로 구성된 민족 국가가 다수를 차지하게 되었다. 따라서 민족교육이란 넓은 의미로 민족 국가 교육을 의미한다. 보통 민족주의라고 번역되는 'nationalism'이 국가주의 · 국수주의 · 국민주의 · 민족주의 등 여러 가지로 번역되고 있고, 실은 이러한 개념을 다 포섭하고 있는 것으로도 그것을 알 수 있다.

돌이켜 보건대 근대적 내셔널리즘은 중세기 말엽에 싹터 문예부흥기에 개화된다. 이것은 문화적으로는 중세 천년의 초민족적 · 초지역적 로마 가톨릭 정치 체제에 대한 반발에 비롯하며, 정치적으로는 자기네 민족이 거주하는 영토에 대한 통치권을 획득하려는 노력, 경제적으로는 중농(重農) · 중상주의(重商主義) 등에 의한 자기네의 민족 산업의 육성, 정신적으로는 자기네의 민족의 문화유산의 가치의 재인식 위에서는 민족의 동일성의 자각 · 고취에 비롯한다. 이리하여 자기네의 내부 결속을 굳히는 한편 다른 민족의 간섭을 배제하려 한 민족의 힘이 민족 국가로 결실된다. 이와 같이 근대의 국가는 문화 · 경제 · 정치적으로 민족을 토대로 하고 또 민족을 하나의 단위로 한 점에서 고대의 전제 국가나 중세의 봉건 국가와 본질적으로 다른 것이다. 이런 근대적 민족 국가의 이상을 좀 더 미시적(微視的)으로 살펴보면, ① 한 민족은 다른 민족의 지배를 받아서는 안 된다, ② 민족은 통일의 의식을 배양하며 민족의 개성을 정당한 형식으로 자유로이 표현해야 한다, ③ 한 민족은 수 개의 국가로 정치적으로 분열되어서는 안 되며, 같은 민족에 소속하는 사람들로서 구성되는 한 정부에 통합되어야 한다, ④ 모든 국가는 민족국가이어야 한다, ⑤ 법 앞에 모든 민족은 평등하다는 것인데, 이런 5개 항의 이상을 실현코자 한 민족 국가는 유럽에서 싹터 자라 아시아 · 아프리카에 번져 오늘에 이르고 있다.

이런 민족 국가의 교육 이념을 민족교육(national education, Volksbildung)의 이념이라 한다. 이것은 민족 국가의 존립 · 발전을 위하여 성원인 국민의 전부를 대상으로 하여 국민적 자실과 능력을 함양하는 것을 목적으로 하는 교육이다. 이 국민 교육의 이상을 좀 더 미시적으로 살펴보면 다음 6개 항으로 요약된다. ① 모든 국민에게 평등한 교육의 기회를 주어야 한다. ② 교육은 공적인 영위로서 정치적 · 종교적 지배를 받아서는 안 된다.

③ 수업은 원칙적으로 모국어로 행해져야 한다. ④ 모든 교육 기관은 일정한 기준에 의하여 제도적으로 통일되어야 한다. ⑤ 적어도 초등 교육은 의무화되어야 하며, 부모 또는 국가가 그 책임을 진다. ⑥ 교육 내용은 국가에 대한 충성심 함양, 민족 문화의 숭상, 국민적 자질의 향상을 기하는 것이어야 한다.

크게는 이러한 6개의 지주, 즉 교육의 기회 균등, 교육의 공공성, 모국어 중시, 통일적 교육 제도의 확립, 초등 교육의 의무화 및 국민적 자질 육성을 기본적 지주로 하여 근대적 민족 국가의 교육은 성립되었다. 이런 근대적 국민 교육은 애국심과 국가에의 봉사 정신의 함양, 군사적·경제적 교육의 의의의 강조가 뚜렷하며, 이 위에 특히 주목되어야 할 점은 그것이 초계급적 국민 형성을 지향한 데 있다. 이런 경향은 전체주의 국가에 더욱 현저했으나, 자유주의 국가와 공산주의 국가에 있어서도 역시 정도의 차는 다소 있을지언정 사정은 비슷했다.

근세 서양에는 이런 정통적 민족교육이 주류를 점하고는 있지만, 현대사의 비극으로 이 밖의 갖가지 유형의 민족교육이 역사적으로 존재했고, 또 현금에도 존재하고 있다. 그 첫째는 자주·독립적 민족교육이다. 이것은 식민지 또는 반(半) 식민지의 민족, 혹은 외국의 문화적·경제적 예속 아래 있는 약소 민족이 자기네의 독립·해방을 위하거나 혹은 독립 후의 주체성을 확보하기 위해서 행하는 교육이다. 일제하에서의 우리 사립학교, 소련의 영도 체제에서 벗어나려 하고 있는 동유럽 제국, 신생 아시아·아프리카의 교육 이념이 이것이다. 이런 자주·독립적 민족교육은 정통적 민족교육과 일치되는 점이 있지만 다른 점이 더 많다. 그중 본질적으로 다른 점은 후자가 일반적으로 국가의 국민 대중의 교육의 성격을 지닌 데 비해, 전자는 피압박 민족의 저항 의식, 민족적 자각, 주체성 확립 및 독립심의 의도적 고취를 생명으로 한 데 있다. 이런 민족교육의 이상은 안창호(安昌鎬), 이승훈(李昇薰), 남궁억(南宮檍), 김성수(金性洙), 김교신(金教臣), 최현배(崔鉉培), 함석헌(咸錫憲) 등의 넓은 의미의 교육활동에 의하여 정립되어 오늘날에도 우리 겨레의 마음속 깊은 곳에 터잡고 있다.

그 둘째는 교포 교도적 민족교육인데, 이것은 해외에 산재하는 교포에게 민족적 자각과 자랑을 갖고 떳떳하게 살 수 있게 하기 위한 것이다. 그 셋째는 식민 · 회유적(懷柔的) 민족교육인데, 이것은 공산 국가 또는 종주국가(宗主國家)가 자국 안에 있는 약소 민족을 교활하게 지배하기 위한 수단으로서, 그 약소 민족의 언어와 문화에 의한 교육을 어느 정도 허용하는 식민 교육이며, 우리는 일찍이 3 · 1운동 이후 이런 식민 · 회유적 민족교육은 약소 민족의 가슴 속에 뭉쳐 있는 원한을 교활하게 완화시키며, 약소 민족의 엘리트들을 종주국에 정신적으로 동화시킨으로써 한 민족의 진정한 독립의 길과 터전을 저해 · 상실케 하는 것이다. 그 넷째는 침략 · 국수적(國粹的) 민족교육인데, 이것은 자민족의 혈통의 순결성, 지능의 우수성, 그리고 날조한 세계사적 사명을 강조하는 배타적 애국주의로 국민 총화를 이루어 정치적 · 군사적으로 타민족 · 타국가를 지배 · 정복하는 허울 좋은 정신적 지주를 굳히려는 교육을 말한다. 이런 유형의 교육은 나찌 독일과 제국 일본에 전형적으로 존재했으나, 그 잔재 · 편린은 소위 경제 대국 · 군사 대국에 현금에도 남아 있으며, 또 유감된 일이지만 우리에게도 전무하다 할 수는 없는 것이다. 그리고 다섯째는 평화 통일 지향적 민족교육인데, 이것은 타의에 의하여 분단된 민족 국가들이 현금의 탈(脫)이데올로기적인 국제 정치 세력을 역학적으로 이용하여, 자민족 내의 냉전 · 대립 관계를 지양 · 개선하고, 자민족간의 자주적 대화에 의한 자유와 통일(Freiheit und Einheit) 기반을 교육을 통해서 모색하는 분단 국가의 민족교육을 말한다.

이상 필자는 정통적 민족교육과 현대사의 비극으로 발생된 그 외의 다섯 가지 유형의 민족교육의 본질에 대하여 논하였다.

그러면 우리가 오늘날 다듬고 새겨 들어야 할 민족교육은 어떤 유형이며, 또 이 유형에 속하는 민족교육가 중에 있어서의 외솔의 고유한 의의는 어디에 있는가? 그것은 말할 나위도 없이 정통적, 그리고 자주 독립적인 것이어야 할 것이며, 외솔의 고유한 의의는 다음에서 논급하고자 하거니와, 사상적 기반 · 계몽적 활동, 그리고 길고 긴 교육 생애의 실천이 한

몸에 겸비되어 있었다는 점에 있었다 할 것이다. 다음에 우리는 이런 점들을 좀 더 구체적·미시적으로 살펴보고자 한다.

Ⅲ. 외솔의 민족교육학의 특질

나는 앞서 넓은 의미의 민족적 교사(민족의 구원을 교육을 통해서 실현코자 한 사람들)로 안창호, 이승훈, 남궁억, 김성수, 김교신, 최현배, 함석헌 7인을 들 수 있다 했다. 민족의 교사로서의 사명을 다하기 위해서는 이상적으로는 다음 여섯 가지 조건 및 활동이 두루 갖추어져야 할 것으로 나는 생각하는데, 외솔을 제외한 다른 선각자들은 각기 한두 영역에 뛰어난 자질을 갖추었고, 또 이에 따른 눈부신 업적을 남겼으나, 이런 조건 및 활동을 다 갖추지는 못했다. 그러나 외솔은 천성적으로 이것을 작으나마 다 갖추었다는 점을 나는 그분의 특질이라고 보고 싶은 것이다. 그 여섯 가지 조건·활동을 개별적으로 논하며 각 영역에 뛰어나게 업적을 남긴 분들을 각각 한두 사람씩 들면서, 외솔과 이분들과의 동일점·차이점을 논해 보련다.

1. 민족의 세계사적 사명의 정립 · 고취

이 면에 대해서는 함석헌의 사상 및 활동이 가장 뚜렷하다 할 것이다. 그는 일찍이 동경고사(東京高師)를 나왔기에 일류 공립 고보(高普)에 교사로 취임할 수 있었는데, 이런 영화(?)를 물리치고 이승훈 교장 밑에 사립 오산고보(五山高普)의 교사로 있으면서, 낮에는 학교에서 일하고 저녁에는 골방에서 불과 네댓 학생을 앞에 놓고, 『성서적 입장에서 본 조선역사』를 강의하였다. 여기에서 그는 평화를 사랑하고 착하고 착한 우리 민족이 왜 이렇게 고난으로 수놓아진 역사를 가지고 있는가? 그 이유는 하나님이 우리 민족에게 고난을 주셨기 때문이며, 그 뜻은 이 고난을 인류를 위해서 대신 짐으로써 세계사에 참된 '평화'를 기여하고, 세계 여러 민족의 제사장(祭司長)이 되게 함이라 외쳤다! 참으로 이 사상의 모티프는 당시로서는 경천동지한 것이었다. 마젤란이 세계 일주를 완수함으로써 근세의 인류의 생활 공간을 개척하였다면, 루터는 '가슴 세치'를 파고 또 팜으로써 인간과 하나님과의 올바른 관계를 회복시켰다고 평가되거니와, 이런 시점에서 함석헌의 사상, 즉 우리 민족의 어린 양과 같은 대상적(代償的) 고난을 통한 새 세계사의 서장(序章) 현시(顯示)의 사상은 왜 우리 민족이 존속해야 하느냐, 왜 독립이 되어야 하느냐의 근본적인 물음에 대한 고차원적 해답으로서, 우리가 앞으로도 길이 새겨들어야 할 사상이다.

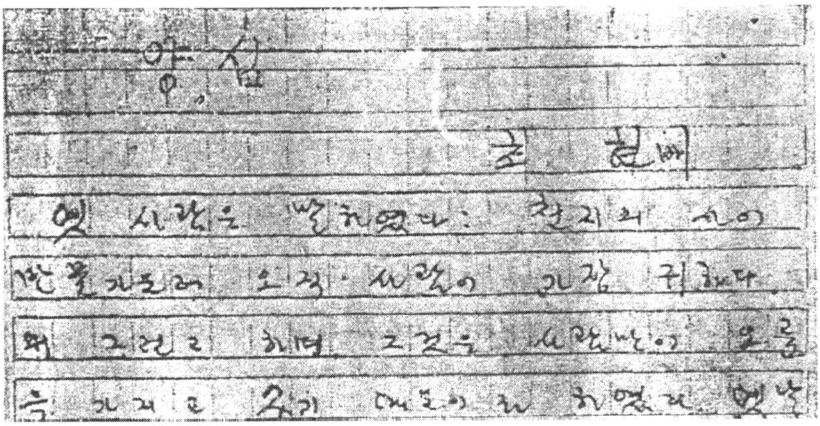

〈그림 2〉 외솔 선생의 육필 일부

외솔 선생도 이런 민족적 사명을 정립·고취하였고, 또 함석헌과 비슷하게 히로시마고사(廣島高師)를 나왔으면서도 사립 동래고보에 취임, 우리 글을 교수하였다. 여기 외솔 선생의 민족적 이상의 노래가 있다.

> "우리 민족적 이상(理想)의 내용은 과연 무엇인가? 가로되 조선 민족의 고유한 특질과 특장(特長)을 자유로 충분히 발휘하여, 항상 부단의 창조와 불휴(不休)의 개조(改造)로써, **인류의 영원한 진보와 문화의 항구(恒久)한 발**

달에 기여보비(寄與補裨)하여, 세계 진화의 기운에 참여하는 것이 곧 우리 조선의 민족적 이상이라 하노라. 아니, 이로써 우리의 민족적 이상으로 수립하기를 큰소리(勵聲)로 제창하는 바이다."

(『조선 민족 갱생의 도』. 정음사, p.121)

참으로 이 두 분은 민족교육을 이렇게 민족의 사명의 정립에서 출발하였고, 이런 구원(久遠)의 이상에서 샘솟듯한 활동의 원천력을 공급받았던 것이다.

2. 민족 문화의 계승과 그 창조적 발전

민족교육은 민족 문화의 계승과 그 창조적 발전을 기하고자 교육의 마당에서 이것을 특히 강조함으로써, 학생들에게 민족의 얼을 심어 주는 것이다. 민족 문화가 담겨져 있는 그릇은 무엇인가? 그것은 우리의 역사와 우리말이다. 어떤 민족이고 이 역사와 말이 말살될 때 그 민족의 영혼과 기백과 독립이 말살되며, 또 이것들이 왜곡되거나 혼란해질 때 민족의 줄기찬 생명의 역사(役事)가 왜곡되며 민족의 정신적 생활이 뒤흔들리게 된다. 따라서 식민지 정책하의 민족이 만일 해방과 독립을 원할진대, 그 예지를 총동원하여 민족 문화의 발굴·계승을 교육의 가장 핵심적인 목표로 삼는 것은 너무나도 당연한 것이다. 일제하에서의 민족의 교사 중에서 이런 면에 가장 눈부신 활동을 전개한 사람은 역사 교육에서의 한서(翰西. 남궁억: 편저자 주)와 국어 교육에서의 외솔 선생이라 할 것이다.

한서는 『동국사기』, 『삼국사기』 등을 깊이 정독하고 이 속에서 약동하는 민족의 생명력을 『동사략(東史略)』(1924)이라는 통사적 조선사로 서술하여 정열을 다해 이것을 몸소 학교에서 가르쳤던 것이다. 그러면서 "자네들 낙심 말게, 비록 나는 독립을 못 볼지라도 자네들은 볼 것이니, 그에 대비한 자세가 되어 있어야 하네, 배워야 하네" 했다. 한서는 또 동화체로 『조선 이야기』(1929) 5권을 저술하여, 이 속에서 모화사상(慕華思想)으로 일관된 종래의 역사를 비판하고, 자주적 정신을 고취시켰던 것이다. 여기 『조선 이야기』의 자서(自序)의 일부를 소개한다.

> "이제 『조선 이야기』라는 동화 일편을 찬술하오니 기제(基制)는 수삼의 이유가 있는데, ① 단군족의 고유한 재질을 수복(修復)코자 함이요, ② 고인(古人)의 모화주의(慕華主義)의 오견(誤見)을 타개코자 함이요, ③ 학동(學童)의 자국(自國) 역사적 취미를 흥기(興起)코자 함이라."

국어 교육에 있어서의 외솔의 활동은 새삼스러이 부연할 필요도 없거니와, 그의 민족적 국어 교육 활동과 한글 연구가 27세의 젊은 나이에서부터 시작되었음을 특히 주목하고 싶다. 그는 당시의 명문 히로시마고등사범학교를 나왔는데도 공립 고보에의 복무·취직을 병을 사칭코 기피하고 사립 동래고보 교사로 부임하여, 가족을 멀리하시고 『우리말본』을 등사판에 손수 찍어서 소리갈부터 씨갈·월갈까지 수백 장 되는 분량을 정력을 기울여 가르쳤는데, 뒷날에 출간된 『한글갈』, 『우리말본』과 맞추어 보면, 그 줄거리는 거의 동래에서 이루어진 것(『나라사랑』 제1집, p.159)이라 한다.

한서와 외솔은 이렇게 민족의 문화의 창조적인 계승에 다른 어떤 분보다 깊은 공헌을 했고, 이 두 분이 개척한 영역은 비록 다를지라도 그 정신은 완전히 하나였다. 여기에 이 두 분의 정신에 있어서의 너무나도 비슷한 시를 하나씩 소개한다.

삼천리 반도 금수강산
하나님이 주신 동산
봄 돌아와 밭 갈 때니
사방에 일꾼 부르네
곧 금일에 일 가려고
누구가 대답을 할까
일하러 가세 일하러 가
삼천리 강산 위에
하나님 명령 받았으니
반도 강산에 일하러 가세
\- 한서

아무리 생각해도
나는 조선 사람이다.
세계는 넓건마는,
조선만이 내 땅이다.
삼천리 강산 위에,
곳곳마다 피 땀 흔적,
사천 년 역사 속에,
일일마다 사랑 자국,
이 강산 이 역사를,
잇고 잇고 다시 잇어,
2천만 2억만이,
엉키엉키 살아 보세!

– 외솔

이 두 분은 민족교육의 가장 핵심적인 교과가 무엇인가를 꿰뚫어 보고 이 일을 위하여 연구하고 가꾸고 가르치고 가신 분이며, 우리는 이것이 이분들의 생명의 특징이자 독자적인 공헌이라 보아야 한다.

3. 민족의 온 성원에 대한 다각적 · 계속적인 계몽 활동

민족이란 기본 사회이다. 그것이 기본 사회라 함은 다른 사회에서 파생되는 사회가 아니고, 다른 모든 사회를 그 안에서 파생시키는 터전이 되는 사회라는 뜻이다. 즉 혈연 사회 · 지역 사회 · 문화 사회 · 국가 사회 · 인류 사회의 터전이 된다는 뜻이다. 민족이라는 개념은 유전적인 특질로 인간을 분류하는 '인종'이나, 또 국적에 의하여 인간을 분류하는 '국민'이라는 개념과 근본적으로 다르다. 민족이란 선천적 숙명적으로 결성되는 '인종'만도 아니며, 후천적 체제적으로 조정되는 '국민'만도 아니며, 선천적 소여(所與) · 유대(紐帶)를 바탕으로 한 후천적 의지 작용에 의하여 교도 획득된 생활 · 행동 양식, 계승된 문화유산, 언어, 가치 관념을 공유하는 집단이기 때문에, **숙명적으로 주어지는 것이 아니고 의식적으로 만들어지는 것이다.**

따라서 민족교육은 민족의 온 성원을 대상으로 한 계속적인 계몽 활동을 통하여, 민족의 긍지와 이상에서 본 현시점의 민족의 병폐를 올바르게 객관적으로 인식하고 이의 개선책을 강구하며, 민족의 '재생'을 꾀하는 것이라야 하겠다. 이런 입장에서 눈부신 계몽 활동을 전개한 사람은 노산(島

山. 안창호: 편저자 주)과 외솔이다.

도산은 「동포에게 고하는 글」(1924년, 46세, 갑자 논설)에서, 당시의 민족의 정신적 자세를 "비관적인가 낙관적인가, 우리 민족 사회에 대하여 불평시하는가 측은시하는가, 주인인가 여인(旅人)인가, 합동인가 분리인가, 지도인가 협동인가, 부허(浮虛)인가 착실인가" 물으면서, 우리 민족성에 이런 부정적인 일면이 없지도 않으나, 큰 이상이 주어질 때 긍정적인 측면이 발동된다고 외침으로써, 독립운동 추진 방략을 정신 면에서 호소했던 것이다. 이 글이 『동아일보』, 『동광』지 등에 게재되어 당시 패배감과 좌절감을 되씹던 우리 민족 성원에게 깊은 감명을 준 일은 너무나도 익히 알려져 있는 사실이다.

외솔은 이런 도산의 정신을 이어받아, 그 2년 후인 1926년에 33살의 젊은 나이로 『조선 민족 갱생의 도』를 저술하고, 이것을 66회에 걸쳐 『동아일보』에 게재하여 보다 과학적이고 보다 이지적이고 보다 구체적인 방법으로 민족 갱생의 방안을 피력한다. 이 저작의 무게는 독일에 있어서의 피히테의 『독일 국민에게 고함』에 필적되는 것이나, 어느 면에서는 이를 능가할 수 있는 것이라 할 수 있다. 왜냐하면 피히테는 이 속에서 게르만 민족의 위대성을 신화적으로 미화하고, 옛 게르만의 굳건한 자세를 다시 회복하여 도덕적으로 '재생'되는 길이 독립의 길이라 하여, 눈을 **과거에 · 철학에 · 도덕에** 돌리고 있는데, 외솔은 보다 현실적으로 우리 민족의 장점과 단점을 과학적 사실적으로 분석하고, 장점의 창달책과 단점의 개선책을 민족의 온 성원의 관심사를 총동원하여, 새 민족의 '창출(創出)'을 **현재에 · 사회에 · 생활에** 맞추어 논하고 있기 때문이다.

도산과 외솔은 온 생애를 통하여 민족의 대다수를 차지하는 민중의 계몽 사업에 바쳤다. 그러나 이 두 분들의 방법에 각각 다른 점이 있었다. 도산은 정치가로서 해외에 드나들며, 흥사단 활동에서 보듯이 이것을 조직적으로 하려 했고, 또 한 사람 한 사람의 '자아 혁신'에 역점을 두었으며 행동으로 무실역행(務實力行)하였다. 그러나 외솔은 국내에 틀어박혀서 문필 활동을 통해서 민중의 '생활 혁신'에 역점을 두었다. 이 두 방법에

다 일장일단이 있되, 좌우간 이분들이 민족교육의 중요한 방법의 하나인 온 성원을 대상으로 하는 계속적 계몽 활동에 눈부신 업적을 남긴 대표적인 인물임에는 틀림없다.

4. 온 생애를 일관하는 교육 · 실천

교육은 소크라테스의 표현을 빈다면 "상대방의 영혼에 불을 질러 스스로 움직이게 하는 일"이며, 또 "교사와 학생이 진리를 공동으로 생산하는 과정"인 것이다. 따라서 참교육이 성립되려면 교사 스스로가 마음속에 항상 불을 간직하고 있으며, 또 스스로 진리에 대한 물음을 지니고 있어야 한다. 교사는 항상 생도 곁에 있어야 하며, 교사는 항상 진리로 믿는 것을 온 생애를 통해서 실천해야 한다.

이런 관점에서의 민족의 교사는 누구였던가? 남강(南岡. 이승훈: 편저자 주)과 외솔이다. 남강은 44세 때 도산과 만나 생애에 큰 전환을 일으키고, 사재를 다 털어 강명의숙과 오산학교를 설립하고, 이 학교의 운영 · 관리와 학생의 지도에 생애를 다 바쳤던 것이다. 그의 교육의 생애는 김기석의 『남강 이승훈』(현대교육총서출판사, 1964)에 너무나도 자세히 그리고 아름답게 그려져 있기에 여기 새삼 소개할 필요가 없을 것이나, 그의 교사로서의 생명의 연소상을 잘 나타내는 일화 두 개만을 여기에서 다시 되씹어 보기로 한다. "변소 청소는 내가 할게, 너희들은 어서어서 공부나 해라", "내가 죽으면 이 몸을 해부해서 생물 표본을 만들어 써다오". 그는 이렇게 67년의 후반의 전 생애를 교육으로 일관했다.

우리 외솔도 77년의 생애를 교육으로 일관했다. 그가 얼마나 고집불통이면서도 다정다감했고 또 특이한 감화를 학생들에게 주었는가는 『나라사랑』 제1호에 잘 나타나 있다. '앞이마 천리, 뒤꼭지 천리, 둘레 삼천리'라는 그의 별명에서 우리는 그의 교사로서의 친밀감과 특이한 감화를 학생에게 준 인물됨을 엿볼 수 있다.

남강과 외솔의 차이점 및 그들의 개성은 어디에 있는가? 남강은 심정적 · 직시적·사업적인 데 있고, 외솔은 이지적·논리적·학문적인 데 있다.

5. 자신의 고유한 사상의 계승·발전

교육은 앞 세대가 뒷 세대에 자기의 사상과 인류의 문화유산을 계승·발전시키는 영위이기도 하다. 따라서 참 교사는 문화유산의 전달자에 그치지 않고 자기 고유의 독특한 사상을 갖추어야 하며, 또 이것을 선포하는 매개를 지녀야 한다.

이런 관점에서 우리가 주목해야 할 민족의 교사는 김교신과 역시 외솔이다. 김교신은 너무도 알려져 있지 않는 분이기에 다소의 주석이 필요하리라. 김교신은 동경 유학시 노방(路傍) 설교를 듣고 기독교에 입신(入信)하여 교회에서 세례를 받았으나 교파적 내분에 실망하고, 일본의 민족적 예언자이자 반전론자이자 무교회 기독교를 제창한 우찌무라 간조(內村鑑三)의 문하에 들어가 민족적 기독교를 공부했고, 1927년 27세의 나이로 동경고사를 졸업한 직후 한국에 건너와 월간 『성서조선(聖書朝鮮)』을 창간하며 교파적·체제적 기독교에 선전 포고를 하고, 이 잡지를 계속 발간하면서 뭇 민족의 교사가 걸은 길인 사립학교를 골라 양정고보 교사로 장장 10년을, 그리고 또 그 후 이 밖에 영생여고보(永生女高普), 송도고보(松都高普) 교사를 역임하였으나, 1940년 40세 때 선배인 교장의 권유에 못 이겨 경기 중학의 교사로 부임했으나 불온 인물로 낙인찍혀 6개월 만에 추방되었고, 개인 월간 신앙지 『성서조선』의 158호 권두언 "조와(弔蛙)"(1942)에서 입춘이 다가온 북한산 어느 담에 죽은 개구리가 많아 슬펐는데 얼음을 깨고 기어 나오는 개구리를 보고 그 생명력에 환호를 올렸다는 민족의 슬픔과 희망을 노래하다 전국 수백의 지우(誌友) 동지와 더불어 피검되고, 함석헌·송두용·유달영 등 13인과 같이 1년간 옥고를 치르는 "성서조선 사건"을 일으킨 분이며, 출옥 후 전국 각지로, 멀리는 만주까지 순회하면서 신앙 동지를 격려하다, 흥남의 일본 비료 공장에서 비참하고 타락한 생활을 하고 있는 5천의 우리 노무자를 위하여 뛰어들어 그들의 복리를 위해 교육을 하다가 발진티푸스에 감염되어, 1945년 4월 25일에 향년 45세로 모세가 가나안 땅을 바라보며 승천했듯이 그렇게도 기다리던 해방을 바로 넉 달 앞에 놓고 사망하신, 참으로 특이한 유형에 속하는 민족의 교사이다!

김교신의 사상과 그 활동상의 특색은 어디에 있는가? 그는 교파에서, 의식(儀式)에서, 신학에서, 그리고 외국의 간섭·영향에서 해방된 민족주의적 순수한 신앙을 제창하고, 이 사상을(교사를 '부직'으로 일관하면서) 적빈(赤貧) 씻는 듯한 어려움을 극복하고, 개인 신앙 잡지를 통하여 선포하고 동인을 규합·결속시키고 사상을 제자로 하여금 계승시킨 데 있다. 그의 잡지는 거의 소각되었기에 현재 남아 있는 것은 전국에 겨우 3-4질 정도로 추측되는데, 그의 제자들에 의하여 현재 전집 형식으로 4권이 나와 있고, 앞으로 『일기 및 서간』이 3권으로 나올 예정이다. 그리고 또 그의 제자 노평구에 의하여 월간 개인 무교회 신앙지 『성서연구』가 해방 직후부터 발행되어 현재 220호를 넘고 있으며, 독자는 300을 헤아리고 있다. 김교신의 저작은 제일출판사 발행으로 『신앙과 인생』(상권, 1964), 『신앙과 인생』(하권, 1965), 『성서연구』(1966), 『성서 개요』(1970)의 순으로 출판되었고, 그를 추앙하는 국내외의 동인·제자 73인에 의하여 『김교신과 한국 – 그 신앙·애국·교육의 생애』(1972)가 출판되었다.

이 김교신과 견줄 만한 인물은 외솔이다. 그는 자신의 저서와 한글학회라는 모임과 학교의 제자를 통하여 자신의 사상을 계승·발전시켰기 때문이다. 외솔의 저작은 22권에 이르고 있으며, 또 외솔회에 의한 『나라사랑』을 통해서 그의 사상은 계승되어 가고 있다.

나는 위에서 민족의 교사가 갖추어야 할 요건의 하나로 매개체를 통한 사상의 계승을 들고, 이런 관점에서 김교신과 외솔을 개관했다. 도산·남강은 인물로는 물론 김교신과 외솔보다 더 컸다. 그러나 그들은 고유·독특한 사상을 글로 남기지 못했다. 따라서 얼마 안 가서 그들은 '신화의 세계'로 증발이 될 것이다. 이 점 김교신과 외솔의 문필 활동은 큰 의의를 지녔다 할 것이다. 굳이 이 두 분의 차이점을 든다면 김교신은 '이단적'

신앙자였고 평교사였는데, 외솔은 전통적 신앙자였고 대학자였는 데 있다고나 할 것이다.

6. 언론 · 산업 · 교육의 다각적 포섭성

민족의 교사가 갖추어야 할 조건·활동은 언론·산업·교육의 각 영역을 널리 포섭하는 활동이라 할 것이다. 이런 관점에서 참으로 독보적인 활동을 한 사람은 인촌(仁村. 김성수: 편저자 주)이다. 다음 세대에 열성을 다하여 가르치는 일도 중요하지만, 이와 더불어 민족의 경제적인 독립을 기하기 위하여 민족 자본을 육성하는 일, 그리고 또 민족의 울분을 토로케 하고 민족의 정기를 선포하고 민족의 교양을 높여 주는 언론 활동도 이에 못지않게 중요한 일이다. 그런데 이 셋을 한 몸에 지닌 분이 인촌이다. 그의 『동아일보』, 그의 경성방직주식회사, 그의 보성전문학교의 의의는 길이 민족의 청사에 빛날 것이다. 인촌은 비록 손수 쓴 글이 얼마 남지 않아, 그의 민족 혼과 독립 방략이 어디에 있는가를 그의 글로 직접 알기는 어렵고, 또 그의 전기도 아직 결정판이 없어 보이기에, 현재로는 그의 사상을 체계적으로 엿볼 수 있는 글과 논문은 제자들에 의해서 쓰인 "인촌 정신의 재구성"(『고대문화』, 1972년)에 담긴 6편의 논문에 지나지 않으나, 『동아일보』· 경방(京紡) · 고대(高大)는 그의 위용을 잘 나타내고 있다. 이분도 제자들에 의한 사상과 생애의 정립이 가까운 시일에 이루어지지 않으면, 역시 '신화'의 세계에 머물 우려가 없지 않다.

외솔은 이 면에서 어떠했던가? 일찍이 그가 히로시마고등사범학교를 나온 즉시 고향에 돌아가 맨 먼저 시작한 일이 "조선인 상권을 확보하기 위하여 지방 유지들을 규합하여 공동상회(共同商會)를 설립한 일"로 보아, 그는 인촌에서 볼 수 있는 다각적·포섭적 활동의 의의를 깊이 인식했던 것임에 틀림없다. 그에게 충분한 재원이 있었던들 또 하나의 인촌이 출현했을지도 모를 일이다. 외솔이 발상하다 만 이런 사업들은 외솔회에 의하여 다시 시도됨직도 하다.

인촌과 외솔의 차이점은 어디에 있을까? 인촌은 웅장한데 외솔은 아기자기하며, 인촌은 넓은데 외솔은 외곬인 데 있다 할 것이다.

Ⅳ. 우리의 과제

이상 필자는 "외솔 선생의 민족적 교육학"이라는 제목을 세 부분으로 나누어 고찰하였다. 이것을 요약하고 아울러서 우리의 과제를 제시하기로 한다.

첫째, 외솔은 페스탈로찌 학자이자, 굳건한 민족의 창출(創出)을 교육을 통해서 기하고자 한 민족교육학자이자, 그 외곬의 그리고 청명한 학문과 교육 생애를 통하여 민족을 가르친 민족의 교사였고, 둘째, 외솔의 민족교육학은 피압박 민족의 저항 의식·민족적 자각·주체성 확립·독립심의 의도적 고취를 생명으로 한 자주·독립적 민족교육의 유형에 속하는 것이었고, 셋째, 외솔의 민족교육의 특색은 민족교육이 갖추어야 할 6가지 기본적 조건·활동, 즉 ① 우리 민족의 고유한 세계사적 사명의 정립·고취, ② 민족 문화에 대한 깊은 애착과 그 창조적 계승·발전, ③ 민족 사회의 온 성원에 대한 다각적·계속적 계몽 활동, ④ 온 생애를 일관하는 교육·실천, ⑤ 자신의 고유한 사상의 계승·발전, ⑥ 언론·사업·교육의 다각적 포섭성을 만족시킨 데 있다 할 것이다.

이런 외솔의 정신·사상·활동을 우리는 어떻게 발전적으로 계승해야 할 것인가? 이것은 우리가 현재 미증유의 정신적 혼미 상태를 겪고 있으니만큼 더욱 절실한 물음이라 할 것이다. 우리의 과제 중의 첫째는 외솔을 민족의 교육학자로서 학문적으로 연구·부각시키는 일이고, 둘째는 외솔회를 통하여 그의 사상을 생활화하는 일이고, 셋째는 외솔이 못다하고 가신 언론·산업 활동을 작게나마 출발시키는 일이고, 그리고 마지막으로 가장 중요한 것은 각자가 외솔의 외곬의 숭고한 삶을 본따라, 천사로 흠모할 각자의 사명을 자각하고 저 높은 곳을 향하여 날마다 나가는 일이다.

제 2 장

김교신의 교사로서의 특질 분석

□ 김 교신 논집

김 교신의 교사로서의 특질 분석

김 정 환

<고려 대학교 교수·교육학 박사>

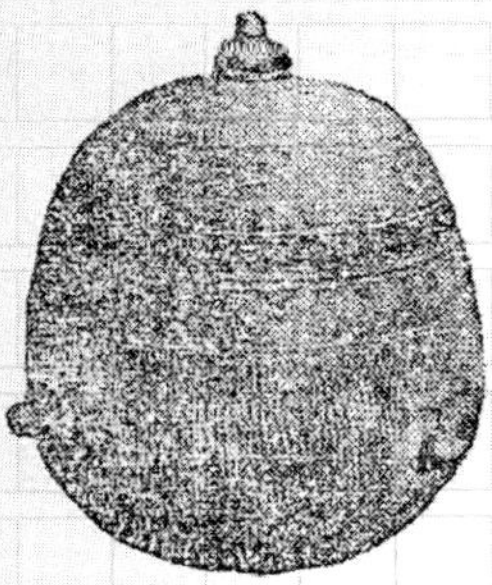

근세 한국의 정신사에 길이 남아야 할 선각자 중에서 김 교신 선생처럼 평생을 교육의 장(場)을 지키면서 민족의 교사, 서민의 교사, 생도의 교사, 평신도의 교사로서 일관한 사람이 있을까? 이분이야말로 한국의 흙으로 만들어져 한국의 흙을 디디고 살고 다시 한국의 흙으로 돌아간 사람이다. 이게 진정한 한국인이며, 이분의 기독교가 진정한 한국의 기독교다.

I. 참 스승

〈나라사랑〉 편집자가 필자에게 위촉한 제목은「김 교신의 교육 생애」였다. 그러나 김 교신의 교육 생애는 그의 신앙 생애 및 애국 생애와 불가분의 것이기에 노 평구(盧平久) 선생님이 쓰실 신앙 생애, 류 달영(柳達永) 선생님이 쓰실 애국 생애와 겹치는 내용이 많아질 가능성이 있기에, 필자는 각도를 좀 달리하여, 김 교신 선생의 교사로서 특히 뛰어난 점을「천성적 교사 김 교신」이라는 내용으로 바꾸어 써 보기로 한다.

그가 얼마나 뛰어난 교사였는가 하는 것은, 그에게 직접 배움을 받은 제자들의 회상의 글에서 알고도 남음이 있다. 사실 많은 제자들이 "우리는 국민학교에서 대학에 이르기까지 수십 명의 교사를 대하여 왔다. 그러나 '교사'

김교신의 교사로서의 특질 분석*

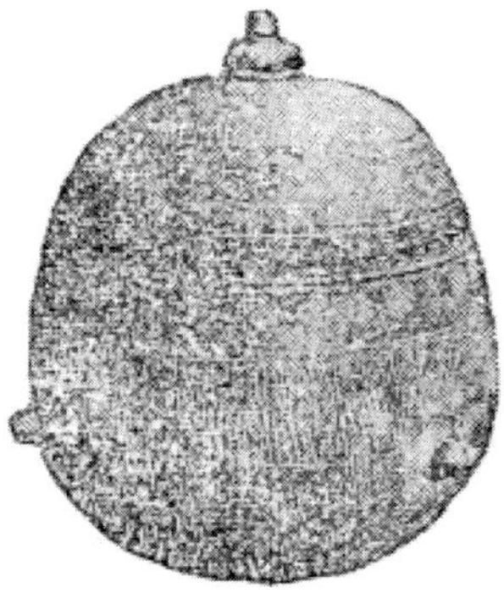

근세 한국의 정신사에 길이 남아야 할 선각자 중에서 김교신 선생처럼 평생을 교육의 장(場)을 지키면서 민족의 교사, 서민의 교사, 생동의 교사, 평신도의 교사로서 일관한 사람이 있을까? 이분이야말로 한국의 흙으로 만들어져 한국의 흙을 디디고 살고 다시 한국의 흙으로 돌아간 사람이다. 이게 진정한 한국인이며, 이분의 기독교가 진정한 한국의 기독교다.

Ⅰ. 참 스승

『나라사랑』 편집자가 필자에게 위촉한 제목은 "김교신의 교육 생애"였다. 그러나 김교신의 교육 생애는 그의 신앙 생애 및 애국 생애와 불가분의 것이기에 노평구 선생님이 쓰실 신앙 생애, 유달영 선생님이 쓰실 애국 생애와 겹치는 내용이 많아질 가능성이 있기에, 필자는 각도를 좀 달리하여, 김교신 선생의 교사로서 특히 뛰어난 점을 "천성적 교사 김교신"이라는 내용으로 바꾸어 써 보기로 한다.

---

* 김정환(1974). 김교신의 교사로서의 특질 분석. 『나라사랑』 17, 33-46.

그가 얼마나 뛰어난 교사였는가 하는 것은, 그에게 직접 배움을 받은 제자들의 회상의 글에서 알고도 남음이 있다. 사실 많은 제자들이 "우리는 국민학교에서 대학에 이르기까지 수십 명의 교사를 대하여 왔다. 그러나 '교사' 하면 우선 김교신 선생을 연상할 정도로 이분이 가장 인상 깊게 회상되는 진정한 '스승'이다"고 한결같이 술회하고 있는 것이다.

1927년 3월 동경에서 동경고등사범학교 한국 학생 일동이 모여 기념촬영을 하였다. 앞줄 오른쪽 끝이 김교신 선생, 둘째 줄 중앙이 『성서조선』 창간 동인이었던 함석헌 선생.

우리는 또한 객관적인 자료로 그의 탁월한 교육 역량을 볼 수 있는데, 그것은 다름 아닌 그의 제자들의 사람됨을 통해서다.

"나무는 열매로 알 수 있다"는 성서의 구절이 있다. 교사의 역량의 평가는 20년, 아니 30년 후에 그가 가르친 제자들이 그의 감화에 의해서 어떻게 진지한 인생을, 학문적 자세를, 그리고 사랑의 봉사 생활을 하고 있는가를 봄으로써 할 수 있는 것이다.

이렇게 볼 때, 그는 참으로 천성적인 교사였다고 필자는 생각한다. 다음에 그의 일기 한 토막을 소개하면서 우선 그의 이러한 천성의 일면을 엿보기로 한다.

> "1939년 12월 23일(土) 동지, 맑음. 새벽에 산상에 올라가 기도, 인쇄소에 들르고 등교, 제2학기 종업식, 학교 성적 발표, 선학기(先學期)보다 더욱 우량하여 제1학년이 3개 학급 179인인데, 수석으로부터 제6등까지 모두 제1조 생도(김교신 선생 담임반: 필자 주)가 점(占)하고, 제7, 제9등을 타학급에 양하고는 10등까지에 8인이 1조에서 났다. 쾌하지 않을 일이 아니다. 이번 담임반도 애써 하면 볼 만한 성적이 나타날 것이요, 졸업까지는 학력보다는 인물, 신(神) 이외에는 아무것도 두려워하지 않는 인물 두엇을 출현할 듯하매 애착심이 농후해진다. 이 일도 버리기는 아까운 일이다. 할 일은 많고 몸은 하나뿐……"

그는 '버리기에는 아까운 일' 정도로 교직 생활을 생각하년서도 이 일에 온 정성을 다했고, 또 학과 공부보다는 위에 소개한 그의 일기가 말하듯이 '인물, 신(神)'을 가르쳤지만 담임반 학생의 성적이 이렇게 월등하게 좋았고, 일체의 권위를 부정하고 소신껏 살았지만 가장 정통적인 신앙을 유지했고, 인정이 남달리 많았지만 한 치 한 오리의 어김도 없이 학생을 정의로 다스렸고, 그렇게 바쁜 생활이었지만 농구 코우치도 맡아 학생과 언제나 즐거이 운동장에서 뛰었고, 또 성경 연구에 온 시간을 바치면서도 수업 준비는 철저하게 하여 대학 강의식으로 공부를 진행시켰고, '성서만'을 외치면서도 손기정 선수의 마라톤 코우치를 하여 세계의 정상을 달리게 하여 한국 청년의 의지력을 만방에 보여 주었고, 교직원들의 잡담에는 일체 끼지 않으면서도 술좌석에는 어김없이 나타나서는 안주만 잔뜩 먹고 일어서 달아남으로써 최저한의 예의와 최대한의 실속을 차렸고, 그렇게 의지가 강하면서도 지리 시간에 제갈공명의 출사표(出師表)를 학생들 앞에서 암송하면서 그 이충충정(以忠衷情)에 감동하여 18세 소년처럼 눈물을 쏟고는 멋쩍어 하면서도, 요다음 시간까지 너희들도 꼭 외워 오라고 숙제로 과하고, 아침에는 새벽 네 시경에 근처의 계곡에 가서 기도·찬송을 한 후 냉수마찰을 하여 얼굴을 거울 같이 반들반들 빛나게 해서는 학생들에게 '빤빠니' 또는 일본말로 '누까비까리(쌀겨로 마루를 닦은 것처럼 번쩍번쩍 빛난다는 뜻)'라는 별명을 받기도 하고, 사리를 냉철하게 파헤치며 엄정하게 처리하여 '양칼'이라는 별명을 받는가 하면, 커닝을 하는 학생을 발견하고는 그런 학생의 앞날을 걱정하여 그 자리에서 펑펑 울기도 하고, 육척 거구로 아이들 앞에서 위엄 있게 임하는가 하면, 심청전을 라디오로 듣고 울었다고 하면서 여심 같은 정을 발동시킨다…….

이 모순된 그의 인격의 비결, 그것을 어떻게 풀 수 있으리오! 이런 스승 밑에 훌륭한 제자가 많이 배출되는 것은 당연한 일이다. 사실 이름을 들면 누구나 다 알 수 있을 만한 기라성 같은 그의 제자들이 현재 한국의 학계, 언론계, 도규계(刀圭界. 의료계: 편저자 주), 문예계, 정계, 교육계에서 활약하고 있다. 한 교사의 감화가 얼마나 큰 것인가를 우리는 김교신을 통해서 역력히 알 수 있는 것이다. 특히 김교신이 10년간 몸을 담았던 당시의 양정고보에서는 1학년 때 담임한 교사가 계속 5학년까지 그 반을 끌고 올라가게 되어 있기 때문에, 담임 선생의 감화력 또는 영향력은 심대하였다. 그러기에 그의 담임반 학생들은 거의 절대적이라고 할 만큼 그의 감화와 영향을 받았다. 그것은 졸업식에 임하여 그들이 스승에게 기념품을 드리면서 낭송한 "감사의 말씀"이 증명한다. 너무나도 유명한 글이기에 전문 소개하여 마땅할 것이나, 문집에 수록되어 있으므로 할애하되, 그중 일부만을 음미하여 보기로 한다.

> "우주의 광대무변을 가르치시고 그 위에 인간계의 제현상을 비교하시며 쓴 웃음을 보이신 스승이여! 스승의 이 가르침으로 우리들은 동포는 물론 원수까지 사랑할 것을 깨달았도다. 이 교훈으로 우리들의 인생관은 180도 전환을 보았도다. 우러러 천공을 바라보면 일월이 걸리고 성진이 반열했다고."

플라톤에 세 가지 자랑이 있었다. 남자로 태어난 것, 자유국 아테네에 태어난 것, 그리고 소크라테스를 스승으로 모실 수 있었던 은혜가 그것이다. 이 셋 중에 역시 가장 큰 것은 소크라테스를 스승으로 모신 일이었다. 그러나 놀라운 일이지만, 플라톤이 소크라테스를 사사한 기간은 불과 8년밖에 되지 않는 것이다. 젊어 20세에 입문은 하였으나 27세 때 있었던 소크라테스의 처형으로 이렇게 되어 버렸다. 그러나 이 8년의 감화가 플라톤의 일생을 지배했고, 다시 그 플라톤의 감화가 철학과 아리스토텔레스의 일생을 지배했고, 아리스토텔레스의 감화가 과학과 기독교 철학을 지배했다. 이래서 한 인격의 힘은 인격을 통해 역사를 창조적으로 개척해 나가면서 영원히 산다.

플라톤이 교육이라는 작용에 내린 유명한 정의가 있다. "교육이란 하나의 인격이 다른 하나의 인격에 불을 질러 줌으로써 지금까지 걸어오던 길을 180도 회전시키게 하는 **영혼의 전향술**이요, 씩씩한 남성이 아름다운 여성과 사귀어 아들을 낳듯이, 두 인격체가 하나의 목표를 향하여 **진리를 공동으로 생산하는 일**"이다라고.

김교신은 참으로 플라톤적인 정의(定義)의 의미의 진정한 교사였다. 그의 교육 생애, 즉 근무교와 근무 연한, 그리고 교육적 업적의 소개는 연보에 미루고, 필자는 다음에 그의 천성적인 교사로서의 자질 또는 특질을 몇 측면으로 나누어 고찰하여 보기로 한다.

Ⅱ. 교사로서의 천성적 특질 분석

김교신의 교사로서의 뛰어난 점 또는 천성적인 자질, 그리고 기본적 자세가 무엇이었던가? 필자는 이것을 『김교신과 한국』(노평구 편. 제일출판사, 1972)이라는 그의 신앙 동인, 제자, 문집 독자 등 73인이 쓴 글을 읽음으로써 다음 여섯으로 간추려 도려내어 보기로 한다. 그것은 ① 인격적 사랑, ② 동문 동행적(同行的) 자세, ③ 자기 발견 촉구, ④ 구도 정신의 현시, ⑤ 종교적 수준의 인생 태도, ⑥ 약자에 대한 사랑이다. 다음 글 중에서의 인용문의 면수 표시는 위에 든 책의 면수를 밀하며, 그 외의 자료에 대해서는 앞으로의 연구가를 위해서 자세하게 출전을 밝혀 두기로 한다.

1. 인격적 사랑

교성(敎聖)이라고 일컬어지는 페스탈로찌의 명언에 다음과 같은 것이 있다. "사랑이 교육의 본질이다. 교육의 가장 깊은 것은 이 사랑에서 우러나오기 때문이다." 페스탈로찌가 여기서 말하는 사랑은 생도 하나하나에 대한 인격적 사랑이다. 그러기에 사랑이 없는 교사는 스승일 수 없고, 거꾸로 말하면 스승이 되지 못하는 교사는 실격인 것이다.

김교신은 이러한 사랑을 온몸에서 발산하는 스승이었다. 그가 얼마나 제자를 사랑했느냐 하는 것을 우리가 익히 알 수 있는 자료 또는 일화는 아주 많다.

다음 글은 안병헌이라는 제자의 인격의 아름다움을 찬양하고, 그의 죽음을 애석해 한 스승의 추모사다.

> "안 군은 입학 당초의 모자·양복·양화를 졸업 시까지 가졌다 하거니와 그 모자·제복·내복·양말까지 항상 형언할 수 없는 남루한 것이었다. 그러나 그렇게 초라한 외양 속에 인수봉처럼 우뚝 솟은 고매한 기품을 간직한 안 군을 볼 때마다 의식(衣食)의 빈핍을 부끄러워하는 공자님께 칭찬받던 안연(顔淵)을 연상하지 않고는 못 견디었다. 천연스럽고 태연했다.
> 안 군은 5-60명의 동급 학우 중에서도 가장 가난한 자의 1인이었다. 그런데도 불구하고 수백 원 되는 학급비의 회계(학급 자치)는 언제든지 안 군이 피선되는 것을 보고 또한 기이하지 않다 할 수 없었다. 예수장이요, 고집불통인 안 군에게 사람마다 호감을 가졌다 할 수는 없었으나 금전을 저에게 맡기는 것이 안전하다는 신임에 이르러서는 전반(全般) 일치하였던 모양이다. 작은 일에 충실한 자는 큰 일에도 충실하다. 가난하면서도 오히려 타인의 금전을 맡은 신임을 볼 때 불우한 시대의 에이브러햄 링컨 대통령을 목도하는 감을 금할 수 없었다. 10인의 신인은 곧 전 국민의 신임과 마찬가지 아닌가."
> (『신앙과 인생』 제2권, pp.322-323)

사랑하는 제자의 죽음 앞에 하늘이 나를 버렸다고 통곡한 공자처럼, 김교신도 병헌이라는 제자의 인격의 아름다운을 회상하고 이렇게 울고 있는 것이다. 그는 제자 하나하나의 성품, 가정환경, 출신, 고향 장래의 희망 등을 세밀하게 기억하고 그들을 위하여 사랑을 발동시켰다.

자기 집에서 주일 오전마다 하던 성서 강의에 일이 있어 참석 못하고 오후에야 찾아온 한 학생을 위해서도 단정하게 앉아 1인 강의를 해 주었고(p.193, 손정균), 어느 한 학생이 커닝하는 꼴을 물끄러미 보더니 그 아이의 장래를 위해서 그 자리에서 흐느껴 울고(p.180, 윤석중), 학생을 전적으로 믿고 시험 때는 감독은 않고 뒷책상에 앉아 책을 읽곤 했는데, 한번은 시험 중에 통곡 소리가 나서 뒤돌아 보았더니 선생께서 "이밴질리인"의 시(詩)를 읽으면서 우셨다는 것이고(p.201, 최남식), 시골에서 올라와 외로운 학생에게 너의 고향사람이 우리나라에서 제일 근면하다고 학생들 앞에 말하여 고무해 주었다(p.247, 최치환).

선생이 울음이 많았던 것은 사랑이 많았기 때문이다. 그의 울음에 대하여 제자였던 한 심리학자는 이렇게 해석을 내리고 있다.

> "불타의 미소, 한산습득(寒山拾得)의 웃음, 저 서양인들이 강조하는 유우머 등 웃음은 초월이며 이탈, 객관시의 소산이라 한다면, 반대로 울음은 몰입이며 주관화이며 몸소 떠맡아 느끼는 것이 아닌가 생각된다. 그렇다면 김 선생님의 그 울음의 생활은 자연의 신비, 인간의 거룩하고 순수한 모습을 직시하시고 이에 몰입되어 벅차오르는 감동을 눈물로 쏟아 버리신 것이 아니었던가? 자연의 아름다움, 신의 참 모습에 접하여 눈물로밖에 반응하실 길이 없었던 것이 아니었을까? 선생님의 택하신 옳고 훤한 길을 무리들은 못 보고 허덕대는 것을 안타까와서 우신 것은 아니었을까? 아, 김 선생님께서 오래 사셔서 더 좀 가르쳐 주시면 혹시나 지각이 났을 나는 그저 선생님이 안 계신 슬픔의 눈물이나 쏟을 뿐이다." (pp.254-245, 김성태)

2. 동문 동행적 자세

교육은 하나의 인격이 다른 하나의 인격과 하나가 되어 공동으로 진리를 생산하며, 구원한 이상을 공동으로 찾고, 이런 진리·이상을 같이 음미하고 같이 걸어가는 일이다. 이런 뜻에서 교육이라는 활동은 인격의 결합을 대전제로 하는 것이다. 따라서 좋은 교육은 또한 공동의 생활을 요청한다. 아카데미가 그러했고, 영국의 전통적인 옥스퍼드·케임브리지의 인간 교육이 그러했고, 동양의 옛 학숙(學塾)이 그러했다.

김 선생은 이런 동문 동행적 자세로 교육에 임해 지대한 교육적 역량을 발휘한 사람이다. 그런 모습을 우선 그의 일기 한 토막에서 엿보기로 하자.

> "11월 13일(금) 맑음. 오전 중에 세 시간 수업하고 정신 작흥(作興) 주간의 최종 행사로 교외 마라톤 대회, 홍제천 사장(砂場)에서부터 구파발리까지 왕복 70리 반을 전교생과 함께 뛰다. 찬 바람에 북한산 연봉을 바라보며 뛰는 쾌미는 비할 데 없었다. 5백 수십 명 생도 중에서 병자와 유고자를 제한 외에는 전부 참가, 도중 낙오자 다수, 완전히 결승점까지 온 302인 중에 제22위로 귀착하다. 7-8년 만에 처음 뛴 것으로는 괜찮은 성적이라 자족하여, 장거리 선수의 본산지인 양정 생도들과 뛰어서 낙오 안한 것만 다행인가 하다. 귀댁하여 마늘 두 이랑을 심으면서 병상의 우인(友人)을 기억하다. 이 마늘이 엄동설한에 견디어 명춘에 얼음을 뚫고 자라나는 힘 주시는 이가, 오랜 병상의 우인들에게 회춘의 능력을 주옵시기를. 밤엔 야학 직원 회의, 목성·금성이 서천에 나란히."
>
> (『성서조선』 제95호, 1936년 12월, p.23)

김 선생은 일단 학교에 나오면 성서연구 및 집필 시간을 제외하고는 학생들과 생활을 같이했다. 특히 운동장에서는 농구 코우치로 학생과 같이 뛰었고, 등산도 같이하기를 좋아했고, 심지어는 씨름까지도 함께 어울려 했다고 전해지고 있다. 이리하여 학생들과 완전히 호흡이 일치되는 것이었다. 그러기에 당시로서는 아주 어려웠던 학생들의 특청을 곧잘 들어 주기도 했다. 5개 성상 스승을 같이 모시다가 졸업식이 끝나자 뿔뿔이 헤어지기가 너무 아쉬워서 선생에게 마지막 한 말씀을 부탁하자, 선생은 당시 일인(日人) 배속 군인의 심한 감시를 받고 있는 처지였음에도 불구하고 쾌히 승낙하면서, 지리 통론(通論) 교과서를 들고 교실에 들어와서는 "중요한 학과에 진도가 너무 늦어서 때늦게 개론만 설명하겠다"면서 책을 펴놓고 딴전을 피웠고, “민족 사랑이라는 것은 무엇이며 앞으로 어떠한 생활을 하는 것이 보람된 일이며 이를 위해 용감하게 참되게 창조성 있는 생활을 살아보라고 눈물을 씻으시면서 곧 마루로 사라졌다”고 한다(p.201, 최남식). 이러한 동고동락하는 자세는 학교를 쫓겨나 흥남 질소 비료 공장에서 일할 때에도 그대로 견지되었음을 우리는 특히 주목해야 한다. 선생은 그곳에서도 일선에서 몸소 노동자들이 땔 석탄차를 밀곤 했다(p.168, 유달영). 선생은 또 학생들·제자들의 말이 옳으면 바로 자신이 실천에 옮기는 면도 있었다. 손기정 선수가 베를린에서 우승한 후, 덴마아크 나라의 초청을 받아 가서 구경한 이야기들을 선생에게 적어 보냈더니 그중에서 덴마아크 사람들이 자전거를 애용하며, 또 독일 여성들은 화장을 잘 않는다는 이야기에 감동되었음인지, 손 선수가 돌아와 보니 어느새 선생은 자전거를 타고 다니시고, 또 이화여전엔가 다니던 따님에게 화장을 하지 못하도록 했다는데, 화장 문제에는 너무 감동을 받았음인지, 따님의 화장크리임을 바위에다 던져 깨면서 “저거 봐라. 바위에다 크리임을 발라 놓으니 어디 바위가 제 모습이 나느냐? 마찬가지야 네 얼굴 그대로가 좋지 왜 그걸 발라서 좋은 얼굴을 오히려 나쁘게 하느냐 말이다. 손 선수의 편지에도 독일 여자들은 화장을 하지 않더란다” 했다고 전해지고 있다(p.190, 손기정).

3. 자기 발견 촉구

소크라테스의 명제라고 일컬어지고 있는 것이 둘 있다. 하나는 “사람은 먹기 위하여 사는 게 아니고 살기 위하여 먹는다”이고, 또 하나는 “너 자신을 알라”는 것이다. 소크라테스가 위대한 교사라고 일컬어지는 이유는 그 제자들에게 이 두 명제를 철저하게 다시새 한 데 있다. 표리(表裏) 일체가 되는 이 두 명제를 진지하게 물음으로써, 자신의 가능성과 한계성을 객관적으로 알고, 자기의 좋은 것을 아껴 길러 키우고, 자기의 나쁜 것은 애써 시정하여, 자기 자신을 최선으로 발로시키게 하는 일이 교육의 본무가 아니겠는가! 이것이 소크라테스의 생각이었고, 과거의 위대한 교사가 공통적으로 지니는 자세였다. 우리 김 선생도 이 면을 아주 중시한 분이었다.

우선 김 선생은 '조선'을 참으로 구할 수 있는 것은 부(富)도 아니요, 힘도 아니요, 인물도 아니요, 학문도 아니요, 교회의 기독교도 아니요, 선교사의 기독교도 아니요, "16세기의 종교가들이 체험한 기독교"라 했다(『성서조선』 제5호, 1928년 7월, p.7). 그에 의하면 민족의 종교적 수준에서의 각성, 재생, 이것이 '조선'의 영광의 길이었다. 이 영광에의 길을 매진한 것이 그의 외곬의 생애였다 할 수 있다. 그는 모든 길에서 하나님이 우리에게 내리신 최선의 것을 발견하는 데 힘썼다. 그의 "조선지리소고(小考)"라는 짤막한 논문의 결미(結尾)가 이것을 웅변한다.

> "또한 일반 문화로 보아서 동방 고대 문명이 구미 제방(諸邦)으로 서점(西漸)을 시작할 때에 희랍의 독특한 꽃이 찬연히 피었던 것처럼, 인도 서역(西域) 문명이 동점(東漸)할 때에 잔교(棧橋)와 같은 동(東)반도에서 이채 있는 문화를 출현하고라야 이동(以東)에 광명이 전해졌고, 현금은 도리어 태평양을 건너온 문화의 조류가 태백산과 소백산의 종곡(從谷)을 소급하여 백두산록까지 침투하였으니, 서에서나 동에서나 모름지기 고귀한 광명이 출현하고는 이 반도가 암흑하고는 있을 수 없는 처지에 위치하였다. 동양의 범백(凡百) 고난도 이 땅에 집중되었거니와 동양에서 산출해야 할 바 무슨 고귀한 사상, 동반구(東半球)의 반만 년의 총량을 대용광로에 달이어 낸 엑스(精素)는 필연코 이 반도에서 찾아보리라."
>
> (『신앙과 인생』하권, pp.68-69)

그의 철저한 자기 진단은 이렇게 또한 철저한 자기의 이상의 정립을 낳게 하며, 그럼으로써 사명의 자각을 갖게 한다. 그에 있어서는 자신의 사명의 자각과 '조선'의 섭리사적(攝理史的) 인식은 완전히 하나가 되어 있다.

이러한 그가 교육의 마당에 있어 학생들에게 자기 발견을 촉구하는 것은 너무나도 당연한 일일 것이다. 사실 그는, 모든 학생이 반드시 한 개의 운동부와 한 개의 학술 연구부에 들어가 자기를 알고 닦게 하였고(p.86,

정태시), 일본이 조선 사람의 혼을 몽땅 먹어 버리려 하고 있다고 늘 경고하고(p.103, 박태서), 일본 지리를 중심으로 전개된 당시의 지리 교과서를 거의 무시하고 우리나라의 지리를 가르쳤고(p.163, 유달영), 당시 모두들 창씨개명했는데도 선생은 끝까지 이를 거부하였고, 조례 때 출석을 부를 때 선생은 끝내 우리말로 호명하였는데 배속 장교가 항의하자 이름은 '고유명사'이니 상관없다고 끝내 버티었고(p.200, 최남식), 이것이 문제되자 다음에는 아예 출석을 부르지 않았고, 인간이 자신의 내면을 들여다 볼 때 공허에 못 견디는데, 이때 필요한 것이 이상적 인물에 대한 동경이라 타일렀다(p.265, 유희세).

그에 의해서 많은 학생들이 자신을 발견하고 '조선'을 발견하여 진지한 삶과 진정한 애국의 길을 찾게 되었다. 유달영 씨를 시켜 『최용신(崔容信) 양 소전(小傳)』을 쓰게 하여 심훈의 『상록수』의 모델을 제공하여 당시의 청년들에게 농촌 봉사의 이념적 기반을 제공한 것도 그였고, 또 고통문학(苦痛文學)으로서의 욥기(記)를 연구하려고 주석서를 찾던 임옥인 씨에게 전영택 목사가 권한 책이 바로 김 선생이 쓴 『구약성서개론』이었다는 것이다(p.285, 임옥인).

4. 구도 정신의 현시

필자는 현(現) 서양의 학자와 동양의 옛 학자와의 자세에 근본적인 차이점이 있다고 느끼고 있다. 전자가 새로운 사실을 발견하고 그것을 논리적으로 체계화하는 데 힘을 쓴다면, 옛 동양의 학자들은 '아침에 도를 깨치면 저녁에 죽어도 좋다'는 표어에서 보듯이, 학문 그 자체가 자신의 인생길의 구도 그 자체였다 할 것이다. 이런 면에서 볼 때, 오늘날 구도적 자세가 학문의 면에서 현저하게 후퇴되고 학문이 자기 삶의 자세와 무관해 가는 데에 오늘날의 학문이 역학적 정치의 도구화가 되어 가는 근본 원인이 되어 있다고 필자는 생각한다.

김 선생은 학문 그 자체가 완전히 자신의 인생과 하나가 되어 있는 분이었다. 이러한 자세는 그의 정신적 스승인 우찌무라(內村鑑三), 야나이하라(失內原忠雄) 등에게서 물려받은 것이다. 이들은 익히 알려져 있는 바와 같이 무사도 기질 위에 기독교를 소화해서 지니게 된 사람들이다. 무사도 기질이란 무엇인가? 한 마디로 그것은 '주군(主君)'을 위해서 깨끗하고 충성된 '죽음'을 택하려고 벼르고 있는 자세를 말한다. 김 선생은 이분들에게 성서 강의를 들었고, 그들은 김교신을 옛 주군이 가랑(家郎)을 사랑하듯 만강(萬腔)으로 사랑했다. 여기에 그들의 기록의 하나를 소개한다.

> "나타나엘이 '참 이스라엘 사람'으로 불리우는 것처럼 김교신은 참 조선인이었다. 김교신은 조선을 사랑하고 조선민족을 사랑하고 조선말을 사랑했다. 그러나 그의 민족애는 고루한 배타적인 민족주의와는 다르다. 그는 그리스도의 복음에 의해서 신생된 조선인이었다. …… 김교신은 그리스도에 있어서 자기 백성을 사랑하고 그리스도를 전하는 것으로 자신의 애국을 삼았다. 미국식의 천박한 기독교가 아니고, 불신앙의 소련 공산주의도 아니고, 더욱 세속적인 민족 운동도 아니고, 권력자에 대한 영합 · 협조도 아니고 순수한 무교회의 복음 신앙에 의해 조선인의 영혼을 신생시키고 이를 자유와 평화와 정의의 백성이 되게 하기 위해 그는 그 귀한 일생을 바친 것이다." (失內原忠雄, 『嘉信』 제8권 제9호, 1945년 9월)

이렇게 김 선생의 죽음을 애도한 야나이하라(失內原忠雄)는 어떠한 인물인가? '일본문화의 은인인 중국과 조선을 침략한 일본 제국주의를 하루속히 망하게 하소서' 하고 기도드리는 것이 나의 진정한 애국의 길이라고 동경대학 학생들에게 강연하고, 또 이것을 문서로 선포하고, 동경대학 정(正)교수직을 헌신짝처럼 버리고 물러난 근세 일본의 대예언자인데, 해방이 되자 추대를 받아 동경대학 제2대 총장으로 취임한 사람이다. 이분은 특히 전쟁 시 관직을 물러나자 바로 김교신을 찾아 이 땅에 왔고, 서울 YMCA 강당에서 「로마서 강연」을 하면서, "조선의 청년이며, 낙심 말라. 그대들은 일본이 갖지 못했던 좋은 기독교를 갖추어 세계사에 기여할 날이 올 것이다" 하면서, 당시 의기소침했던 한국 청년을 고무한 것으로도 유명하다.

우찌무라(内村鑑三)와 김 선생과의 관계는 잘 알려져 있기에 생략하거니와, 참고로 그에게 사숙한, 또는 그의 『성서연구』를 읽었던 한국인이 몇 사람이었는가를 조사해 보면, 1926년 10월 현재, 『성서연구』 제303호의 발행 부수가 4,100부인데, 그중 한국으로 온 것이 64부이며, 이 중의 일부가 한국인 독자의 것이었다(『우찌무라간조 신앙저작집』 제21권, p.144). 그러나 이렇게 적은 무리지만 이들에 대한 우찌무라의 기대는 아주 큰 것이었다. 사실 그는 "기독교는, 일본은 선걸음으로 건너 조선에 진짜로 수용되고, 그리하여 아시아 대륙에 미칠 것이다. 그러기에 일본은 중계 역할 밖에 못할 것이다. 정말 어처구니없는 일이다(같은 책, p.142)"고 했다. 당시 우찌무라의 강의를 도쿄에서 정성으로 듣고 있었던 김교신, 함석헌, 송두용 등 후의 『성서조선』 동인 및 한국인 독자에 대한 우찌무라의 기대와 사랑은 이렇게 컸었다.

김교신의 스승의 이야기가 길어져서 본론에서 빗나갔으나, 이것은 김 선생의 제자에 대한 사랑 및 죽음을 불사하는 외곬의 구도정신, 또 교육=학문=인생이라는 생활방식을 이해하는 데 꼭 필요한 이야기이기 때문이었다.

자, 이제 우리는 구체적으로 김 선생이 자기가 스승에게 이어받은 구도정신을 어떻게 자기 학생들에게 전했는가를 볼 차례다.

학생들에게 일기를 쓸 것을 의무화하고, 일주일에 한 번씩 돌아오는 소제 당번 시간에 해당 학생의 일기를 소제 감독을 꼭 하면서 정성들여 읽고 돌려주었고(p.207, 이경종), 자신도 꼭 일기를 썼고, 자신의 소신대로 의사가 관철되지 않을 때는 바로 그만두려고 늘 사표장을 안 호주머니에 넣고 다니면서 학생들에게도 보였고, 또 근무의 자유를 철저하게 누렸고(p.231, 구건), 자신의 생활을 한 치 한 오리의 어김도 없이 시계바늘처럼 엄정하게 규율했고, 원리 원칙대로 살아나갔다. 그가 무서운 것은 하나님 이외는 아무것도 없었다. 주군(主君)을 위해서 언제든지 목숨을 바칠 각오가 되어 있는 옛 동양의 무사들의 자세가 바로 그의 것이었다. 그러기에 선생을 이 충무공과 비유하기도 하고(p.85, 박사명), 그런 멋진 모습에 반해서 같은 학교에 근무하던 일본인 여교사가 한복을 입고 나타나기도 했다(p.68, 장원준). 선생에게는 일절 여성에 관계된 스캔들이 없는데, 이런 '괴변'이 있은 직후 선생이 함흥 영생여고보에서 양정으로 옮기게 되었기에, 선생을 인간적으로 기리려고 하는 제자들 가운데는 이것을 스캔들로 만들고 싶어 하는 모양인데, 일방적인 것이었음에 틀림없으리라고 필자 나름으로 생각한다. 왜냐하면 화를 내지 않았다는 사실을 나는 알기 때문이다. 왜인가? 선생은 부인을 하나님이 골라주신 불쌍한 한국 여성의 대표로, 그리고 자신은 또 불쌍한 한국 남성의 대표로 여기고 있었음에 틀림없다고 필자는 그의 신앙으로 미루어 믿고 있기 때문이다.

5. 종교적 수준의 인생 태도

위대한 교사는 종교적 수준의 신념 또는 신앙에 산 사람들이 많다. 김 선생이 이러한 인물이었음을 새삼 상기할 필요도 없으리라. 앞서 소개한 졸업생들의「사은(謝恩)의 말씀」중에도 이것이 역력하게 나타나 있고, 선생이 늘 교직을 부업 정도로 알고 있었던 것도 실은 주업(主業)을 신앙 생활에 두었기 때문이다.

그가 손기정 선수의 코우치로서 세계를 제패케 한 것은 그의 큰 업적의 하나이지만, 이것을 요샛말로 매스컴에서 떠들어 대는 것을 몹시 못마땅하게 느낀 것도 이런 그의 생활에 나온다. 그는 일기에 이렇게 적고 있다.

> "10월 19일(월) 맑음. 호출장을 가지고 동대문서에 가서 10월호의 출판 허가장을 받고 등교, 마라톤 패자 손기정의 환영회를 남보다 먼저 하려고 각 신문사들이 별별 비열한 수단 방법으로 경쟁하여, 금일은 오전 중 조선일보사, 오후는 대판 매일지국 주최로 각기 각양으로 대대적 환영, 이런 때에 보면 **신문사라는 것은 창녀들과 차(差) 불다**(不多), 수업 후 귀댁하여 새로 한시까지 집필." (『성서조선』 제95호, 1936년 12월, p.20)

선생에 의하면 마라톤 우승은 하나님이 이 민족을 버리지 않으시고 청년들을 고무하여 주신 일이기에, 경건하고 감사한 마음으로 기도드리고 끝나야 할 일이지, 마치 그것이 우리의 자랑인 양 떠들어 댈 일이 아닌 것이다. 이렇게 온 나라가 들썩거리고 있을 때에도 그는 그런 회합에 참석도 않고, 수업을 평상시와 같이 하고, 집에 와서는 『성서조선』의 원고를 밤새워 집필하는 것이었다.

그러면 선생이 진정 큰 의의를 부여하고 정성으로 하는 일은 무엇인가? 그것은 종교의 진리를 이 민족을 위해 밝히는 일, 그리고 그것을 전하는 일이었다. 다음 일기가 그것을 증명한다.

> "성서 강습회 기(記), 오후 7시부터 함석헌 씨의 『성서적 입장에서 본 조선역사』 제1강, 역사 이해, 사관(史觀)과 성서적 사관, 세계사의 윤곽 등 제항(諸項)에 긍하여 만 3시간의 연속 강연이었으나, 강자(講者) 청자(聽者)가 모두 일순간을 보낸 것처럼 시간의 흐름을 애석해 하였다. 조선역사 반만년에 역사도 길었거니와, 사가도 많았다마는 조선 백성에게 사관을 준 이가 없었다. 이날에 '전인미답(前人未踏)'의 경(境)에 일보를 내디디어 반만년사의 사관을 제시하였건만, 2천만 중에 이것을 들은 자 20명에 미만하고, 이것을 읽을 자 2백 인에 미급하니, 무슨 췌언을 첨서(添書)할 필요가 있으랴. 오직 기이함을 명기할 뿐인저."
>
> (『성서조선』 제61호, 1934년 2월, pp.33-34)

이런 스승의 종교적 인생 태도는 필연 생도들에 감염되었고, 또 선생의 수업에도 반영되었다. 다음에 필자는 에피소드 하나만 더 소개한다. 시험답안지 성명을 기입하는 란의 왼편에 "거짓말을 쓰면 0점으로 한다"는 주서(註書)가 꼭 붙었고, 실제로 거짓말을 쓰면 통신부에도 0점으로 기록되었고, 반대로 아주 잘 쓴 답안에는 100점을 넘는 점수를 주었고, 시험문제도 당해 과목과는 전혀 관계없는 교양문제나 때로는 종교, 역사문제가 출제되는 것이 일쑤였고, 따라서 벼락치기 시험공부로 점수를 따려던 이는 골탕을 먹게 마련이었다 한다.

6. 사랑

위에 든 선생의 특질은 모두 그의 그리스도에서 이어받은 사랑의 발로일진대, 이 사랑의 항(項)을 별도로 추가할 필요성은 물론 없다. 그러나 그의 사랑은 교실의 학생에게 국한된 게 아니고, 소록도의 문둥병 환자들, 그리고 교직에서 쫓겨난 뒤에는 흥남 질소 비료 공장에 강제 징용되어 일하고 5,000 노동자에게도 확대되어 그들의 복리·후생·교육을 위하여 투신하다 전염병에 걸려 며칠 만에 서거해 버린 종언을 독자들에 회상케 함이다. 서거 2주일 전 김 선생은 서본궁(西本宮)의 노동자 숙소에서 박태석 씨에게 자신의 활동사항을 소개하는 편지를 띄우고 있는데, 그 1절에 이런 글이 있다.

> "더욱 빈한궁천(貧寒窮賤)자를 핍약(乏弱)한 시설 중에서 일으켜 교도하는 일, 하수도 청소하는 일은 우리에게 지워진 책무요, 사명인지라. 가장 큰 정(靖)과 성(誠)을 경주해야 하겠나이다." (p.416, 「김교신서간」)

선생의 사랑의 교육 현장에의 발현, 이것은 뒤에 별도로 다룰 문제로 남겨 두고 여기에서는 생략하거니와, 고린도전서의 사랑의 찬가의 1절, '사랑은 오래 참고 오래 견디느니라' 하는 말씀을 다시 새기고 맺기로 한다.

Ⅲ. 이제 죽지 않으련다

주어진 지면이 이제 조금밖에 남지 않았는데, 이 자리에 김교신 선생의 교사로서의 천성적 자질에 대한 학문적 또는 교육학적 해석을 내릴 수도 없고 또 아직 그럴 단계도 아니다. 필자는 다만 두 가지 얘기만을 보충하려 한다.

첫째, 우리는 삶을 하나님이 주신 것으로 귀히 여기고 자신의 삶을 사랑해야 한다는 말이다. 필자는 엊그제 노평구 선생에게서 충격적인 이야기를 들었다. 지방의 모 명문 T고교의 학생들에 설문지로 물어봤더니, 놀랍게도 30퍼센트의 학생이 죽고만 싶다 했다고! 삶이 무엇이며 진리가 무엇인지 모르겠고, 교사는 글만 가르치지 인생을 소신 있게 지도 못한다고! 이런 학생들에게 꼭 읽기를 권하고 싶은 것은 『김교신 신앙 저작집』, 그중에서도 『신앙과 인생』상하 2권이다. 이 책을 읽고 살맛을 다시 찾은 한전(漢電) 연구소 소장인 한 과학자의 글을 소개한다. 「그렇지 않다고」라는 제목의 아주 짤막한 시적(詩的)인 독후감이지만, 우리의 심금을 울린다.

> "긴 이야기를 쓸 것도 없고 쓸 필요도 느끼지 않는다. 김 선생의 저작집을 읽으면서 그다지 살고 싶지 않노라던 내가, 아니 어서 죽어야 한다고 생각하던 내가 철저하게 끝까지 살아야 한다고 생각하기에 이르렀다는 사실만은 적어야겠다. 오랜 병상에서 괴로운 나날이 과연 지리하게 오래도 끌어갔던 것이다. 한없는 고통과 모멸감과 회한에 많은 눈물이 온몸을 씻던 그 순간들! 나는 이 괴로운 길을 이제는 완전히 빠져나왔다고 생각하려고 하지는 않는다. 내 인생 자체가 고난과 수모(受侮)도 꽉 짜여져 있는지도 모르기 때문이다.
> 그러나 이젠 "그러니까 어서 죽겠다"고는 생각지 않는다는 말이다. 넘어지면 일어서고, 넘어지면 또 다시 일어서고 하다가 하나님께서 이젠 그만 수고했다고 하실 때까지 나는 살 것이다. 그렇다, 있는 힘을 다해서 오로지 살 것이다.
> 비참한 인생, 실패한 인생이기도 하다. 그러나 김 선생의 저작집은 나에게 "그렇지 않다고" 믿어도 좋다고 가르쳐 주었다. 그래서 나에게 완전히 영육(靈肉)의 새로운 생을 가져오는 계기가 된 것이다. 감사 있을 뿐이다."
>
> (p.323, 노성호)

근세 한국의 정신사에 길이 남아야 할 선각자 중에서 김교신 선생처럼 정규 교사 교육을, 그것도 당시의 명문교인 동경 고등 사범 학교에서 받았고, 또 평생을 교육의 장(場)을 지키면서 민족의 교사, 서민의 교사, 생도의 교사, 평신도의 교사로서 일관한 사람이 있을까? 그런데 이분의 교사상(敎師像)은 소위 속된 표현으로 쓰이는 용어로는 완전 '비사범적(非師範的)'이었음을 주목해야 한다. 이분이야말로 한국의 흙으로 만들어져 한국의 흙을 디디고 살고 다시 한국의 흙으로 돌아간 사람이다. 그 숱한 호(號) 하나 없고, 그 숱한 동상 하나 없고, 그분의 묘가 어디에 있는지 이 필자조차 모른다. 이게 진정한 한국인이며, 이분의 기독교가 진정한 한국의 기독교다.

끝으로 이분의 생의 원동력과 생의 자세를 잘 알리는 그의 글 1절을 소개하며 붓을 놓는다.

> "대전도를 하려고 꾀하지 않고, 대기적을 행하려 하지 않고, 다만 신의 명을 따르며, 그의 말씀이라면 따를 따름이며, 신을 믿는 것을 대사업으로 믿고, 무위에 가까운 생애를 보내는 일이다. 신앙 생활의 대부분은 인내와 정숙이다. 따라서 활동 · 비약을 사랑하는 이 세상과, 이세상의 교회로부터는 칭찬을 얻지 못하는 생애다. 그러나 이것이 신과 더불어 걸어가는 생애다. 이 세상의 교회의 칭찬을 얻지 못하지만 신의 칭찬을 얻는 생애다. 신이 깊은 것처럼 깊고, 신이 조용한 것처럼 조용한 생애다. 신 안에서 자신이 충족되는 생애다. 아무런 사업도 일으키지 못하지만 아무 불만도 느끼지 않는 생애다. 또 신에게서 아무것도 받지 못하지만, 신 자신을 얻었기에 기타의 것을 불요로 하는 생애다." (김교신 · 함석헌 공저, 『內村鑑三 선생과 조선』. 성서조선사, 1940, pp.50-51)

제
3
장

김교신의 민족정신사적 유산

-『성서조선』의 일기를 중심으로 -

金敎臣의 民族精神史的 遺產

──「聖書朝鮮」의 日記를 中心으로──

金　　丁　　煥

一. 問題提起
二. 民族의 理想과 民族敎會觀
Ⅰ 民族觀
Ⅱ 民族敎會觀
三. 理想的 韓國人觀과 敎師像
Ⅰ 韓國人觀
Ⅱ 敎師像
Ⅲ 家庭觀
結　語

一. 問題提起

遺產에는 精神的인 것과 物質的인 것이 있고 이 중에서 더욱 소중한 것은 精神的인 것이다. 우리 民族에 많은 精神的 遺產이 있다. 그것은 우리 民族이 숱한 試鍊의 鎔鑛爐에서 다려낸 思想의 精髓이자, 民衆의 따스한 體溫으로 고히 익혀져 다음 世代에 전해진 文化이며, 그리고 生活 속에 깊히 터잡고 자라난 土着的인 것이다. 이런 民族的·民衆的·土着的 遺產이 民族의 精神的 遺產이다.

그러나, 이런 精神 遺產은 그것을 물려 받은 다음 世代에 의하여 늘 새롭게 吟味되고 擴充되지 않는 限, 그 生命을 잃고 化石化되어 物質的 遺產처럼 地下에 묻힌다. 그러기에 우리는 늘 精神遺產도 地下資源처럼 發掘

김교신의 민족정신사적 유산*

-『성서조선』의 일기를 중심으로 -

Ⅰ. 문제 제기

유산에는 정신적인 것과 물질적인 것이 있고 이 중에서 더욱 소중한 것은 정신적인 것이다. 우리 민족에 많은 정신적 유산이 있다. 그것은 우리 민족이 숱한 시간의 용광로에서 다려 낸 사상의 정수(精髓)이자, 민중의 따스한 체온으로 고히 익혀져 다음 세대에 전해진 문화이며, 그리고 생활 속에 깊이 터잡고 자라난 토착적인 것이다. 이런 민족적·민중적·토착적 유산이 민족의 정신적 유산이다.

그러나, 이런 정신 유산은 그것을 물려받은 다음 세대에 의하여 늘 새롭게 음미되고 확충되지 않는 한, 그 생명을 잃고 화석화되어 물질적 유산처럼 지하에 묻힌다. 그러기에 우리는 늘 정신 유산도 지하자원처럼 발굴·음미하는 작업을 소홀히 할 수가 없다. 본논제(本論題)에서 다루고자 하는 김교신의 몇 가지 측면에 걸친 연구의 의의도 여기에 있을 것이다.

김교신(이하 "선생"으로 약칭함)은 어느 시대 사람이고 어떤 업적을 남긴 사람인가에 대해서는 오랫동안 일반인은 물론이요, 학계 인사들에게도 거

* 김정환(1976). 김교신의 민족정신사적 유산 -『성서조선』의 일기를 중심으로 -. 『민족문화연구』 10, 169-201.

의 알려져 있지 않다. 사실 이홍식 편 1973년도의 신개정보급판 『국사대사전(國史大事典)』에도 선생의 이름조차 보이지 않았으나, 최근에 이르러서 그는 갑자기 알려지게 되었다. 그리하여 선생이 『100년간의 한국을 만든 33편』의 명논설(名論說)의 하나를 쓴 사람이며,[1] 민족교회사 연구가 민경배로 하여금 "민족교회사(民族教會史)를 공부하면 할수록 그 주류와 명맥은 김교신밖에 없겠다는 생각이 깊어가고, 그의 인품과 신앙의 유형 전체가 결국 한국기독교의 모습, 나라 사랑의 길이라는 생각이 더해 간다"는 평가를 내리게 하였고,[2] 일본의 대륙침공에 항거하면서 동경대학 정교수 자리를 버리고 반전운동(反戰運動)에 나섰던 그의 신앙동지 야나이하라 다다오(矢內原忠雄)로 하여금, 선생은 "조선인의 영혼을 신생(新生)시키고 이를 자유와 평화와 정의의 백성되게 하기 위해 그는 귀한 일생을 바쳤으며, … 진정 나라를 세우는 것은 제삼국(第三國)의 힘에 의한 군사적·정치적 해방이 아니고, … 의(義)의 나라로 조선을 일으키는 힘"이라고 외치게 하였고,[3] 제자 유달영으로 하여금 "조선민족의 정신을 깊이 심어서 백 년 후에라도 아니 오백 년 후에라도 독립이 될 수 있는 터전을 마련한 스승"으로 회상케 한 스승이며,[4] 신앙적 제자 노평구로 하여금 선생의 저작을 전(全) 6권의 『김교신 전집』으로 완결케 한 인물임이 차츰 밝혀지게 되었다.[5]

이와 더불어 선생의 생애·사상·업적의 몇 측면에 대한 연구가 나오기 시작했다. 선생의 민족사적 업적을 개괄적으로 소개한 본인의 『기독교의 이단자(異端者) 김교신』,[6] 뛰어난 교사로서의 자질을 분석한 "김교신의

---

1) 김교신. 「조와(弔蛙)」. 근대한국명논설집(『신동아』. 1966년 1월호 부록). p.165. 동아일보사.

2) 민경배. 「민족의 선한 목자, 김교신」. 『연세춘추』(1975년 6월 30일자).

3) 矢內原忠雄(1965). 「김교신을 추억함」. 『矢內原忠雄全集』 제25권, pp.288-289. 岩波書店.

4) 유달영(1972). 「김교신과 한국」. 『김교신과 한국』 p.167. 경지사.

5) 노평구 편(1975). 『김교신 전집』. 경지사. 이 전집의 제1권이 발간된 해가 1964년이니, 6권으로 완성될 때까지 만 11년 걸렸음.

교사로서의 특질 분석",[7] 인격적 특질을 분석한 김성태의 "김교신 선생의 인격",[8] 민족교회 형성과정상의 업적을 평가한 민경배의 "김교신의 무교회주의와 조선적 기독교",[9] 그리고 특히 신앙의 특질을 연구한 노평구의 "민족 부활의 신앙인"[10] 및 문정길의 "김교신 연구",[11] 한국교육사적 의의를 고찰한 박신관의 "김교신 연구"[12] 등이 이것이다.

본고는 선생 『전집』에서도, 특히 일기(日記) 부분, 선생에 관한 선행연구, 신앙 동인(同人), 제자들의 추억문 등을 기본자료로 하여, 선생에게서 우리가 물려받아야 할 고귀한 민족정신사적 유산은 주로 무엇인가를 고찰하여 보려는 데 있다. 본고에서는 이것을 크게 다섯으로 나누었다.

그 첫째는 민족관이다. 선생은 우리 민족의 세계사적 고유한 존재 이유를 무엇으로 여겼던가. 또 어떻게 그것이 전개되어야 할 것으로 여겼던가. 이것이 우선 우리의 관심사가 될 것이다. 둘째는 선생의 민족교회관이다. 종교의 순화(醇化) 독립 없이 민족의 순화 독립은 기(期)할 수 없다고 선생은 생각했는데, 이런 생각을 하게 된 경위를, 그리고 민족교회 형성을 위한 실천상을 살펴보는 것 역시 중요한 일이 아닐 수 없기 때문이다. 셋째는 인간상(人間像)이다. 선생은 기독자이기 전에 한국인이기를 소원하는가 하면 종교의 뒷받침 없는 교육은 있을 수 없다고 여겼고, 사실 『성서연구』 간행이 주업이며 교직은 부업이라고 공언하였다. 그런데, 이런 부업을 평생 버리지 못했고, 또 이 부업에도 전력을 다해서 뛰어난 제자들을 길러냈다. 선생의 이런 모순은 선생의 인간상의 어떤 특질에서 유래하였던가. 이것 또한 우리의 주요 관심사가 될 것이다. 넷째는 교사상

---

6) 김정환. 「기독교의 이단자 김교신」. 『월간중앙』(1974년 6월호).

7) 김정환(1974). 「김교신의 교사적 특질 분석」. 『나라사랑』 제17집. 정음사.

8) 김성태(1974). 「김교신 선생의 인격」. 『나라사랑』 제17집. 정음사.

9) 민경배(1975). 「김교신의 무교회주의와 "조선적(朝鮮的)" 기독교」. 『고신출박사회갑논문집』. 대한기독교서회.

10) 노평구(1974). 「민족 부활의 신앙인」. 『나라사랑』 제17집. 정음사.

11) 문정길(1975.11). 「김교신 연구」. 노평구 편. 『성서연구』 제252호. 성서연구사.

12) 박신관(1972). 「김교신 연구」. 고려대학교 교육대학원 석사학위논문.

이다. 선생은 인격적 감화력(感化力)을 남달리 지니고 있었고, 교수면(教授面)에도 탁월한 재능을 가지고 있었다. 선생에 있어서의 교사상은 바로 동양적 구도인(求道人)의 자세가 아니었던가 여겨지는데, 특히 오늘날 교사가 기술자로 자처하고 인격도야자로서의 막중한 책무를 소원시(疎遠視)하고 있는 이때에, 선생의 교사상의 분석은 우리에게 귀한 시사를 줄 것이다. 다섯째는 가정관이다. 가정은 인간형성의 터전이며, 오늘날 특히 가정의 교육적 기능의 의의가 새롭게 음미되고 있다. 선생은 남달리 가정에 충실하고, 가정의 규율을 엄히 여기고 기독교적 도덕윤리와 동양적 전통적 가정관을 동시에 숭상한 분으로 알려지고 있다.

이런 뜻에서 선생의 가정관의 고찰은 교육학적인 측면에서뿐만 아니라, 윤리학적 측면에서도 마땅히 시도되어야 할 것으로 여겨진다. 위의 다섯 가지 측면에 걸친 고찰은 개별적으로 시도될 수도 있으나, 본 논고에서 이것들을 하나로 묶은 이유는 선생에 있어 이 다섯이 전일적(全一的)으로 표현되어 있다고 여겼기 때문이다.

Ⅱ. 민족의 이상(理想)과 민족교회관

1. 민족관

선생은 민족의 높은 이상을 우리의 역사와 지리의 긍정적 이해와 그리고 기독교의 섭리사관(攝理史觀)에서 도출하고자 힘썼다. 그는 한 사람 한 사람이 고유한 인격과 사명을 갖는 것처럼 민족마다 고유한 "민족격(民族格)"과 사명을 갖는 것으로 여겼다. 이런 선생의 생각은 많은 글에서 산견(散見)되는데, 우리는 그것을 「조선지리소고(朝鮮地理小考)」에서 대표적으로 볼 수 있다.

선생은 조선지리를 고찰함에 있어 우선 조선이 바다에 임(臨)한 동서남(東西南) 삼면은 말할 것도 없거니와, 대륙에 접한 북면(北面)도 백두산과 거기서 발휘한 압록·두만 양강으로써 천연적 경계가 되어 매우 완벽한 하나의 단원을 이루고 있음을 상기시키고, 다음에 면적, 산악과 평야, 해안선, 기후, 위치의 호적(好適)함을 세계 여러 나라와 비교하면서 논증하고 다음과 같이 결론을 내린다.

> "조선지리소고: (전략(前略)) 상술한 바와 같이 지리적 단원(單元)으로 보나 그 면적과 인구로 보나 산악과 해안선의 지세로 보나 이 위에 천혜로 주신 기후로 보나 한 국면 혹은 한 무대의 중심적 위치로 놓인 그 대접(待接)으로 보나 조선의 지리적 요소에 관한 한으로는 우리가 불평을 토하기보다 만족과 감사를 표하지 않을 수 없다. 이는 넉넉히 한 살림살이를 부지힐 만한 강산이요, 넉넉히 인류사상에 공헌을 제공할 만한 활무대(活舞臺)다. 『그러나 조선의 과거 역사와 현상을 통관(通觀)한 이는 누구든지 그 위치의 불리함을 통탄하여 마지않는다. 황해가 대서양만큼 넓거나 압록강 저편에 알프스 산맥 같은 고준(高峻)한 연봉(連峯)이 둘러쌌더라면, 조선해협이 태평양만큼이나 넓었더라면 좀 더 태평하였을 것을, 그러지도 못하니 중(中), 일(日), 노(露) 삼대세력 중에 개재(介在)하여 좌충우돌하는 형세에 반만년 역사도 별로 영일(寧日)이 없이 지나왔다고 듣는 자로서 과연 동정의 눈물이 없을 수 없다. 그러나 이는 약자의 비명(悲鳴)인 것을 미면(未免)한다. 약자가 한갓 태평을 구하여 피신하려면 천하에 안전할 곳이라곤 없다. 남미 페루국에 선주(先住)하였던 인디안 족의 수도 구스코는 우리 백두산보다 훨씬 더 높은 곳에 있었어도 에스파냐인들의 참혹한 침략을 피할 수 없었고, 티베트는 해발 사천미터 이상의 고원에 비장(祕藏)된 나라이었으나 천하 최고의 히말라야 산맥도 이 신비국(神祕國)으로 하여금 영인(英人)의 잠식(蠶食)을 피하게 하는 장벽은 되지 못하였다. 그리므로 우리는 깨닫는다. 겁자(怯者)에게 안전할 곳이 없고 용자(勇者)에게 불안한 땅이 없다고. 무릇 생선을 낚으려면 물에 갈 것이요, 무릇 범을 잡으려면 호굴(虎窟)에 가야 한다. 조선역사에 영일(寧日)이 없다 함은 무엇보다도 이 반도가 동양정국(東洋政局)의 중심인 것을 여실히 증거하는 것이다. 물러나 은퇴(隱退)히기는 불안한 곳이나 나아가 활약하기에는 이만한 데가 다시 없다. 이 반도(半島)가 위험하다 할진대 차라리 캄차카 반도나 그린랜드 도(島)의 빙하에 냉장하여 두는 수밖에 없는 백성이다. 현세적으로 물질적으로 고찰할 때에 조선반도에 지리적 결핚, 선천적 결함은 없는 줄로 확신한다. 다만 문제는 거기 사는 백성의 소질, 담력여하(膽力如何)가 중요한 소인(素因)인가

한다.』(중략(中略)) 동양의 범백(凡百)의 고난도 이 땅에 집중되었거니와, 동양에서 산출해야 할 바 무슨 고귀한 사상, 동반구(東半球)의 반만년의 총량을 대용광로에 달이어(煎)낸 엑스(精素)도 필연코 이 반도(半島)에서 찾아보리라." (1934년 3월)[13]

우리 역사를 긍정적으로 이해하기 위하여 식민사관과 맞싸운 단재 신채호의 민족사관은 높이 평가되고 있다. 그러나, 이와 비슷한 발상을 갖는 『민족지리관(民族地理觀)』이 있었음을 우리는 아직 듣지 못했다. 김교신은 일개의 중등학교 지리교사로서 바로 이 『민족지리관』을 펴냈던 것이다. 그의 이런 "섭리적 민족지리관"은 그의 신앙동지인 함석헌의 『성서적 입장에서 본 조선역사』에 흐르는 "섭리적 민족사관"과 완전히 발상을 같이하며, 사실 이것이 선생의 『성서조선』에 연재되어, 이것을 폐간으로 몰고가기도 했다. 위의 인용구 중의 이중괄호 부분은 총독당국의 검열 시 삭제되어 『성서조선』 원문에는 없었으나, 후에 기술적으로 소개되어 『전집』에 복원된 것이다.[14]

이런 지리 위에 어떤 이상을 지닌 민족이 살아야 할 것인가. 이 물음에 선생의 『성서조선』 창간사는 명쾌한 답을 준다.

선생은 "아무런대도 조선인이구나!" 하는 민족적 자각에서 오늘의 민족에 주는 최진최절(最珍最切)의 선물은 구약성서 · 신약성서 일권(一卷)밖에 없다는 결론에 이르게 되었고, '조선'과 '성서'는 하나임을 확인하게 되었다. 그러나, 선생의 기독교는 선교사의 기독교가 아니요, 선생이 뜻하는 성서는 교파의 교리에 물들지 않은 성서였다. 창간사는 결미(結尾)에서 격앙된 어조로 다음과 같이 말한다.

"다만 우리 염두(念頭)의 전폭(全幅)을 차지하는 것은 '조선(朝鮮)' 이자(二

13) 노평구 편(1975). 『김교신 전집』(이하 『전집』으로 약기(略記)함) 제2권, pp.67-69. 경지사.

14) 김교신(1934.3). 『성서조선』 제62호, p.24 참조. 여기에는 "이하(以下) 이십오행략(二十五行 略)"으로 되어 있다.

字)이고, 애인에게 보낼 최진(崔眞)의 선물은 성서 일권(一卷)뿐이니 양자의 일(一)을 버리지 못하여 된 것이 그 이름(『성서조선』을 이름: 필자 주)이었다. 기원은 이를 통하여 열애의 순정을 전하려 하고 지성의 선물을 피녀(彼女)에게 드리려 함이로다.

『성서조선』아, 너는 우선 이스라엘 집집으로 가라. 소위 기성 신자의 손을 거치지 말라. 그리스도보다 외인(外人)을 예배하고 성서(聖書)보다 회당을 중시하는 자의 집에는 그 발의 먼지를 털지어다.

『성서조선』아, 너는 소위 기독 신자보다 조선혼을 가진 조선 사람에게 가라. 시골로 가라, 산촌으로 가라, 거기 나무꾼 한 사람을 위로함으로 너의 사명을 삼으라.

『성서조선』아, 네가 만일 그처럼 인내력을 가졌거든 너의 창간 일자 이후에 출생하는 조선 사람을 기다려 면담하라, 상론(相論)하라.

동지(同志)를 한 세기 후에 기(期)한들 무엇을 탄(嘆)할손가."

(1927년 7월)[15]

"조선을 성서 위에"라는 표어는 선생에 있어서 꾸준히 음미 재확인되는데, 그 전형적인 예를 『성서조선』 제75호의 권두언에서 볼 수 있다.

"과학지식적 토대 위에 새 조선을 건설하려는 과학조선의 운동이 시대에 적절하지 않음이 아니요, 그 인구의 팔할 이상을 차지한 농민으로 하여금 덴마아크식(式) 농업조선을 중흥하려는 기도가 시의에 불합(不合)함이 아니며, 기타 신흥도시를 위주(爲主)한 상공조선(商工朝鮮)이나 사조(思潮)에 파도치는 공산조선(共産朝鮮) 등이 다 그 진심성의(眞心誠意)로만 나온 것일진대 해로울 것도 없겠지만, 이를테면 이런 것들은 모두 풀의 꽃과 같고 아침 이슬과 같아서 오늘 있었다가 내일에는 그 자취도 찾아볼 수 없을 것이며, 모래 위의 건축이라 풍우(風雨)를 당하여 파괴됨이 심하지 아니치 못할 것이다. 그러므로 이러한 구형적(具形的) 조선 밑에 영구한 기반을 넣어야 할 것이니 그 지하의 기반공사가 곧 성서적 진리를 이 백성에게 소유시키는 일이다 넓게 깊게 조선을 연구하여 새로운 조선을 성서 위에 세우라. 그러므로 조선을 성서 위에." (1935년 4월)[16]

15) 『전집』 제2권, pp.20-21.

16) 위의 책, p.22.

함석헌은 선생의 신앙동인이자 교육동지로서, 선생의 "무교회(無敎會)" 모임에서 「성서적 입장에서 본 조선역사」를 강의하고, 또 이것을 『성서조선』에 연재하여, 그 독특한 섭리사관으로 깊은 감명을 독자에게 주었다. 그의 생각은 한국의 역사를 "고난의 역사! 한국 역사의 밑에 숨어 흐르는 바닥 가락은 고난이다"[17]라는 것이며, 그것은 또한 민족의 섭리적 사명을 위한 것이라는 것이었다. 김교신은 이에 대해 "빛이 반도(半島)를 비춘지 반세기에 비로소 반도의 진상을 드러냈도다. 반만년 감추었던 오의(奧義)가 나타나게 된 것이다" 하면서 감탄·음미해 마지 않았다.[18]

이 섭리적 조선사관을 피력한 함석헌의 제1강에 감명을 받고 선생은 일기에서,

> "역사 이해, 사관과 성서적 사관, 세계사의 윤곽 등 제항(諸項)에 긍(亘)하여 만삼시간(滿三時間)의 연속강의였으나 강자(講者) 청자(聽者) 모두가 일순간을 보낸 것처럼 시간의 흐름을 애석(哀惜)하였다. 조선역사 반만년에 역사도 길었거니와 사가(史家)도 많았다마는 조선백성에게 사관을 준 이가 없다. 이날에 '전인미답(前人未踏)'의 경(境)에 일보(一步)를 내디디어 반만년의 사관을 제시하였다"

라고 기록하면서[19] 민족의 세계사적 사명, 즉 민족의 존재 이유 위에 세워진 민족의 이상을 깨우침 받은 기쁨을 토로했다. 김교신의 민족섭리 지리관과 함석헌의 민족섭리 사관은 발상이 완전히 같으며, 한 섭리사상의 두 가지 표현에 지나지 않는다. 이 사상 위에 민족의 이상이 세워져야 할 것이라고 그들은 믿었다. 사실 함석헌은 현금(現金)도,

> "기독교적인 양심도 부정할 수 없고 조선사람으로서의, 내 선조 이래에 받은 전통적 정신도 내버릴 수 없고, 또 난 아무래도 현대사람으로 과학을 배

17) 함석헌(1966). 『뜻으로 본 한국역사』, 증보판. p.81. 삼중당.
18) 1934년 1월 1일자 일기. 『전집』 제5권, p.114.
19) 1933년 12월 31일자 일기. 『전집』 제5권, p.113.

웠으니 그것을 무시할 수도 없읍니다. 그 세 가지 조건을 다 만족시키면서 우리 역사를 해석한다면 고난의 역사라 할 수 밖에 없다는 것입니다."

라고 피력하고 있다.[20]

이런 우리 민족의 고난의 섭리사적 이해 위에 터한 민족의 이상상(理想像)은 제자들에게 꾸준히 음미되고 다듬어져 가고 있다. 노평구는 한민족은 인격의 지(知)·정(情)·의(意) 3요소 중에서 정(情)에 뛰어난 민족이며, 이것은 기독교의 3덕(德) 신(信)·망(望)·애(愛) 중에서 사랑이 최고로 놓이는 것과 완전히 부합이 되며, 그러기에 감정민족으로서의 우리 민족의 위대성이 세계사에 찬란하게 빛나야 할 것이며, 이것이 우리의 민족이상이어야 하며, 우리 민족의 "레종 데트르"(raison d'être. 존재 이유: 편저자 주)라고 선언하고 있으며,[21] 또 선생의 민족의 이상에 깨어야 한다면서, 1975년 여름 5·16 광장에 모였던 중세의 십자군적 기독자의 교만에 회의를 품으며, "우리 기독자는 재를 쓰고 골방에 숨어 우리의 붉은 죄를 회개하고 하나님의 숨은 진노 앞에서 민족의 속죄의 제물이 될 수 있어야 한다"고 말하고 있다.[22] 유희세는 『성서조선』은 지금 우리에게 100% 기독자인 동시에 100% 한국인이 되라고 요구하고 있고, 이 200%의 인간이 되는 기적을 선생은 보여 주었다고 추모하고 있고,[23] 문정길은 선생에 있어서 복음은 개인적 차원에서가 아니라 민족으로서의 하나의 공동체적 차원으로 받아들여졌다고 논구(論究)하고 있다.[24] 본인은 우리 민족의 고난사의 의의를 음미하고 세계사에 의(義)와 평화, 그리고 이질적인 것의 조화통일을 민족의 이상으로 정립해야 한다고 소신을 피력한 바 있다.[25]

---

20) 함석헌(1973.6). 「조선역사의 의미」. 『씨올의 소리』 p.17.

21) 노평구 주필. 『성서연구』 제237호 권두언.

22) 위의 책(1975.6), 제247호, p.1.

23) 유희세. 「성서조선의 창간호와 종간호(終刊號)」. 송두용 주필(1974.6). 『성서신애(聖書信愛)』 제191호 p.6. 성서신애사.

24) 문정길(1975.11). 「김교신 연구」. 『성서연구』 제252호, p.21.

25) 김정환(1974.1-2). 「민족의 이상과 교육」. 『씨올의 소리』, pp.21-28.

선생에 있어 민족은 섭리를 떠나서는 존재할 수 없고, 그러기에 한민족은 세계사적 사명을 지니고 있어야 하는 것이었다. 이런 세계사적 사명의 자각은 기독교의 민족화(民族化)에서 기할 수 있으며, 사실 한국의 역사와 지리도 그것을 입증하고 있다는 것이다. 그는 과학적 지식도 농업적 지식도 상공업 지식도 필요하지만, 가장 중요한 것은 성서적 진리이며 한민족이 이 성서적 진리 위에 갱생되지 않는 한 그 사명을 다할 수 있는 민족으로 성장할 수 없다고 확언하였다. 그러기에 그에 있어서 민족과 기독교는 하나였고, 기독교는 민족의 존재 이유를 밝혀 주는 등불이며 민족정신의 중추가 되어야 할 것이기에, 외국의 선교적 기독교로부터의 정신적 독립이 필연적으로 요청되는 것이었다.

2. 민족교회관(民族敎會觀)

선생에게서 조선을 빼고는 성서가 의미 없었기에[26] 그는 『성서조선』을 간행하였다. 그의 생(生)의 원동력은 무엇이었던가. 그것은 그의 민족적 기독교의 이념의 실현이라는 소망이었다. 그러기에 그의 기독교는 기성의 체제화된 교권적 기독교와 외국 선교사에 의한 종파적 기독교와의 싸움에서 출발되었던 것이다.

> "조선에는 부(富)도 필요하다. 힘도 필요하다. 인물도 필요하다. 학문도 필요하다. 위대한 작품도 필요하다. 그러나 가장 필요한 것은 기독교다. 그러나 그것은 불행히도 '기독교청년회의 기독교'가 아니다. '교회의 기독교'가 아니다. '선교사의 기독교'가 아니다. 십육세기의 '종교개혁자들이 체험한 기독교'다."[27]

이런 그의 입장은 세칭 무교회클럽의 신앙 방식을 형성하게 하였다. 이 클럽의 특색을 우리는 몇 가지로 분석할 수 있다. 그 첫째는 민족적인 성

26) 함석헌(1972). 「신앙과 인생에 붙힘」. 노평구 편. 『김교신과 한국』 p.16. 제일출판사.
27) 『성서조선』 제5호(1928.7), p.7.

격이다. 『성서조선』의 창간사에 이것이 명백하게 드러나 있는 것은 앞서 본 바이거니와, 이런 생각은 선생의 스승 우찌무라 간조(內村鑑三)에게서 배운 가장 귀한 것이다. 우찌무라 간조는 익히 알려진 바와 같이 서양의 선교사, 선교자본, 교파교리의 수용을 거부하고, 일본의 정신적 독립교회를 구축하려 했던 체제개혁적·예언적 기독자인데, 그의 생각의 밑바탕에는 민족적 기독교의 이념이 터하고 있었다. 사실 그는 전승(戰勝)의 여광(餘光)을 빌려 일본 동경에서 열린 만국기독교 청년대회에의 출석을 거부했는데, 그 이유인즉, "아국(我國)에 체재(滯在)하는 칠백(七百)의 외국 선교사와 그들이 매년 소산(消散)하는 기십백원(幾十百圓)의 금전을 가지고도 일본인의 영혼계(靈魂界)에는 아직 씨(種)라 할만한 씨를 뿌리지 못했기 때문"이다고 했다.[28)]

둘째의 특색은 민중적인 데에 있다. 민족을 구성하는 중핵층인 민중 속에 파고들지 못하는, 그리고 그들의 생활 속에 소화되지 못하는 기독교는 우리의 기독교일 수 없다는 생각이다. 이것 역시 창간사에 뚜렷하게 나타나 있지만, 선생의 신앙 또는 전도 방식에 일관되게 흐르는 기조의 하나였다. 그는 말한다.

> "조선이 곤궁하다 하나 전도 자금이 없어 일할 수 없을 것 같지는 않다. 실은 산 복음이 없는 것이요, 평신도들이 가난하여서가 아니라 저들이 참 복음의 즐거움을 느끼지 못하기 때문이다. 우리 평신도가 북청(北靑) 물장수의 열성만 있다면 일인(一人)이 일인(一人)을 지지하기는 난사(難事)가 아닐 것이다. 백인(百人)의 전도자를 출전시킴에는 물지게꾼식의 평신도 백인(百人)이면 족할 것이다. 그러나 물지게 지는 이의 희소(稀少)함이여!"[29)]

이런 입장은 이들 무교회클럽으로 하여금 각자 세속적 생업을 갖고, 그 생업을 통해서 민족과 기독교의 발전에 이바지하며, 동시에 온 생활을 신앙에, 온 생활의 마당을 전도의 마당으로, 그리고 자기 직업 및 학문을 민

28) 『우찌무라 간조 신앙저작집(內村鑑三信仰著作集)』(1954) 제19권, p.186.

29) 1932년 12월 일기. 『전집』 제5권, p.71.

족과 신의 영광을 위해 돌리는 직업성소감(職業聖召感)을 철저히 지니게 했음을 우리는 주목해야 한다. 그러기에 그들의 성서연구회는 그대로 기도의 마당이자, 학문의 마당이며 친교의 마당이기도 했다. 일례를 그들의 1933년도의 정초연구회(正初研究會)에서 본다면, 소수회원(10명 정도: 필자 주)으로 함석헌의 "사도행전 연구", 양인성의 "성서동물학(聖書動物學)", 김교신의 "성서지리학", 유영모의 "노자(老子)사상", 김종흡의 "중세철학과 신앙", 유석동의 "영어사(英語史)", 송두용의 "농사이년(農事二年)" 등이 연구되었고, 동계 성서집회에는 이덕봉의 "성서식물학(聖書植物學)", 함석헌의 "조선역사" 등이 연구과제로 위촉되고 있다.30)

셋째는 반교권적인 것이다. 조직으로서의 교회는 교권을 가지지 않을 수 없다. 그것은 개개의 신자를 초월한 조직체로서의 교회가, 명령적인 권위를 갖고 개인에 임하며, 성서의 해석에 있어, 생활에 있어 규제를 가한다. 그러기에 교회적 신앙생활은 일정한 조건을 수락하고 교회의 지배권 아래에 들어가는 일이며, 따라서 교회 신자가 된다 함은 교회원이 됨을 의미한다. 그런데 여기에 문제가 있다. 교회가 조직의 유지에 지나친 나머지 생동하는 생명을 잃을 가능성이 짙어지고, 신자들의 활달한, 개성적인 신앙 양식을 통어(統禦)할 가능성이 짙어지기 때문이다. 우리는 중세의 기독교에서 이런 교회의 조직 생리를 볼 수 있고, 루터의 종교개혁이 이 조직 생리에 대한 반교권적인 선언에서 출발된 것임을 주목해야 한다. 선생의 "무교회"도 바로 이렇게 출발된 반교권적 일종의 종교개혁운동이었다. 그들의 성서연구회는 "서당 훈장 앞에서 논어(論語)나 대학(大學)을 공부하는 것처럼 구조선식(舊朝鮮式)이요, 가지(加之) 악기도 없고 찬양대도 없고, … 법열(法悅)의 경(境)을 유도하는 기도술(祈禱術)도 없고, 심리학을 응용한 설교법도 모르고, 다만 교실에서 교과서를 공부하듯이 냉랭한 학습방식으로 성서를 공부하는 것뿐"이었기에31), 미국의 정신적 · 경제적 원조 아래에서 경영되는 당시의 한국교회에는 크게 반발하면서 이렇게

30) 1933년 12월 29일자 일기. 위의 책, p.111.

31) 1931년 2월 1일자 일기. 위의 책, p.28.

말하고 있다.

> "밤 청년회 성서반에서 세계 일주한다는 미국 종교가의 침입을 당하여 일좌(一座)가 혼란에 빠졌다. 여(余)가 불운하여 아직 경의를 표할만한 미국인 종교가에 접하지 못하였음을 탄(嘆)하였더니, 오호 또 다시 세계 일주식의 미국 기독자를 대하니 자만심이 스스로 발동함을 억제할 수 없었다. 치기(稚氣), 유취(乳臭) 분분한 미국식 기독교! 조선기독교가 완전히 발육되려면 우선 온갖 미국과의 관계를 그 교회와 교육기관에서부터 절연하여야 하리라. 미국 능사란 일왈(一日) 황금, 이왈(二日) 스포오츠, 삼왈(三日) 토오키."[32]

그는 미국식 한국기독교를 이렇게 공격하고, 따라서 그런 교회의 교권에는 순종해야 할 아무런 신앙적인 이유를 발견하지 못했다. 그는 "자기와 자기교회가 있을 뿐이요, 조선과 조선인의 체면은 염두에 없는" 교회에 반대하고[33], 공산당도 조선공산당은 다른 나라의 그것과 다른 특이한 것이 있어야 하는 것처럼, "기독교도 조선 김치 냄새나는 기독교"가 되어야 한다고 외쳤다.[34]

이 반교권(反敎權)의 입장에 특히 투철하게 나선 이는 선생의 동인 함석헌이었다. 그는 인간은 홀로 죽는 존재임을 상기시키면서, 천국은 각자가 자기 발로 갈 수밖에 없고, 단체로 할인해서 들어갈 수 없으며, "성전(聖殿)을 바꾸어 점포로 만든 것이 교권자"라 하는가 하면[35], 우리가 인간주의를 반대하는 까닭은 원래의 기독교는 신절대중심주의이기 때문이며, "교권에 반대하는 것도 그것이 신에 대한 귀족정치적인 까닭"이라고 선언했다[36]. 이런 반교권사상은 김교신에 있어서는 "교회 외에도 구원이 있

---

32) 1933년 2월 1일자 일기. 위의 책, p.79.

33) 1938년 7월 3일자 일기. 『전집』 제6권, p.189.

34) 1934년 12월 11일자 일기. 『전집』 제5권, p.185.

35) 함석헌(1940). 「무교회(無敎會)」. 『우찌무라 간조 선생(內村鑑三先生)과 조선』 p.19. 성서조선사.

36) 위의 책, p.31.

다"는 표현으로 집약되며, 이것은 "교회 외에는 구원이 없다"는 로마의 천주교에 대한 루터의 종교개혁의 기본이념이자, 그 루터의 부르짖음에 의해서 형성된 신교가 다시 구교로 퇴화하려 할 때, 다시 제창되어야 할 우리의 주창(主唱)이라고 음미되고 있다.[37]

선생의 민족교회론의 특색을 우리는 위에서 세 가지로 요약하였는데, 이런 생각은 그의 신앙동지이자, 6·25의 참극 속에서 피난을 거부하고, 성서를 불살라 자신의 목숨을 구하기보다는 차라리 성서를 지키기 위해 자신이 죽어야 한다면서, 부인과 더불어 자결한 안학수(安鶴洙)에 의해서는 "한국인에 의한, 한국인을 위한, 한국인의 기독교"로 이해되고 있으며,[38] 동시에 기독교는 조직과 형식을 거부하고, "만인제사(萬人祭司), 일인일교주의(一人一教主義), 즉 무교회"가 아니될 수 없고,[39] 더욱 키에르케고오르의 말대로 "기독교를 형식화한 것은 백인종"이기에 황인종인 한국인의 교회는 이와는 다를 수도 있다는 논리로 전개되었다.[40]

선생의 민족교회론에서 우리가 주목할 것은 반교권적 특성이 민족적 특성과 당시의 현실로는 모순될 수도 있다는 점이다. 왜냐하면 일제하의 한국 기독교는 강한 민족의식, 민족독립 및 민족문화의 온상이기도 했기 때문이다. 바로 이 점을 깊게 인식했기에 교회 측이 교권으로 무교회 측을 이단시할 때는 무교회측은 반교권의 이념을 강하게 제창했지만, 반대로 교회 측이 일제와의 관계에서 약한 입장에 놓이거나 일제에 의해서 핍박을 받았을 때에는 무교회 측은 교회 측에 전폭적으로 동조하며 지원을 아끼지 않았다. 이때에 선생은 『성서조선』이 이 나라 안에서 또 하나의 "껍질 굳은 교파"의 하나로 굳어지는 것을 스스로 경계했고, "무교회"라는 말을 쓰는 것조차도 싫어했다.[41] 이 사실은 교회 측에서는 한때 무교

37) 김교신. 「우찌무라 간조론(內村鑑三論)에 답하여」. 위의 책, pp.46-47.
38) 노평구 편(1970). 『안학수신앙문집』 p.146. 제일출판사.
39) 위의 책, p.148.
40) 위의 책, p.145.
41) 유달영(1972). 「김교신과 한국」. 노평구 편. 『김교신과 한국』 p.173. 제일출판사.

회 측의 모임에 YMCA 강당을 빌려주지도 않았던 것과는 큰 대조를 이루고 있다. 또 '무교회'클럽은 다른 교회적 기독교와는 달리 한국 불교와 천도교에 퍽 우호적이었다. 선생이 새벽 기도터로 정릉 약사사(藥師寺)를 택했고, 승려의 염불 소리에 맞추어 기도를 했다는 사실, "동일한 조선 사람이면 누구든지 화친(和親)해야 할 것인데, 하물며 인애(仁愛)를 설(設)하고 제중(濟衆)을 지(志)하는 종교 신도 간에 종종 반목대치(反目對峙)하는 당착(撞着)하는 사실이 있음을 깊이 유감으로 생각"하여 유(儒)·불(佛)·기(基)·천도교(天道敎) 각종 종교 신도들의 간친회(懇親會)에 기꺼이 참석했다는 사실이 이를 증명한다.[42] 그런데, 이런 회합에서 선생은 한국의 종교인 천도교에 가장 호감을 가졌음이 일기에서 밝혀지고 있다.

> "불교도에게 원만 대지(圓滿 大智)가 보임은 부러운 바이나 대지(大智)가 속화(俗化)하여 교활로 변태된 것은 차마 볼 수가 없었다. 천도교가 소박한 듯하여 건실히 보였음은 큰 자랑인 듯했으며, 기독교도가 군화(軍靴)의 뒤꿈치처럼 경쾌하고 민활한 것은 박래품(舶來品) 아니고는 볼 수 없는 광경이었다."[43]

선생의 반교권적 생각은 이렇게 민족 앞에서는, 즉 민족의 종교, 민족의 교회를 위해서는 무산되는 것이었음을 알 수 있다. 아니, 우리는 그의 반교권적 생각은 민족의 종교, 민족의 교회를 형성하기 위한 수단적 무기라고 해석할 수 있다.

선생의 민족교회론은 민족교회사 연구가 민경배에 의하여 최근 높이 평가를 받기에 이르렀다. 선생은 민족의 종교를 확립하기 위해 "종파의 의식적 형성을 기피했고,"[44] "순수한 입장에서 성서와 신앙을 이 조국 한국에 심어 살과 뼈가 되게 하고, 인품의 개조를 통해서 '영원한 새로운 조선을 성서 위에 세우라'고 한 한국 교회사에 길이 기억될 예언자"이고,[45]

---

42) 1930년 10월 20일자 일기. 『전집』 제5권, p.19.

43) 위의 책, pp.19-20.

44) 민경배(1974). 「한국교회의 종파(宗派)의 계보 연구」. 『신학사상』 제4집, p.23.

"순영적(純靈的)인 민족구원이 종교와 도덕의 입에 있다"고 설파했고,[46] "예레미아 같은 눈물의 애국 신앙가"이며,[47] 반선교사적(反宣教師的) 기치를 들고 출발했던 많은 기독교 교파가 동양적인 기독교라는 토착성을 강요한 나머지, 후에 거의 친일적인 경향을 풍기면서 타락했는데, "김교신이야말로 우리 교회사상(教會史上) 그 유례를 다시 찾기 어려운 독보적인 공헌을 민족교회 형성과정에 남기고 간, 위대한 인물이었다고 단언"되며,[48] "민족교회의 원형(原型)"을 제공했다고 평가되고 있다.[49] 본인은 김교신이 남긴 가장 큰 것을 "섭리사관에 입각하여 신이 우리에게 주신 고유한 세계사적 사명이 무엇인가를 자각·정립"한 데에 있는 것으로 여기면서,[50] 민경배의 교회사가적인 평가를 전폭적으로 수용하고 싶다.

Ⅲ. 이상적 한국인관과 교사상

1. 한국인관(韓國人觀)

한국의 이상적 인간상을 우리는 우선 선비상(像)에서 구할 수 있다. 이것은 영국의 신사상, 중국의 군자상, 일본의 무사상에 필적하고도 남음이 있는 한국의 역사와 전통에 터하고 있는 이상적 인간상이다. 선비상에서 연상할 수 있는 것은 크게 셋으로 요약할 수 있는데, 그것은 예술적 기질, 학자적 기질, 그리고 지사적(志士的) 기질이다. 선생은 이 세 기질을 한몸에 지닌 전통적인 선비를 연상시키는 분이었다. 그러나, 선생은 선비상에

---

45) 민경배(1973). 「한국민족교회의 형성과 정통의 문제」. 『문화비평』 제15호, p.65.

46) 민경배(1973). 「한국교회사상(韓國教會史上)의 예언운동」. 『기독교사상』 p.58. 대전기독교서회.

47) 민경배(1974). 「한국기독교회사」 증보판. p.298. 대한기독교서회.

48) 민경배(1975). 「김교신의 무교회주의와 "조선적(朝鮮的)" 기독교」. 『조선출박사회갑기념론문집』 p.182. 대한기독교서회.

49) 위의 책, p.205.

50) 김정환(1974). 「기독교의 이단자 김교신」. 『월간중앙』(1974년 6월호) 참조.

서 우리가 기대할 수 없는 다른 기질을 더 지니고 있었는데, 그것은 종교적 기질과 눈물 많은 다혈질적 기질이었다. 이 다섯 기질은 선생에 있어서 기독교의 최고 덕목인 사랑 안에 하나가 되어, 선생의 온 활동, 온 생활에 응고된다. 우리는 다음에 선생의 이런 인간상의 이모저모를 더듬으면서 이상적 한국인상 정립을 위한 하나의 귀한 시사를 찾고자 한다.

선생의 예술적인 감각은 그의 일기에 숱하게 산견(散見)되었는데, 그 대표적인 것을 하나 골라본다.

> "[1939년 1월 31일. 화(火). 맑음]. 산록(山麓)을 아침에 떠나 인쇄소—총독부—정릉리(貞陵里)(원고)—인쇄소—총독부—양정학교—인쇄소—북한산록(北漢山麓) 이렇게 뛰어다녔다. 이월호(二月號)의 정기일(定期日) 발송이 이렇게 어그러지게 되었다. 잡지 발송용의 피봉(皮封)을 쓰려니 어깨가 매우 오그라지는듯 아팠다. 피로가 적체된 까닭인가? 사람의 비열하고 추잡한 일면을 보고 심화(心火)를 일으키다. 그래서 밤 십시경(十時頃)부터 동내 움집에 나가 자정 넘도록 한담(閑談)하는 것으로 시간을 낭비하고 다시 월야(月夜)에 눈을 밟으면서 오전 두시 넘도록 시냇가를 오르내리다. 삭풍(朔風)은 나무 끝에 불고 명월(明月)은 눈 속에 찬데 내 손에 일장검(一長劍) 짚은 것이 없으나 내 영이 별들을 향해 긴 파람, 큰 한 소리 아니치지 못하다. 건달이 도리어 호유(豪遊)하듯이 분망한 오늘밤에 시간적으로 크게 호유(豪遊)한 셈이다."[51]

이렇게 바쁘고 가진 핍박에 시달리면서도 그는 늘 자연의 미(美)를 찾고 창조의 섭리를 음미했다. 그가 당시로는 변두리인 북한산록 정릉에 거처를 정한 것도 이런 예술적 기질에서였다.

선생은 치밀한 학자적 기질의 소유자였다. 동경고사(東京高師)의 영문학과에 입학했다가 박물과에 전과한 것도 이런 그의 기질의 표현이라고 여겨진다. 무교회클럽은 학자들의 모임이라는 세평을 받기도 하는데, 무교회모임이 원래 학자들의 모임이라서가 아니라, 학자적인 기질의 소유자가 많기에 결과적으로 학자의 모임처럼 되어 버린 것을 말함이다. 그의 학자

---

51) 1939년 1월 31일자 일기. 『전집』 제6권, p.270.

적 기질의 객관적인 증거는 그의 총 158호에 이른 『성서조선』의 발간이 이를 말하고, 그의 『전집』의 무게가 이를 말하기에 생략한다.

그는 지사적 기질이 풍부한 사람이었다. 그가 당시로는 명문인 동경고사(東京高師) 출신이며 입신영달(立身榮達)의 기회가 많았는데, 굳이 민족 사학을 골라 교직에 투신한 것도 이 기질의 표현이다. 그의 일기에 이런 그의 편모(片貌)가 잘 나타나 있다.

> "[1938년 4월 7일. 목(木). 비] 얼마 전에 가로(街路)에서 사직했느냐고 묻는 친구가 있더니 금일은 천만 뜻밖에 학무국에 불려 모관립사립학교(某官立師範學校)로 오라는 교섭을 받았다. 관립학교에 임관된 후에는 여러 가지로 우대한다는 전도(前途)의 호조건(好條件)도 있었다. 일단 유예(猶豫)를 청하고 답을 보류하는 것이 예의인 줄 아나, 사무를 민활히 진척시키기 위하여 즉석에서 이를 사퇴하다. 하여간 호의는 심사(深謝)하다. 이 일에 연상되는 것은 우인(友人)들의 출세와 여(余)의 불출세(不出世)의 대조이다. 동기 동창 학우 중에서 속한 자는 시학관(視學官) 이상이요, 보통이라도 대개 교장은 되었고 후배들도 거의 교무주임급은 되었는데 여(余) 홀로 시종여일(始終如一)하게 평교원으로 남았다."[52]

선생은 늘 이렇게 영달(榮達)의 기회를 회피하는 데 그치지 않고 여의치 않으면 낼 예정으로 늘 사표를 휴대했다.

선생은 종교적 기질이 풍부했고 그것은 그가 종교가임이 이것을 증명하고 있으나, 그의 종교적 기질은 직업적 종교가의 그것과 근본적으로 다르다는 점에서 역시 음미해 볼 필요가 있다. 그는 『성서조선』 발간을 주업(主業), 교직을 부업(副業)으로 여기고 이것을 공개적으로 표명하기도 했다. 종교적인 기질이란 절대적인 기준을 차안(此岸)에 구하지 않고 피안(彼岸)에 구하는 기질과 모든 가치의 기준을 여기에 맞추어 평가하는 기질을 말함이다. 그는 늘 하늘을 우러러 보았고 기도 속에 살았다. 이러한 그의 모습은 일기에 잘 나타나 있는데, 그중의 하나를 예로 들어 보면 다음

52) 1958년 4월 7일자 일기. 위의 책, p.161.

과 같은 것이 있다.

> "[1937년 11월 12일. 금(金). 비온 뒤 흐리고 짙은 안개] 우리가 보는 은하(銀河)보다 오만 배나 더 큰 은하가 발견되었다고. 그 종(縱)은 오천만 광년(光年), 그 횡(縱)은 이천만 광년인데 우리 지구에서 일억만 광년을 상거(相距)하였다고. 우주는 크고 넓다. 하나님의 능(能)과 지(智)와 애(愛)를 누가 능히 헤아려 내랴.[53]
>
> [1938년 10월 10일. 월(月). 비온 뒤 맑음] 한동안 서안(書案)을 대하고 앉았으니 중추(中秋)의 월색(月色)이 너무 유혹적이어서 시냇가에 나가 공중(空中)에 솟은 달을 우러러보며 물속에 잠긴 달을 굽어 찾으며, 추훼(秋懷)의 노래에 귀를 기울이고 흐르는 물소리에 마음을 씻으려니 오직 나 홀로에게만 이 은혜 있는 듯도 하여, 조밀한 서울 장안에 사는 칠십만 인생의 시냇물을 모르고 달빛 못보는 문화인들에게 측은한 동정심을 제지할 수 없다. 아, 내 살림 오늘 하루라도 족하다. 때는 자정 지나서 한 시간."[54]

선생은 감읍적(感泣的) 기질이었다. 라디오의 심청전을 듣고 눈물을 흘리는가 하면, 시험시간에 뒷좌석에 앉아 『이반제린』을 읽다가 슬픔이 북받쳐 울어대어 학생들을 당혹케도 했다. 이런 이야기는 제자들에게 수많이 전해지고 있다. 그의 일기도 이런 눈물의 이야기로 차 있다.

> "[1939년 5월 14일. 일(日). 비] 깨니 네 시 반 … 시편 제 사십이편, 사십삼편을 주해하고자 정독할 동안에 눈물로써 손수건 이매(二枚)를 다 적셔버리다."[55]

시편 42-43편은 사슴이 시냇물을 갈구하듯이 메마른 영혼이 신을 찾으며, 원수의 압제 밑에 시달리는 백성이 신의 신원(伸寃)을 기리는 노래이다.

---

53) 1937년 11월 11일자 일기. 위의 책, p.116.

54) 1938년 10월 10일자 일기. 위의 책, p.227.

55) 1939년 5월 14일자 일기. 위의 책, p.312.

"[1939년 5월 25일. 목(木). 흐림] 담임 생도 중에 극도로 불량한 자 있어 저를 견제하는 중에 아무래도 천선(遷善)할 희망이 보이지 않는 듯해서 울었다. 책하는 교사의 눈물이 옷깃과 마루바닥에 흘렸으되 저의 눈에는 개전(改悛)의 빛이 보이지 않았다."[56]

이는 하나의 인격의 다른 또 하나의 인격에 대한 동정의 눈물이며 사랑의 발동이다. 하나의 생명의 무게는 우주 전체의 무게에 필적한다고 생각한 스승의 제자에 대한 사랑의 눈물이다. 선생은 또 "제소(提訴)와 패소(敗訴)"라는 권두언을 쓰면서도 수차(數次) 펜을 던지고 호곡(號哭)했는데,[57] 그 권두언의 내용은

"주간(週間) 육일을 발서 힘에 넘치게 피로하고서 또 주일을 쉬지 못한지도 대략 십유여 년. 그동안 우리의 외침을 들은 사람이 몇 사람이나 있었읍니까. 한 사람 단 한 사람이나 있었습니까."[58]

하는 신(神)에 대한 제소(提訴)에, 신(神)은 입신(入信) 이전보다 선생께 건강을 주었다고 대답해, 결국 선생이 패소하고 만다는 내용인데, 이 경우의 눈물은 감사의 눈물이다. 또 차녀(次女)의 전학 수속 등 뒷바라지를 하면서 자식에 대한 부모의 마음을 생각하다 신(神)의 선생에 대한 사랑을 상기하고 회개의 눈물도 흘렸고,[59] 공명(孔明)의 출사표를 읽을 때마다 감격하여 학생에게 외게 하고, 더러 자신이 외다가도 울었다는데, 이것은 우국충정에 대한 감격의 눈물이다.

위에서 우리는 선생의 인격적 특질을 몇 가지 측면으로 분석하여 보았는데, 그것은 선비상에서 볼 수 있는 예술적 · 학문적 · 지사적 기질과 선비상에서는 찾기 힘든 종교적 · 다혈질적 (눈물로 상징되는) 기질이다. 이런

56) 1939년 5월 25일자 일기. 위의 책, p.317.

57) 1939년 9월 22일자 일기. 위의 책, p.356.

58) 『성서조선』 제129호(1939년 11월호).

59) 1940년 8월 24일자 일기(日記). 『전집』 제6권, p.460.

기질을 한몸에 지닌 사람은 선생 외에는 별로 없는 것으로 여겨지기에 선생을 충무공(忠武公)과 같은 인물이라고 보는 분도 있고,[60] 신앙동지 야나이하라 다다오(矢内原忠雄)는 "나타나엘이 참 이스라엘 사람인 것처럼 김교신은 참 조선인이었다" 말하고 있으며,[61] 선생의 인품을 동경한 나머지 동료 교사인 일본인 여교사가 한복을 입고 학교에 나타나기도 했다.[62]

우리가 선생의 인간상 중에도 극히 주목해야 할 점이 몇 가지 있다. 그 첫째는 선생은 기독자이기 전에 한국인이었다는 점이다. 그가 『성서조선』을 폐간당하고 교직에서도 추방되어 마지막 일터로 알고 간 일, 즉 강제 징용된 한국 노무자들의 의료 교육 복지를 위해 단신 뛰어들은 흥남 질소 비료공장 기숙사의 일을 도와준 일본인 하루카(晃玉) 과장은 조사(弔辭)를 통하여, 자기는 오늘날까지 선생과 같은 위대한 인물에 접한 일이 없다고 말했다고 하는데, 최근 그 하루카를 동경에서 만난 사람의 이야기에 의하면, 그는 김교신이 기독자라는 사실을 전연 모르고 있었다 한다.[63] 다음은 눈물 많은 점이다. 김성태는 선생의 감읍성향(感泣性向)은 기질적인 것에 그치지 않고, "자연 · 인간 · 신의 참모습을 직감"[64]하며 이에 몰입한 데서 나온 것이라고 해석하고 있다. 셋째는 그의 초연성(超然性)이다. 일본인과의 싸움이 전부였었던 그 시대에 "일본인에게도 훌륭한 사람이 있다"고 외치면서[65] 우리가 살 길은 일본인을 넘어뜨리는 데 있지 않고, 우리들 자신이 잘 살 수 있는 인간이 되는 데 있다고 설파한 그 초연성이다.

이런 모든 그의 인격적 특질로 해서 선생은 그의 고귀한 생애를 우리에게 보여 주었고, 우리가 한국의 이상적 인간상을 생각할 때마다 충무공과 더불어 연상하게 되는 또 하나의 인간상을 우리에게 남겼다. 그의 인간상

60) 박사명(朴使命). 「내가 아는 김교신」. 『김교신과 한국』 p.84.

61) 『야나이하라 다다오 전집』(1965) 제2권, p.288. 岩波書店.

62) 장원준. 「동향 후배가 본 선생」. 『김교신과 한국』 p.68.

63) 유희세. 「성서조선의 창간호와 종간호(終刊號)」. 송두용 주필(1974년 6월). 『성서신애(聖書信愛)』 제191호, p.6.

64) 김성태. 「김교신 선생의 인격」. 『나라 사랑』 제17집, p.87.

65) 김성태. 「잊혀지지 않는 말씀」. 『김교신과 한국』 p.253.

은 기독자이고 아니고를 불문하고 음미되어야 할 것으로 여겨진다.

2. 교사상

선생은 앞서 본 바와 같이 『성서조선』 발간을 주업으로 여기고 교직은 부업으로 여겼다. 그러나, 그는 천성적으로 교사였고, 또 교직에 온 힘을 다해 뛰어난 영향력으로 생도들에게 깊은 감화를 주었고, 훌륭한 제자를 많이 배출시켰다. 그가 동경고등사범학교라는 당시의 교육계의 명문에서 정규 교사교육을 받은 사람이라는 것과 천성적 교사라는 말과는 전연 다름을 우리는 주목해야 한다. 그에게는 평생을 모실 수 있는 스승이 있었기에 그에게는 또한 자신을 평생 스승으로 모시는 제자가 많았던 것이다. 인생의 스승이 아니고서는 교과의 교사로서도 성공을 못한다는 하나의 귀한 사례를 우리는 김교신에게서 볼 수 있다. 선생의 교육에의 열성도(熱誠度)는 그의 거의 모든 일기에서 엿볼 수 있는데, 그중 하나를 골라 보면 다음과 같다.

> "[1933년 4월 4일. 화(火)] 양정고등보통학교 제1학년 120명의 입학식 날이다. 담임교사로서 학부형 및 생도에 대한 말씀의 요지는 여좌(如左: 왼쪽에 적힌 내용과 같음. 편저자 주)하였다. "… 근래에 입학난(入學難)이 심하므로 부형 되신 이는 응시하기 전에 우리들께 청탁하는 이도 있었고 합격된 후에 사례의 말씀을 하시는 이도 있었으나, 내용을 알고 보면 이런 인사 받는 것처럼 우스운 일이 없읍니다. 합격자 120명 중 보통학교에서 일등한 자 약 일할 이상, 오등 이내가 사할 이상, 10등 이내가 약 팔할 이상이요, 즉 보통학교 이래의 성적과 입학시험에서 발휘한 실력으로써 합격된 것이니 누구에게 치사할 필요는 추호도 없읍니다. 생도제군은 지공무사(至公無私)한 시험을 통하여 '자력입학(自力入學)'된 것을 확신하라. 첫째로 천하에 '요행'이라는 것이 없다는 것을 알라. 이렇게 선발된 생도들이니 우리 담임교사에게는 그 '맺어진' 인연이 신기하여 못견디겠읍니다. 땅에서 솟은 옥인가, 하늘에서 떨어진 샛별인가 싶어 귀엽게 보이나이다. 이제부터 앞으로 오 년간 우리는 일대예술적(一大藝術的)인 공사(工事)를 시작하였으니

중도에 퇴학하는 이는 교육을 도적하는 자요, 예술품을 파괴하는 자이니 양정학교를 더할 데 없이 만족하여야 하고 우리 담임교사를 신임하시며, 우리에게 위임한 것을 행(幸)으로 여기시오. 불연(不然)하거든 지금 자질(子姪)을 데리고 나가시오. 끝으로 할 말씀은 이런 생도들의 천진한 자태를 보니 그 눈동자에 배우려는 동경(憧憬), 경모(敬慕), 순복(順服), 소박한 심정 등이 찬연하게 빛나고 있읍니다. 그러나 통탄스러운 사실은 이 천사 같은 생도들도 그 대다수는 불과 수년에 차마 볼 수 없는 악당으로 화(化)하고 맙니다. 배우려는 태도에서 비판하려는 태도로 될 때에 생도로서는 볼 일은 다 본 것으로 아시오. 신식교육이라 하여 별수나 있는 듯이 떠드는 우리는 일언(一言)으로 하면 구식이요, 독서 백번에 의자통(意自通)이요, 땀에 의복이 썩도록 노력하여야 할 것이며, 파괴보다 건설주의요, 상해(上海)나 시베리아에서 하는 일이 아니라 서울서 조선총독부 법령하에서 하는 일이요, 무책임한 공상(空想)이 아니라 현실적인 교육을 하는 것이요, 무리한 주문은 당초부터 사절합니다. 금일 나온 동아일보 사설을 참고하기를 권합니다. 운운(云云)."[66]

이렇게 짧은 글 속에 그는 자신의 교육관, 제자에 대한 사랑, 험난한 시국을 남김없이 토로한다. 이 글 속에 특히 우리의 주목을 끄는 구절은 교육을 예술로 비유한 대목이다. 교육이나 예술이나 다 창조적 자기표현이기에 인격의 표현이 아니될 수 없고, 사제지간의 인격의 해후(邂逅)가 아니될 수 없고, 사제 공히 구도(求道)의 자세를 아니 갖출 수 없다.

사실 선생의 교사적 역량에서 우리가 가장 귀히 여겨야 할 것은 인격적 감화력이다. 그는 생도의 생애에 일대전환을 가져오고야 말게 하는 강한 인격적 힘을 지니고 있었다. 그러기에 사제지간(師弟之間)의 청의(淸誼. 순수한 정: 편저자 주)는 졸업 후까지 계속되었고, 이런 사제지간에 교환된 서신을 일기 기타에서 대할 때 우리는 현금(現今)의 학교교육에서 도저히 기대할 수 없는 옛 동양의 군사부일체적(君師父一體的)인 교사관의 좋은 면을 회상하게 된다. 선생의 인격적 감화력의 정도를 잘 볼 수 있는 사례는 숱하게 많은데, 그중 하나가 애제자 조성빈(趙誠斌)의 사례다. 그는 경성

66) 1933년 4월 4일자 일기. 『전집』 제5권, pp.84-85.

제대 예과의 학과시험에 합격했는데 배속장교의 구두시문(口頭試問)에, 세계에서 가장 좋은 책은 성경이며, 가족 중에 예수 믿는 사람은 자기 한 사람뿐이며, 이 신앙을 김교신 선생에게서 배웠노라고 고백하여 배속장교를 아연실색케 만들었다.[67]

선생은 구도(求道)의 정신에 투철한 사람이었기에 제자들도 이런 정신과 자세를 은연중 이어받게 되었다. 양정 졸업반 학생의 사은(師恩) 기념품 증정문의 일절이 그것을 말한다.

> "우주의 광대무변(廣大無邊)을 가르치시고 그 위에 인문계의 제현상(諸現象)을 비교하시며 쓴웃음을 보이신 스승이여! 스승의 이 가르침으로 우리는 동포는 물론 원수까지 사랑할 것을 깨달았도다. 이 교훈으로 우리들의 인생관은 백팔십도의 전환을 보았도다. 우러러 천공(天空)을 바라보면 일월(日月)이 걸리고 성신(星辰)이 반열했다고."[68]

선생은 교과 내용보다도 진지한 인생 그 자체를 가르쳤다. 그의 탁월한 교육방법은 이런 그의 교육관에서 유래된 것이며, 그러기에 다른 교사와는 아주 다른 교육방법이 될 수밖에 없었다.[69] 그는 학생 개개인의 인격, 인간됨을 사랑함이 지극했고, 그러기에 소위 불량학생에게 더욱 사랑이 가해지고 그들과의 인연이 더욱 깊게 맺어지곤 하였다. 중퇴폐학(中退廢學)한 생도가 선생에게 더욱 가까워졌고,[70] 문제아가 더욱 선생을 존경하기에 이르렀고,[71] 애제자의 죽음에 접한 선생의 슬픔은 안회(顔回)의 죽음을 대한 공자(孔子)의 슬픔을 회상케 하였다.[72] 선생은 제자에게 "눈동자까지 빼주고자" 했다고 스스로 술회하고 있다.[73]

---

67) 『전집』 제2권, pp.338-344 및 제5권, pp.84-85.

68) 『전집』 제2권, p.76.

69) 노평구 편. 『김교신과 한국』 pp.153-225 참조.

70) 『전집』 제6권, pp.145-146.

71) 『전집』 제2권, p.78.

72) 『전집』 제2권, pp.322-324.

73) 『전집』 제2권, p.79.

선생은 동붕동행적(同朋同行的)인 자세를 지닌 교사였다. 학생들을 위한 마라톤대회에 자신도 늘 같이 뛰며, "물에 산산에"라는 클럽을 만들어 북한(北漢), 삼각(三角), 관악(冠岳), 인왕(仁旺) 등 산악순례와, 행주산성, 남한산성, 사육신 묘소, 새남터, 외인묘지(外人墓地), 사지사찰(寺祉寺刹) 등 고적답사도 하면서, "조선의 국토는 산하(山河) 그대로 조선의 역사"다 하면서 학생들에 산 역사를 가르쳤고,[74] 농구부와 정구부의 지도교사 일도 기꺼이 맡았다. 특히 손기정 선수의 마라톤 지도자가 다름 아닌 김교신 선생임을 우리는 주목해야 한다.

선생은 학과 지도에도 뛰어난 솜씨를 발휘하여 성적 우수한 자는 거의 선생 반(班)에서 나왔다. 그 객관적인 증거가 하나 있다. "제 일학년 삼 개 학급 179명 중 수석으로부터 제 육등까지 모두 제 일조(선생 담임반: 필자 주)가 점(占)하였고, 제 칠, 제 구등을 타학급에 양(讓)하고는 십등까지 8명이 모두 일조에서 났다. 쾌(快)하지 않을 일이 아니다. 이번 담임반도 애써 하면 볼 만한 성적이 나타날 것이요, 졸업기까지에는 학력보다 인물일신(人物一神) 이외에는 아무것도 두려워하지 않는 인물 두엇은 출현할 듯하매 점점 애착심이 농후해진다. 이 일도 버리기에는 아까운 일이다."[75]

위에서 우리는 선생이 인격적 감화력에 뛰어났고, 구도(求道)의 자세에 투철했고, 교과보다 인생을 가르쳤고, 제자의 인격을 사랑함이 지극했고, 제자들과 길을 같이 걷는 동붕동행적(同朋同行的) 자세를 지녔고, 학과지도에도 뛰어난 솜씨를 지니고 있었음을 보아 왔다.

선생은 제자의 술회대로 교사로서 크게 성공하여, 당시의 "조선 사람의 처지로서는 … 선생님 같이 대성공한 사람은 없었다."[76] 그는 참 이상적인 교사였다. 그에게 있어서 가장 두드러지게 나타나는 것은 인생을 가르치고 인생을 같이 걷는 인생의 교사로서의 '스승'상(像)이다. 플라톤을 매혹한 소크라테스의 모습이 선생에게 있다. 그런데, 선생은 이런 자세를

74) 『김교신과 한국』 p.229.

75) 1939년 12월 23일자 일기. 『전집』 제6권, p.385.

76) 『전집』 제2권, p.78.

또한 스승을 모시는 데서 지니게 되었음을 우리는 주목해야 한다. 그가 얼마나 우찌무라 간조(内村鑑三)를 스승으로 철저히 모셨는가는, "기독교는 일본을 건성으로 지나(支那. 차이나·중국. 황허(黃河)강을 중심으로 고대문명이 일어난 곳: 편저자 주) 조선(朝鮮)에 뿌리를 내리고, 그리하여 아세아대륙에 미치리라"는 선생을 포함한 한국 제자에 대한 술회와,[77] 그리고 선생이, 오해를 받을 가능성이 많은 데도 우찌무라 간조를 끝까지 스승으로 모신다고 공언한 「우찌무라 간조론(論)에 답하여」라는 논문의 한 구절, 개강(開講) "반시간 전에 가서 전례(前例)의 중앙에 자리를 정하고 개강하기를 기다려 일언반구(一言半句)도 놓치지 않으려 노력했다"[78]는 글에서 알 수 있다.

3. 가정관

가정은 인간형성의 터전이자 인문생활의 가장 핵심적인 거점이며, 국가·사회·민족의 가장 원초적인 집단이다. 선생이 가정을 어떻게 보았고, 어떻게 다스렸고, 어떻게 살았느냐는 바로 선생의 민족관·교육관·인생관을 푸는 하나의, 그리고 가장 중요한 실마리가 될 수 있을 것이다.

선생의 가정관을 엿볼 수 있는 실마리를 우리는 우선 장녀와 조성진 씨의 결혼식 날의 엄숙한 일기에서 찾을 수 있다.

> "[1938년 12월 17일. 월(月). 쾌청] 새벽 오시(五時)의 우리의 마당은 오리온 좌(座)로써 차일을 치고 천랑(天狼)으로써 등(燈)을 달고 북한(北韓) 연산(連山)으로써 병풍을 두른 것 같다. 인생이 무엇이관대 그 머리 위의 하늘이 저다지 찬란하고 그 좌우의 산령(山嶺)이 이다지 엄숙한고! 오늘 결혼하려는 장녀를 위하여 새벽기도회를 열다. 신앙의 백전(百戰)으로 단련한 박정수(朴晶水) 여사는 우리의 대사(大事)를 영화(靈化)하기 위하여 작야(昨夜)부터 유숙하고 이 기도회를 사회(司會)하여 주다. 잠언 제 삼십일장 십

77) 『우찌무라간조 전집』 제21권, p.142.

78) 김교신(1940). 「우찌무라 간조론에 답함」. 『우찌무라 간조와 조선』 p.42. 성서조선사.

> 절 이하에 의하여 이스라엘 여성의 규범으로써 부탁하시다. 정오에 장녀와 조성진의 결혼식을 거행. 여(余)는 이 장소에서 이 모양으로 거행하는 극지(極旨)를 설명하여 약이시간(約二時間) 엄숙히 앉았기를 요구한 후, 함석헌 형의 주체로 식을 집행하다. 마태복음 제십구장에 의하여 설교. 남녀 약 오십 명 진객(珍客)이 참례(參禮). 식이 끝난 후에 여(余)와 손으로 기념촬영하고 피로연을 약설(略設). 감상담(感想談)으로 축사를 말하는 이 가로되 "필연코 다른 것이 있으려니 하고 내참(來參)하였더니, 적지 않게 참관하던 결혼식 중에서 과연 이번 결혼식은 사회자의 설교로 보든지 신랑신부의 자연스러운 조선의월(朝鮮衣月) 입은 차림으로 보든지 전에 일찍 유례를 보지 못했던 일"이라고. 그러나 우리로 말하라면 다르게 하려고 한 것이 아니라, 연극할 줄 모르는 성미에 오직 분수(分數)에 접하도록 천언스럽게 한 것 뿐이다."79)

우리는 이 일기에서 선생의 가정관의 첫째를 우선 신앙 중심의 생활의 터전이라 할 수 있다. 선생은 가족을 중심으로 늘 성경연구와 기도회를 가졌고, 신앙생활은 가정을 중심으로 전개되어야 할 것으로 여겼다. 선생의 가정관의 둘째의 특질을 우리는 유교적·전통적 가정관에서 볼 수 있다. 그는 유가(儒家)의 전통을 귀히 여겨 이것을 몸소 늘 지니며 자녀에게 계승시키고자 했다. 그는 집에 있을 때는 늘 한복 특히 모시 적삼과 바지 그리고 집세기를 즐겨 입고 신었으며, 부인을 예(禮)로 모셨고 자당(慈堂)을 효(孝)로 모셨다. 이런 선생의 모습을 전하는 때 일기(日記)나 일화(逸話)는 아주 많다. 이런 그의 가정관이 잘 나타나 있는 것이 그의 출가훈(出家訓)이다. 장녀의 출가에 즈음하여 그가 준 것이다.

> "[1938년 10월 18일. 화(火). 맑음] 여(余)는 출가훈(出家訓)으로 일(一). 단도(短刀)를 품고 가서 부모의 명예에 관한 때는 죽고 다시 오지 말라. 역시 열녀불경이부(烈女不更二夫)요 정결(貞潔) 제일이니라. 이(二). 금일로써 친정과의 관계는 싹 끊는 것이다. 다시 뒤돌아보지 말고 가라. 출가는 배수지진(背水之陣)이다. 퇴각불허. 길흉화복을 오로지 시댁과 함께 하라. 나와 너는 무슨 상관이 있느냐!"80)

---

79) 1938년 10월 17일자 일기. 『전집』 제6권, pp.229-230.

선생에 있어서 섭리(攝理)를 떠나서 민족은 생각할 수 없었듯이 전통과 양속(良俗)을 떠난 가정은 생각할 수 없었다. 대개의 당시의 기독자가 부부 중심의 핵가족관으로 전통적 가정관을 버리려고 한 것과는 달리 선생의 시가(媤家) 중심의 가정관은 이렇게 큰 대비를 이루고 있다.

선생의 가정관의 세째의 특질은 가정을 생활의 거점으로 여기고 가정생활에 충실한 데에 있다. 그가 얼마나 가정에 충실한 사람인가는 다음 일기가 대표적으로 말한다.

> "[1940년 9월 51일. 목(木). 맑음] 식구 중에 제일 먼저 깬 탓으로 조반(朝飯) 솥에 불 때는 것으로부터 온종일 잡무의 일일(一日)이 있다. 일(一). 숭인소학교에 우인(友人)의 자제를 전입학시킨 것으로 시작하여, 이(二). 숭인면사무소에 인가(隣家)의 불당(佛堂) 세금 징수를 항의하여 면장의 이해 납득을 얻고, 삼(三). 인쇄소-총독부-경기중학교-부청(府廳)-우편국-종로경찰서-정미소(精米所)에 의미교섭(擬米交涉) 등으로 녹초되게 피로하여 석양에야 귀산(歸山)하니, 여기는 학생군(學生軍)들 사오인이 모여와서 홍수 후에 망가진 통로를 수축(修築)하는 '근로봉사'가 주인부재중(主人不在中)에 진행되고 있었으며, 다시 한번 분발하여 토목공사에 협력하다. 학생들과 함께 석찬(夕餐)을 공탁(供託)하여 들으니…"81)

선생은 또 가정에 있어서의 노동을 즐기면서 "일용할 양식"을 생산하며 감사했다. 일용할 양식을 생산하는 가정의 경제적 기능이 사라지고 이것을 상품에 의지하는 데서, 우리가 노동의 즐거움과 창조의 아름다움을 느끼지 못하는 데에 오늘날 가정의 비극이 있다고 그는 생각했다. 그는 정릉 골짜기에 천오백 평 남짓한 대지를 구하고 그 울안에 갖가지 채소를 심어 그것을 가꾸는 데 즐거움을 느꼈다. 그가 기른 가금(家禽) 가축 수는 개 한 마리, 돼지 15마리, 닭 52마리, 도합 68두였다(1938년 4월 20일 현재).

---

80) 위의 책, p.230.

81) 위의 책, p.465.

"[1940년 8월 6일. 화(火). 흐리고 약간의 비] 오전 중은 집필하고 오후에는 무 배추의 파종도 하며 계사수리(鷄舍修理)도 하다. 특히 후자에 관하여 어머님께서 매우 잘되었다는 칭찬을 받고 기쁨을 금치 못했더니, 아이들이 평왈(評曰), "어린애들처럼 칭찬받고 좋아하시네!"라고. 사십이 넘어도 어머니 앞에는 어린이요, 환갑이 지나도 하나님 앞에는 모든 기독자가 어린이인 것을 저들은 알지 못하는 까닭이다. 그리고 세상 칭찬과 권자(權者)의 칭찬은 안 받을지라도 부모의 칭찬과 하나님의 칭찬만은 받고 싶은 것이 진정이다.

[1940년 8월 7일. 수(水). 조금 맑음] 지난 겨울의 유례 드문 혹한에 우리 정원의 피해 두 가지 있었다. 하나는 최용신 양[82]이 손수 접복했다는 시묘(侍墓) 십여 주가 거의 전부 얼어 죽은 것. 또 하나는 영남지우(嶺南誌友)가 정성껏 접붙여 준 무궁화가 역시 같게 동고(凍枯)한 일이다. … 그러나 그 고간(枯幹)에서 새싹이 피어난 것을 오늘 발견했으며 기쁘지 않을 수 없다. … 차일봉(遮日峯)에서 이식한 대황(大黃)이 일단 고사(枯死)하였다가 금춘(今春)에 소생한 것과 함께 우리 정내(廷內)의 일대기적(一大奇蹟)이다. 일(一)은 진해만(鎭海灣)을 씻는 남해안에서 왔고, 이(二)는 백두산 이천오백 미터의 상봉에서 온 것이다.…"[83]

선생은 육척거구에 강철 같은 건강의 소유자였고, 운동에도 자신이 피력하고 있듯이 본래 정구·농구·육상 경기 등에 흥미와 기량을 남달리 가지고 있었는데, 농사일에 취미를 가지면서부터는 이것을 멀리하게 되었고, 그렇게 된 경위를 "조화(造化)의 경탄"이자 "보건운동"이라 말하고 있다.[84] 그는 거름통 메는 것과 물길러 주는 일을 스스로 즐겼고, 또 이것을 남에게도 서슴없이 공개하는 데 주저하지 않았다.

---

82) 이 최용신 양은 작가 심훈의 『상록수』의 모델이 된 여성이며, 김교신은 제자 유달영을 시켜 이 여성의 전기(傳記)를 쓰게 하여 성서조선사에서 발간하여 널리 알렸다. 수원 천곡(泉谷)의 이 여성을 알게 된 김교신은 최 양의 전기 출판을 자신의 의무로 여기고, 고향이 수원인 유달영에게 전기집필을 독촉해서 이것을 출판했다. 유달영(1939). 『농촌계몽의 선구 여성 최용신 소전(小傳)』. p.1. 성서조선사.

83) 『전집』 제6권, pp.452-453.

84) 위의 책, pp.106-107.

선생은 가족에 대한 사랑이 지극했고, 효녀 · 열녀 이야기에는 눈물없이 듣지 못하는 사람이었다. 이런 선생의 성격은 여성적인 것이라 아니할 수 없는데, 이것은 선생의 사업이 진리를 위한, 신앙을 위한, 민족을 위한 남성적인 것이었다는 것과 견주어 볼 때 퍽 기이한 감마저 우리에게 준다. 여성적인 것이라 함은 무엇일까? 그것은 남성적인 것이 논리적 · 외향적 · 진취적인 데 비해서, 직각적(直覺的) · 내향적 · 보수적인 것인 데 있다. 그가 눈물 없이는 감동적인 이야기를 못듣고, 가정적인 일에 그렇게도 흥미를 갖고 생활 자체를 즐기며, 전통적인 양속 및 사고방식을 생리적으로 몸에 지닌 모습이 이 여성적 성격의 일면을 나타내는 것이다. 사실 선생은 한국인의 여성적인 특질을 한국이 세계에 자랑할 수 있는 것이라고 평하고 있다.

"나에게 한 가지 자랑이 있다. 그리고 그것은 나의 마음의 지극히 깊은 곳을 차지하고 있다. 내가 조선의 모든 외형을 보고 낙심저두(落心低頭)치 아니치 못할 때에 그것이 나의 심정에 새로운 고동을 주어 나의 머리는 쳐들어지고 나의 눈에는 희망의 광채가 방사(放射)된 때가 몇 번이었던가! … 그리고 이렇게 생각했다. '조선을 망하게 한 것은 그 남성들이었다. 남성 자신은 멸망하여 다시 소망이 있는 것 같지 않다. 그러나 조선의 여성은 세계에 무비(無比)이리라. 조선의 희망은 과연 그 특유한 조선적인 여성의 장점에 있으리라'고.
특히 일본의 풍기(風紀)와 일반적으로 이를 비교할 때에 누구나 없이 우리들의 이 신념을 시인하여 주었고, 우리들도 또한 일본을 오래 목격함에 이르러 더욱 확신을 굳게 하였다. 더욱 성서를 알게 됨에 따라 정조문제(貞操問題)는 이것이 단지 열녀부경이부(烈女不更二夫), 충신불사이군(忠臣不事二君)에만 그치는 것이 아님을 알았다. 과연 정조문제는 인생을 일관하는 근본원리이다. 단지 여성의 문제가 아니요, 동시에 남성의 문제이며, 단지 현세의 제도가 아니요, 과연 내세에 긍(亘)한 우주의 법칙이다. 그러므로 그리스도는 자기와 교회의 관계를 신랑 신부에 비유하였고, 그러므로 여호와 하나님은 두 신(神)을 공경치 말 것을 백성에게 엄명하였다. 인류 가운데 만일 가장 완전히 유일의 신을 신앙한 민족이 있었다면 이는 유태 민족이었으리라. 인류 가운데 만일 정조(貞操)의 도(道)를 지켜 온 민족이 있었다면 이는 조선의 여성이었으리라."[85]

선생 자신이 신(神)과 민족과 가족에 대한 '정조(貞操)'를 지켰고, 또 가족들의 선생에 대한 정조에 선생은 효(孝) · 예(禮) · 사랑으로 보답하였다.

위에서 우리는 선생의 가정관을 살피고자 선생의 이에 관련된 이모저모를 더듬어 보았다. 이 자리에서 이것을 요약·정리하여 본다면 선생은 첫째, 가정은 신(神)에 대한 신앙 위에 세워져야 한다는 것, 둘째, 가정은 그 민족의 순풍(淳風) 양속(良俗) 등 전통을 계승해야 할 가장 중요한 집단이라는 것, 셋째, 가정은 우리 인생에 있어서의 모든 집단 중에서도 가장 원초적이고 핵심적인 생활집유(生活集幽)이라는 것, 넷째, 가정은 "일용할 양식"을 생산하는 곳이어야 한다는 것, 다섯째, 가정은 정조관념 - 선생에 있어서 이것은 아주 넓은 개념으로 확대해석되어 있지만 - 위에 터해야 한다는 것으로 될 것이다. 선생에 있어서 정조관념은 절대 생리적인 차원의 것이 아니고, 정신적·문화적·민족적·종교적 차원의 것이었다.

Ⅳ. 결어(結語)

민족의 정신유산(精神遺産)이란 한 민족이 숱한 시련의 용광로에서 다려낸 사상의 정화(精華)이며, 민족의 따스한 체온으로 고히 익혀져 다음 세대에 전해진 문화이자, 그리고 대중의 생활 속에 깊이 터잡고 자라난 토착적 사고방식이다. 이런 정신유산은 지하자원 못지않게 꾸준히 발굴·평가되어 다음 세대에 의하여 창조적으로 확충되어야 한다.

김교신은 우리 민족의 정신사에 깊게 음미되어야 할 유산을 남겼다. 그것을 민족관·민족교회관·한국인관·교사상 및 가정관으로 나누어 요약해보면 다음과 같다.

85) 『전집』 제2권, pp.29-30.

1. **민족관** : 모든 민족이 다 고유한 "존재 이유"를 지니고 있으며, 그 "존재 이유"의 전개과정이 민족사다. 민족은 그 "존재 이유"를 성서적 섭리사관에 의거해서 그 민족의 역사와 지리에서 찾아야 한다. 한민족의 발전은 성서적 진리 위에서 갱생된 민중에 의해 이루어질 것이며, 민족과 기독교는 본질적으로 동일하기에 민족의 정신적 독립은 외국의 선교적 기독교로부터의 독립에서 기할 수 있다. 그러기에 과학지식, 농업지식, 상공지식보다 더욱 귀한 것이 민족의 섭리사를 자각하게 해주는 성서적 진리다.

2. **민족교회관** : 민족교회란 민족의 섭리적 사명을 자각·실천해 가는 영적 공동체다. 따라서 민족교회는 우선 기성의 체제화된 교권적 교회와 외국의 선교사에 의한 교파적 교회와 결별 아니할 수 없다. 둘째, 그것은 성직자를 중심으로 형성되는 것이 아니고 민중을 중심으로 조직되어야 하며, 만인제사설(萬人祭司說)과 직업성소관(職業聖召觀)에 투철한 평신도의 코이노니아가 되어야 한다. 셋째, 그것은 외국의 선교사에 의한 영향력을 배제하는 반교권적(反教權的)인 것이 되어야 한다. 그것은 "한국인에 의한, 한국인을 위한, 한국인의 기독교"가 되어야 한다.

3. **한국인관** : 한국의 이상적 인간상은 예술적 기질, 학자적 기질, 지사적 기질을 겸비한 "선비"상(像)인데, 김교신은 이 세 기질을 남달리 지닌 사람이다. 그러나, 그에게 있어서는 이 기질 외에 우리가 주목해야 할 두 기질을 더 지니고 있었다. 종교적 기질과 감읍성(感泣性)이다. 이리하여 그는 충무공을 연상케 하는 하나의 독특한 인간상을 우리에게 보여 주었다. 충무공이 무인(武人)이기 전에 선비였던 것과 같이 김교신은 기독자이기 전에 한국인이었다. 그러기에 그의 인품과 생활 속에서 민족기독교의 원류가 용솟음쳤던 것이다.

4. **교사상** : 선생은 인격적 감화력에 뛰어났고, 구도(求道)의 자세에 투철했고, 교과보다 삶의 길을 가르쳤고, 제자의 인격을 사랑함이 지극했고,

제자들과 길을 같이 걷는 동붕동행적(同朋同行的) 자세를 지녔고, 학과지도에도 뛰어난 역량을 나타냈다. 플라톤을 매혹한 인생의 교사로서의 소크라테스의 "스승"상(像)이 김교신에게 보인다. 인생을 가르치지 못하는 교사는 스승이 되지 못하며, 또 스승을 갖지 못한 사람은 스승이 되지 못한다는 귀한 교육적 진리를 그에게서 발견할 수 있다.

5. 가정관 : 김교신은 가정은 신(神)에 대한 신앙 위에 세워져야 한다는 것, 가정은 민족의 순풍(淳風)·양속(良俗) 등 전통을 계승해야 할 가장 중요한 집단이라는 것, 가정은 가장 원초적이고 또 핵심적인 생활의 거점이라는 것, 가정은 "일용할 양식"을 생산하는 곳이어야 한다는 것, 그리고 가정은 고차원의 정조관념(貞操觀念) 위에 터해야 한다고 여겼다. 단 여기에서 말하는 정조관념은 넓고 높은 것으로, 생리적 차원의 것이 아니고 정신적·문화적·종교적·민족사적 차원의 것이다.

김교신의 이러한 민족정신사적 유산은 여러 면으로 음미·계승되어야 할 것이나, 특히 교육 면에 있어서 더욱 소중하게 평가되며 발전적으로 전개되어야 할 것이다.

우선 민족교육의 이념 정립 과정에 그는 우리에게 귀한 시사를 줄 것이다. 최근 민족교육이 많이 운위(云謂)되고 있어 다행한 일이기는 하지만, 아직 그 개념과 이념이 뚜렷하지가 않아 혼란을 면하지 못하고 있다. 혹자는 민족의 주체성 확립을, 혹자는 민족의 문화의 계승을, 혹자는 자유체제 견지를 통한 인류사회에의 기여를 이것에 기(期)하고 있다. 이러한 이념은 각각 귀한 것이기는 하지만, 민족교육에서 절대 빠질 수 없는 것은 민족의 이상의 정립이 아닌가 여겨진다. 이런 점에 있어서 선생이 부르짖었던 민족의 이상은 우리에게 귀한 시사를 줄 것이다.

다음에는 교사상의 정립 과정에 있어서의 시사라 할 것이다. 최근 교육의 마당에 실용적 교육관과 기공적(技工的) 교육관이 창일(漲溢)하여, 인격도야의 조성자(助成者)라는 교사의 자각이 현저하게 후퇴되고, 기능 및 지식을 전수하는 면만이 강조되는 기술자적 교사관이, 이른바 전문성의 기치 아래 대두되기에 이르렀고, 이로 인하여 교육작용이 기능적 "인간생산학(人間生産學)"으로 전락되어 가고 있다. 이때에 우리는 인격도야 조성자로서의 교사의 귀한 직분을 김교신의 교사·인간으로서의 특질을 음미하면서 재음미해야 할 것이다.

셋째는 가정의 막중한 교육적 의의를 인식하는 일이다. 가정은 학교·사회와 더불어 교육의 세 마당의 하나이지만, 이 중에서도 인간형성의 기초가 되는 곳이다. 그런데, 오늘날 문화적·사회적 요인으로 인하여 가정의 교육적 기능이 감퇴·상실되어 인간형성면(人間形成面)에 큰 문제로 대두되고 있다. 교사는 우선 민족문화의 그릇인 가정을 귀히 여기고, 또 교육학자는 가정의 교육적 의의를 더욱 깊이 인식하여 이것을 학문적으로 다듬어 나가야 할 것인데, 이러한 작업에 김교신의 가정관은 귀한 시사를 제공할 것이다.

그러나, 김교신의 민족정신사적 유산 중에 가장 큰 것은 그의 사상과 업적보다 그의 사십유오년(四十有五年)의 고귀한 삶 그 자체다. 일개의 중등학교 평교사로 일관하면서도 민족을, 교회를, 교육을 아끼고 사랑한 그의 구도적(求道的) 자세 그것이 아닐까. 역사는 인물을 그 시대의 온갖 시련의 용광로에서 다려 낸다 한다. 김교신의 고귀한 삶과 그 이상은 한국근대사의 시련과 고난의 산물의 하나이며 그 대가(代價)의 하나이기에 우리에게 더욱 소중한 것이다.

제 4 장

도산(島山) 교육사상의 발전적 계승책

島山 教育思想의 發展的 繼承策

金　丁　煥

金丁煥은 1930년 정읍에서 태어나 일본 신호 대학 수학 교육과를 졸업, 일본 광도 대학 대학원에서 교육학 석사와 교육학 박사 학위를 받아 스위스 쮸리히 대학 철학 1부 교육학부에서 수학하고 서울 농업 대학과 고려 대학교에서 강사를 지낸 후 현재 고려 대학교 교수로 있음. 저서로는 「김교신」, 「민족과 교육」, 「페스탈로찌의 교육 사상」 등.

I. 緖　　論

1. 島山의 姿勢 論議

우리 나라 최초의 敎育史인 「朝鮮敎育史」 上下券(1949)을 써낸 李萬珪는, "日帝時代의 한국인은 누구나 불행했지만 그 중에서도 가장 불행했던 사람들은 '朝鮮人 敎員'이었다."고 술회하고 있다.[1] 스승의 길이란 무엇인가? 동지적 사랑과 양심적 위신으로 청소년의 인격을 계발하는 일인데 그것이 불가능한 상태였던 때가 바로 그 때였기 때문이라 한다. 스승과 제자 사이에는 감정의 막힘이 없어야 하는데, 그때에는 假面과 二重生活이 아니면 교단에 설 수 없었고, 그래서 바로 이 귀한 感情의 疎通이 어려웠기 때문이다.

도산(島山) 교육사상의 발전적 계승책*

Ⅰ. 서론

1. 도산의 자세(姿勢) 논의

우리나라 최초의 교육사인 『조선교육사』 상하권(1949)을 써낸 이만규는, "일제시대의 한국인은 누구나 불행했지만 그중에서도 가장 불행했던 사람들은 '조선인 교원(敎員)'이었다"고 술회하고 있다.[1] 스승의 길이란 무엇인가? 동지적 사랑과 양심적 위신으로 청소년의 인격을 계발하는 일인데, 그것이 불가능한 상태였던 때가 바로 그때였기 때문이라 한다. 스승과 제자 사이에는 감정의 막힘이 없어야 하는데, 그때에는 가면(假面)과 이중생활이 아니면 교단에 설 수 없었고, 그래서 바로 이 귀한 감정의 소통이 어려웠기 때문이다.

"우리는 일본신민(日本臣民)이다", "우리는 조선말을 절대로 쓰지 말자", "총독 정치를 비판 말라"는 등의 말을 하는 교사에게 생도가 어떻게 '스승'을 느낄 수가 있었겠는가? 그러나 가면을 쓰지 않고서는, 이중생활을 하지 않고서는 교단에 서지 못하게 되어 있었다.

---

* 김정환(1986). 도산 교육사상의 발전적 계승책. 『도산사상연구』 1, 113-161.

1) 이만규. 『조선교육사』(하권). 을유문화사, 1949, 397면.

이런 상황에서도 교원의 자세에는 몇 가지 유형이 있었음을 우리는 주목코자 한다. 이만규는 이것을 다섯으로 분류한다. 첫째는 민족적 양심을 견지하며 일어(日語)로 수업을 차마 못하고 교단을 떠난 사람들, 예를 들면 오산중학교의 함모(咸某), 중앙중학교의 문모(文某) 교사들이며 그 수는 극히 적었다. 둘째는 민족적 양심을 억제할 수 없어 기회를 보아 가면서 배일사상(排日思想)이나 민족사상을 몰래 고취하다가 법망에 걸린 교사들이며 그 수는 상당히 많았다. 셋째는 민족사상을 측면으로 넣어 주었으나 요행히 법망에는 걸리지 않고 누가 보아도 배일사상의 소유자로 여겨져 요시찰인물(要視察人物)로 낙인찍힌 교사들이다. 넷째는 양심이 있기는 하나 극히 미약해 드디어는 마비되어 교육적 양심까지도 잃고 마는 교사들인데, 실은 대다수의 교사들이 이 범주에 속했다. 다섯째는 자진하여 당국에 아부하고 학생에게는 의도적으로 친일사상(親日思想), 그것을 합리화하기 위한 식민사관 같은 것을 넣어 주는 교사들인데, 이들의 수 역시 꽤 많았다. 이 다섯 가지 유형의 교사의 자세를 필자는 순교파(殉敎派), 지사파(志士派), 저항파(抵抗派), 순응파(順應派), 친일파(親日派)란 표현으로 특징지을 수 있다고 본다.

왜 우리는 이렇게 체제에 대처하는 교사의 자세를 굳이 유형화해서 따져 보아야만 하는가? 교육이란 교사와 생도가 인격적으로 만나 감정이 소통되고, 그래서 교사와 생도의 삶의 자세가 서로 다져지는 데서, 바로 그 때부터 시작되는 것이기 때문이다. 그래서 '만남이 교육에 선행한다'는 명제도 나오게 된 것이다.[2] 이는 스승이 아니고서는 교사가 될 수 없다는 사실을 밝혀 주는 명제이기도 하다. 이렇게 보면 위의 다섯 유형의 교사 중에서 '만남'을 안겨 줄 수 있는 교사는 순교파, 지사파, 저항파밖에 없다. 그런데 그 수는 극히 적었고, 반대로 만남을 안겨 주기는 고사하고 좌절을 안겨 주거나 증오심을 불러일으킨 순응파, 친일파가 더 많았었다는 것을 생각할 때 참으로 몸서리치는 것을 느낀다. 이렇게 된 일제하(日帝

2) Otto Friedrich Bollnow. *Existenzphilosophie und Pädagogik*. Stuttgart: Kohlhammer, 1968, S, 122. "Die Begegnung geht vor Bildung."

下) 한국인의 교사의 몰골이 되어서는 안 되겠다는 것이 역사의 시련이 우리에게 남겨 준 귀한 교훈이다.

도산은 정치가이기 이전에 민족의 교사였다. 그러면 그의 자세는 다섯 유형 중의 어느 것에 속했을까? 순교파는 분명히 아니고 지사파 아니면 순교파와의 중간 쯤이라는 게 맞을 것이다. 도산을 민족의 위대한 지도자로 평가를 하면서도 한편 순교파가 아니어서 아쉽다는 듯 '단서(端書)'를 부치는 사람들이 있는 것도 무리가 아니다. 그러나 약한 교사의 입장으로는 저항파 정도의 자세는 유지해도 얼마나 대견스러운가!

필자는 이 자리에서 함석헌의 '핫바지 농민 예찬사'의 논리를 음미하고 싶다.[3] …… 공출하라 하면 쌀을 닥닥 긁어 바치고, 일본어 쓰라 하면 일본어 쓰면서도 조상의 산소 지키고, 관혼상제 관습·습관 지키고, 아들딸 고이 키워 우리 말 가르치면서 우리 말, 우리 문화를 지켜 온 것은 핫바지 농민이 아니고 누구였던가. 못나서 이 땅 못 떠나 중국에 가서 독립운동 못했고, 일본의 감옥 구경도 못했다. 하물며 미국 구경은 상상도 못했다. 그러나 못나서 이 땅을 떠나지 못한 이 농민이 없었다면 어떻게 한국의 '문화'가 이어졌을까? 필자는 이런 논리로 저항파의 자세를 견지한 무명(無名) '핫바지 교사'에 찬사를 부르고 싶다. 그리고 도산이 순교파가 되지 못하고 지사파 언저리를 맴돈 것도 바로 이 논리로 변호하고 평가하고 싶다.

2. 도산에 대한 다양한 평가

도산에 대한 평가는 크게 둘로 나누어져 왔다. 민족의 독립과 교육에 대한 막중한 그의 공로를 인정하면서도 춘원(春園)과의 관련에서 보듯이 꼭 순교파는 아니어서 한 민족의 지도자로서는 흠이 없다 아니할 수 없다

---

3) 안병무. '순수와 저항의 길'. 『함석헌 선생 팔순기념문집』. 한길사, 1982, 21면 참조. "…… '못생겼기 때문에 도망도 못했고 해 먹지도 못했다. 그러므로 못생긴 덕택에 이 땅의 주인으로 되어 있는' 민중을 발견했다."

는 매서운 비판이 한쪽에는 있고, 또 한쪽에는 당시의 상황에서는 그렇게 할 수밖에 없었고, 또 그게 최선의 방책이었다면서 그를 변호하는 입장이 있다. 필자는 다음에 이런 문제들을 보다 미시적으로 정치, 종교, 교육의 세 측면으로 나누어 분석하여 본다.

1) 정치적 측면 : 도산은 독립운동가이고 동시에 도덕운동가였다. 그러나 그의 논리는 불행하게도 애제자 춘원에 의해, 민족의 독립운동보다 인격수양으로 실력을 양성하는 '민족개조(民族改造)'가 앞서야 한다는 논리로 변질되었고, 그는 이것을 막지 못했다. 그의 비극과 불행이 실은 여기에 있었다. "우리에게는 칼로 나라를 지킬 힘이 없었다"는 도산의 명제와, "힘이 없는 나라는 먹혀도 싸다"는 춘원의 명제와는 전혀 다르다. 그런데 이 도산의 명제와 변질시켜 자기 명제와 동일한 것으로 견강부회한 것이 춘원이며, 이것은 문명 논리의 '사기'였다. 이 '사기극'을 막지 못한 도산을 송건호는 이렇게 매섭게 비판한다. "분명한 민족 운동이기는 했으나 식민지로 전락된 원인을 조선 민족성의 결함 속에서 찾고 윤리적인 민족개조 운동의 전개로 실력을 양성함으로써 독립의 터전을 닦자는 이론은 1920년대 당시의 조선 사회에서 항일의 불길을 진화하는 데 더없이 좋은 이론이었던 것이다"라고.[4] "도산이 드물게 보는 깨끗한 인격의 소유자이자 지성(至誠)의 인물임은 아무도 의심 않으며, 또 그가 남긴 민족의 교육에의 공헌은 길이 평가되어야 할 것이지만, 민족해방투쟁이라는 엄중한 '정치전쟁(政治戰爭)'을 하면서도 이 운동을 어디까지나 '윤리적' 측면에서 파악하고 있었다는 점에 그의 결함이라면 결함, 비극이라면 비극이 있었다" 한다.[5] 그러나 우리는 위에서 본 논리로 도산의 입장을 충분히 이해하고 이를 평가할 수 있는 것이다.

---

4) 송주호. 『한국현대인물사론』. 한길사, 1984, 231면,

5) 같은 책, 233면.

2) **종교적 측면** : 한일합방(韓日合邦) 전후의 한국의 기독교는 주로 미국 선교사들에 의해 지도·감독되었다. 그런데 미국 선교사의 주 목적은 기독교의 선교에 있었지 한국의 독립에 있지 않았다. 그래서 그들은 교회의 정치 관여를 기피했고, 교회를 되도록이면 정치권으로부터 격리시켜, 안으로는 선교사들 자신들의 권위를 유지하고 밖으로는 일제와의 평온한 관계를 유지하기 위해 기독 신자들에게 일제에 순종하라고까지 권고했다.[6] 그들은 1907년을 기해 한국인의 민족교회(民族敎會)를 설정하려고 계획했고, 장로교의 경우 최초의 신학생이 졸업하는 1907년을 기해 '조선 예수교 장로회'를 조직할 것을 계획하고 발표한 일이 있었는데, 나중에는 이 일을 후회하기까지 했다. 교회 내의 민족주의적 자각과 그것이 야기시킬 행동에 대해서 위협을 느꼈기 때문이다. 그들은 교회는 정치적 기구가 아니라 영적 실체라는 논리로 이를 말렸다. 그래서 당시의 청년들은 선교사들을 못마땅하게 여기고 선교사계의 교직자를 '반역자' 구실을 한다고 비난도 했고, 또 미국의 선교사들의 오만불손, 거만, 편협한 태도에 반감을 품었다.

이런 시대적 상황에서 신앙인으로서의 도산은 선교사와 어떤 관계를 지녔던가? 이 물음은 우리에게 귀한 시사를 던진다 할 것이다. 그런데 안중근(安重根)이 1909년 12월 2일 여순(旅順) 감옥에서 진술한 바에 의하면, 도산도, "처음 평양에서 야소교(耶蘇敎: 예수교. 편저자 주)를 신앙할 때, 선교사가 노예처럼 대접한다고 그를 구타한 일이 있었다" 한다.[7] 이는 참으로 놀라운 일이다. 도산의 기독교는 민족을 떠나서는 존립할 수 없는 기독교였다. 그러기에 그의 '민족신앙'은 교육과 관련되어 한국 기독교인의 손으로는 최초의 기독교계 학교인 대성학교(1907)를 세운 것이다.[8] 이리하여 한국인의 손으로 기독교 교육이 황해도의 안악, 평안도의 평양과 선천을 중심으로 전개되어 전국으로 확산되는 계기가 마련되었다. 이처럼

---

6) 민경배. 『한국기독교사』(증보판). 대한기독교서회, 1974, 214면.

7) 같은 책, 215면

8) 민경배. 『한국의 기독교회사』. 대한기독교서회, 1983(12판), 75면.

도산을 종교면에서 보면 민족교회의 형성과 기독교교육의 발전의 계기를 마련한 것으로 평가된다.

3) 교육적 측면 : 도산은 천성적으로 교사였고, 그러기에 교육 면에서 만은 여러 면으로 큰 업적을 남긴, 참으로 나무랄 데 없는 교육의 선각자로 평가받고 있다. 그의 교육 면에서의 업적은 학교교육면과 국민교육면(사회교육면)으로 나누어 볼 수 있다. 전자의 경우 예를 들면, 대성학교의 설립, 그 교육에 구현된 민족정신과 교육이념이라 할 수 있다. 사실 민족 진영에서 세운 수많은 학교 중에서, "가장 민족정신이 강하고, 인격 교육에 힘을 기울인 학교는 대성학교와 오산학교였다"는 평가가 내려지고 있다.[9] 한편 국민교육면으로는 3·1운동 이후 고조된 교육 운동으로, 민족 독립운동과는 달리 민중의 자기향상을 위한 개인적 자각에 의한 교육도 있었는데, 도산은 이 민중의 자아각성을 위한 교육에 크게 공헌했으며,[10] 이런 다면적 활동과 공적으로 일제[강점기] 5인의 민족의 교사 중 첫째에 꼽힌 사람이다.[11] 그 5인은 도산을 비롯하여 한흰샘 주시경(周時經), 남강(南岡) 이승훈(李昇薰), 한서(翰西) 남궁억(南宮檍), 백농(白儂) 최규동(崔奎東)이다.

3. 도산 연구사(研究史)

도산에 대한 연구는 이제 동의반복(同意反復)을 되풀이하지 말고 새로운 단계로 접어들어야 할 것으로 보인다. 이런 뜻에서 도산연구사를 볼 필요가 있다, 이것은 크게 3단계로 나눌 수 있다 한다.[12] 첫째는 총평적(總評

9) 오천석. 『한국신교육사(韓國新教育史)』. 현대교육총서출판사, 1964, 205면.

10) 노영택. 『일제하 민중교육운동사』. 탐구당, 1979, 23면.

11) 박상만. 『한국교육사』(하권). 대한교육연합회, 1959, 393면 참조.

12) 이순형. '도산사상 연구사의 점검 - 주요한(朱耀翰) 이후의 연구 방향의 문제'. 『기러기』(흥사단), 1980, 11월호 참조.

的)·평전적(評傳的) 연구로 그 대표적인 것은 이광수의 『도산 안창호』(흥사단, 1947), 주요한의 『안도산전서(安島山全書)』(삼중당, 1963), 안병욱의 『민족의 스승 도산 안창호』(흥사단, 1969), 장리욱의 『도산의 인격과 생애』(대성문화사, 1970) 등이다. 둘째 단계는 민족사상, 정치사상, 교육사상 등 도산 사상의 한 국면을 중점적으로 연구한 각론적(各論的)·분석적 연구로, 그 대표적인 것은 한기언의 『도산 안창호』(한국교육사 연구회 편, 『한국의 교사상』 중에서. 홍익서림, 1974), 안병욱의 「기독교와 민족사상 – 도산사상을 중심으로」(숭전대학교 논문집, 제6집, 1977), 그리고 이일천의 『도산 안창호의 교육이념과 운동』(고려대학교 교육대학원, 1969)을 비롯한 석사논문들이다. 제3단계는 미시적·국면적(局面的) 연구로, 총론적·각론적 연구에서 한 걸음 더 나아가 연구의 시각을 보다 좁혀 도산의 어느 특정 운동이나 사상을 철저하게 추구해 나가는 것이며, 그 대표적인 것은 김귀봉의 「도산 안창호 선생과 플라톤의 체육사상에 관한 비교연구」(국민대학논문집, 제17집, 1972), 이순형의 「도산 안창호의 이상촌(理想村) 건설운동」(제주대학논문집, 제7집, 1975) 등이다.

4. 본연구(本硏究)의 주제

이제 도산사상 연구도 제4단계로 접어들어가야 할 것으로 보인다. 그것은 도산사상의 연구를 특히 현대의 문제 또는 당면과제의 시각에서 접근하는 일이라 하겠다. 도산사상 중 어느 것이 보다 깊게 음미·계승되어야 하고, 또 어느 것이 잘못 이해되지 않게 엄히 경계되어야 할 것인가를 주제로 수행하는 연구라 하겠다. 이런 연구를 문제사적(問題史的) 연구라 하여 두자. 본연구(本硏究)는 이런 인식하에서 도산의 교육사상 중 어느 것이 특히 현대교육에 음미·반영되어야 할 것인가를 분석하여 보려는 것이다

여기에 우리는 한 가지 난점에 부딪친다. 그것은 도산 자신이 쓴 글 혹은 구술(口述)시킨 글의 분량이 이런 연구를 수행하기에는 너무 적어 보인다는 것, 그리고 도산은 문필가도 아니요 교육학자도 아니어서 그 교육사

상이 하나의 체계를 이루지 못하고 있는 점이라 하겠다. 그러나 주지하는 바와 같이 그의 한 마디 한 마디 말에는 천금(千金)의 무게가 있다. 그러므로 『안도산전서(安島山全書)』 안에 수록된 글만으로도 해석에 따라 이러한 작업에 부족함이 없다고 할 수도 있다. 사실 어느 신학자의 문체론적(文體論的) 연구에 의하면, 예수가 실제로 한 말은 단 일곱 마디밖에 없을 것이라 한다. 그리고 그것은, "하나님, 나의 아버지", "안식일은 사람을 위해서 있다", "먼저 주님의 나라와 그 의(義)를 구하라", "돈과 하나님을 동시에 섬길 수 없다" …… 등등이 될 것이란다. 실은 이 한 마디 한 마디가 새 역사를 개척하는 종교개혁을 선언하기에 족(足)함이었다. 이런 뜻에서 일곱 마디가 아니고 단 한마디, "하나님, 나의 아버지"만으로도 기독교는 성립되었을 것이라 한다. 도산의 경우도 그렇다. "죽더라도 거짓이 없어라", "비관 말자", "힘을 기르자", "주인의식을 갖자" …… 는 몇 마디로도 도산학(島山學)은 성립했을 것이다. 그런데 '도산학(島山學)'은 여러 난관에 막혀 발전을 못하였다. 그 이유는, 주요한의 표현으로는 '봉건적 낙후성의 현실'이다. 지방관념(地方觀念), 지방기질(地方氣質), 영웅주의(英雄主義) 등이라는데, 도산 자신은 실은 이런 것과는 초월한 사람이었던 것이다.13)

본 연구는 이 서론에 이어 제2장에서 도산의 교육사상의 특색을 살피고, 다음 제3장에서 도산의 교육사상 중 특히 현대교육이 음미·평가해야 할 것을, ① 선비 사상, ② 국민교육이념, ③ 노작교육론, ④ '주인의식' 각성교육론, ⑤ 민족교육론으로 보고 이를 분석·평가하고, 제4장 결론에서는 도산사상을 교육의 장(場)에 구현하기 위해 특히 어떤 정책이 마련되어야 할 것인가를 다섯 사항으로 제안한다.

13) 주요한 (편저). 『안도산전서』. 삼중당. 1971, 275-285면 참조.

Ⅱ. 도산 교육사상의 특색

1. 도산의 민족독립방략(民族獨立方略)의 특색

도산의 사상은 민족, 인격, 교육이라는 세 개념으로 짜여져 있다. 민족의 힘은 인격의 힘으로 얻어지며, 그 인격의 힘은 교육을 통해 길러진다는 것이다. 그의 이러한 생각은 당시의 다른 사람들의 생각과는 현저한 대비를 이루고 있다.

일제하의 여러 독립방식을 필자는 크게 다음 다섯 유형으로 나누고 싶다. 첫째는 서재필, 이승만 등의 외교입국방식(外交立國方式)이다. 이는 우리나라의 딱한 입장을 국제 여론에 호소하여 외교의 힘으로 나라를 다시 찾자는 논리다. 둘째는 무력항쟁입국방식(武力抗爭立國方式)이다. 이는 김구로 연상되듯이, 총칼로 나라를 빼앗겼으니 총칼로 다시 찾을 수밖에 없다, 세상에 믿을 수 있는 것은 내 주먹밖에 없다, 왜놈들 하나라도 더 죽이자, …… 이런 논리이다. 실제로 김구의 글에 '도왜기(屠倭記)'라는 표현도 있다. 셋째는 김성수의 산업입국방식(産業立國方式)이다. 이는 우선 민생의 문제를 해결하면서 민족 경제를 일으켜 이로 인해 입국(立國)의 터전을 닦자는 논리다. 그는 후에 언론과 교육의 중요성도 깨닫고 이 셋을 동시에 일으켰지만, 경제의 힘이 이 중에서도 가장 중요한 것이라고 믿는 입장에는 변함이 없었다. 넷째는 도산의 인격입국방식(人格立國方式)이다. 이는 앞서 본 바와 같이 교육을 통해 인격의 힘을 기르자는 논리다. 그래서 이것을 교육입국방식이라고 불러도 좋을 것이다. 다섯째는 김교신, 함석헌의 종교입국방식(宗教立國方式)이다. 이는 한민족(韓民族)의 존재이유를 우선 이 민족의 역사의 발자취를 통해 기독교적 섭리사관(攝理史觀)으로 정립하고, 이 민족에게 주어진 세계사적 사명의 완수를 위해 민족의 독립이 꼭 이루어져야 한다는 논리로, 김교신의 '조선지리소고(朝鮮地理小考)'라는 논문과 함석헌의 '성서적 입장에서 본 조선역사'에 그 논리가 잘 전개되어 있다.

위의 다섯 유형의 독립 방략 중 처음의 넷은 너무나도 잘 알려져 있어 부연할 필요가 없을 것이나, 끝의 종교입국방식(宗教立國方式)에 대해서만은 간단한 설명이 필요하리라 본다. 김교신은 자신이 책임 편집한 월간 『성서조선』에 게재된 '조선지리소고(朝鮮地理小考)'의 결론에서 이렇게 말한다.[14] (김교신에 대해서 우리는 그 이름 석 자 아는 이도 드물기에 '조선지리소고'의 결론을 꽤 길게 이렇게 소개 아니할 수 없다.)

"상술한 바와 같이 지리적 단원(單元)으로 보나 그 면적과 인구로 보나 산악과 해안선의 지세(地勢)로 보나 이 위에 천혜(天惠)로 주신 기후로 보나 한 국면 혹은 한 무대의 중심적 위치로 놓인 그 대접(待接)으로 보나, 조선의 지리적 요소에 관한 한으로는 우리가 불평을 토하기보다 만족과 감사를 표하지 않을 수 없다. 이는 넉넉히 한 살림살이를 부지(扶支)할 강산이요, 넉넉히 인류사상(人類史上)에 큰 공헌을 제공할 만한 활무대(活舞臺)이다. 그러나 조선의 과거 역사와 현상을 통관(通觀)한 이는 누구든지 그 위치의 불리함을 통탄하여 마지않는다. 황해(黃海)가 대서양만큼 넓거나 압록강 저편에 알프스 산맥 같은 고준(高峻)한 연봉(連峰)이 둘러쌌다면, 조선해협이 태평양만큼이나 넓었다면 좀 더 태평하였을 것을, 그렇지도 못하니 중(中), 일(日), 노(露) 삼대세력 중에 개재(介在)하여 좌충우돌하는 형세에 반만년 역사도 별로 영일(寧日)이 없이 지나왔다고, 듣는 자로서 과연 동정의 눈물이 없을 수 없다.

그러나 이는 약자의 비명인 것을 면할 수 없다. 약자가 한갓 태평을 구하여 피신하려면 천하에 안전할 곳이라곤 없다. 남미 페루에 선주(先住)하였던 인디안족의 수부(首部) 구스코는 우리 백두산보다 훨씬 더 높은 곳에 있었어도 에스파냐인들의 혹한 침략을 피할 수 없었고, 티베트는 해발 사천 미터 이상의 고원에 비장(祕藏)된 나라이었으나 천하 최고의 히말라야 산맥도 이 신비국(神祕國)으로 하여금 영인(英人)의 잠식(蠶食)을 피(避)케 하는 장벽은 되지 못하였다. 그러므로 우리는 깨닫는다. …… 겁자(怯者)에게 안전할 곳이 없고 용자(勇者)에게 불안한 땅이 없다고.

무릇 생선을 낚으려면 물에 갈 것이요, 무릇 범을 잡으려면 호굴에 가야 한다, 조선역사에 영일(寧日)이 없다 함은 무엇보다도 이 반도가 동양정국(東洋政局)의 중심인 것을 여실히 증거하는 것이다. 물러가 은둔하기에는 불안

14) 노평구 (편). 『김교신 전집』. 경지사, 1975, 제2권 66-69면.

한 곳이나 나아가 활약하기에는 이만한 데가 다시 없다. 이 반도가 위험하다 할진대 차라리 캄차카 반도나 그린랜드 도의 빙하에 냉장하여 두는 수밖에 없는 백성이다. 현세적으로 물질적으로 정치적으로 고찰할 때에 조선반도에 지리적 결함, 선천적 결함은 없는 줄로 확신한다. 다만 문제는 거기 사는 백성의 소질, 담력여하(膽力如何)가 중요한 소인(素因)인가 한다. …… 또한 일반문화로 보아서 동방 고대문명이 구미(歐美) 제방(諸邦)으로 서점(西漸)을 시작할 때에 희랍 문명의 독특한 꽃이 찬연히 피었던 것처럼 인도·서역문명이 동점(東漸)할 때에 잔교(棧橋)와 같은 동반도(東半島)에서 이채(異彩) 있는 문화를 출현하고라야 이동(以東)에 광명이 전해졌고 현금(現今)은 도리어 태평양을 건너온 문화의 조류가 태백산과 소백산의 종곡(縱谷)을 소급(遡及)하여 백두산까지 심윤(浸潤)하였으니 서에서나 동에서나 모름지기 고귀한 광명이 출현하고는 이 반도가 암흑하고 있을 수 없는 처지에 위치하였다. 동양의 범백(凡百) 고난도 이 땅에 집중되었거니와, 동양에서 산출해야 할 바 무슨 고귀한 사상, 동반구(東半球)의 반만년의 총량(總量)을 대용광로(大熔鑛爐)에 달구어 낸 엑스(精素)는 필연코 이 반도에서 찾아 보리라." (1934년 3월)

우리 역사의 주체성을 확보하기 위해 식민사관과 싸운 단재 신채호의 민족사관은 높이 평가되고 있다. 그러나 이와 비슷한 발상을 갖는 '민족지리관(民族地理觀)'이 있다함을 우리는 아직 듣지 못했다. 바로 이 생각을 다듬은 사람이 김교신이었다. 우리는 이것을 '섭리적(攝理的) 민족지리관'이라 불러도 좋으리라.[15] 김교신의 신앙의 동지인 함석헌은 또 이렇게 말한다.[16]

"고난의 역사! 한국 역사의 밑에 숨이 흐르는 바닥 가락은 고난이다. 이 땅도, 이 사람도, 큰 일도, 작은 일도, 정치도, 종교도, 예술도, 사상도 무엇도 다 고난을 드러내는 것이다. 이 말을 듣고 놀라지 않을 사람 없을 것이다. 그러나 부끄럽고 쓰라린 사실임을 어찌할 수 없다."

15) 김정환. 『김교신』. 한국신학연구소, 1930, 38면 참조.

16) 함석헌. 『뜻으로 본 한국 역사』. 삼중당, 1966, 81면.

김교신과 함석헌은 이 민족의 지리와 역사를 섭리적으로 이해하여 이 민족을 하나님의 귀한 과업을 맡아 수행하는 의(義)와 평화의 민족으로 키우려 했다.

위의 다섯 유형의 독립방략은 다 그 고유한 발상으로 우리 역사에 이바지하여 왔다. 처음 두 방식은 주로 해외에 있었던 독립투사들이, 그리고 뒤의 셋은 주로 국내의 지사들이 갖고 있던 생각인데, 우리가 여기에서 각별히 주목할 사실은 도산은 이 다섯 방식을 사상과 실천으로 다 거치면서 이것을 인격입국방식(교육입국방식)으로 통일했다는 것이다. 그것은 조국, 중국, 미국 등 세 곳을 누비며 싸운 도산만이 다듬을 수 있었던 방략이며 참으로 위대한 발견이다. "믿음을 통해서만 하나님 앞에 의롭게 된다"는 명제, 즉 nur durch Glauben(오직 믿음을 통해서만: 편저자 주)의 'nur'(오직) 한마디가 저 종교개혁의 불씨가 되었다고 하거니와 도산의, "죽더라도 거짓이 없어라"는 명제도 이 민족의 역사창조에 크게 공헌을 할 날이 오고야 말 것이다.

그런데 도산의 이 교육입국방식이 춘원의 '민족개조론'의 사상과 동일시되어 도산사상이 회의의 눈으로 보여지고 있는 것은 극히 유감스러운 일이다. 도산과 춘원의 생각은 절대로 동일시될 수 없는 것이었다. 한두 가지 단적인 예를 들어 본다. 춘원은 도산이 그렇게도 좋아했던 '선비'상을 거꾸로 헐뜯고 있다.[17] "우리나라에는 전혀 밥벌이 능력이 없는 '선비'의 계급이 있다. 이들은 지사(志士), 호걸로 자처하고 때를 만나지 못한 것으로 한탄하는 무리거니와, 그러한 속에서 협잡 아첨 등 모든 죄악이 발생하는 것이다"라고. 또 도산이 이 민족의 앞날에 밝은 전망을 갖고 있는데 비해 춘원은 이것을 어둡게만 보려하고 있다. 춘원은 이렇게 그려낸다.[18] "조선인이 탄 칸에서 보듯이 고약한 냄새가 나고 자리 싸움을 하고 침을 뱉는, 정말 '울고 싶은' 모습"이라고. 그래서 그는 이 동포로부터 고개를 돌려 버리고 싶었던 사람이었으나, 도산은 반대로 취미가 소제(掃

17) 흥사단 출판부. 『도산 안창호』. 1947, 203면.

18) '민족운동의 첫 실천'. 『이광수 전집』(제13권). 삼중당, 1962, 195면.

除)이었고, 총독 정치에 협력하고 있는 친일파도 언젠가는 돌아오고야 말 것으로 확신하고, "그네들 가슴 속에 살아있는 동포"까지도 사랑했고,[19] 이 민족을 꼭, "독립하고야 말 민족"이라고 낙관을 했다.[20]

도산은 독립도 인간의 윤리적인 힘을 기축으로 이룩되는 것임을 강조한다. 그러면 상해임시정부 안의 알력, 즉 "잘못한 것은 추호만큼이라도 안하다가도 잘한 것이 있으면 눈을 감고 마는" 이 현실을 어떻게 해야 할 것인가?[21] 인격혁명밖에 없었다. 참으로 통일, 외교, 군사, 재정 이것을 해 나가는 것도 인격밖에 없었다.[22] 도산은 1920년 1월 3일 상해 동포들의 신년축하회에서 대륙사업(六大事業)이라 불리우는 독립운동방략(獨立運動方略), 즉 군사, 외교, 교육, 사법, 재정, 통일에 대해서 그의 강연 중 가장 조직적인 강연을 하게 되는데, 여기에서도 "죽고 살고 노예되고 독립됨이 다 교육에 달려 있다"는 논리가 피력되어 있다.[23] 그렇다. 독립운동이란 정치운동(政治運動)을 인격이라는 윤리개념으로 접근한 것이 도산사상의 특색이며, 이 접근 방식이 민족정신사에 크게 공헌할 것으로 기대된다. 도산은 이종인과의 문답에서도 압제를 타파하는 것도 인격의 힘이라고 분명히 말하고 있고,[24] 또 춘원식(春園式)의 민족개조론이구나 하고 남들은 비웃을런지 모르지만, 여하튼 우리가 지금 제일 필요한 것은 인격혁명이라고 강조한다.[25]

나쁜 제도를 타파하는 것도 인격이라는 생각은 도산의 독특한 생각이다. 우리는 보통 나쁜 제도 때문에 나쁜 인격이 생기고 나쁜 인격은 다시 나쁜 제도를 만든다. …… 이렇게 환경우위론과 악순환론을 펴기 쉽다. 그러나 도산은 이 둘을 다 거부한다. "망종지민(亡種之民)의 인격으로 무

---

19) 장리욱. 『도산의 인격과 생애』. 대성문화사, 1973, 68면.
20) '제1차 북경 예배당 연설'(1919, 5. 26). 『안도산전서』, 526면
21) '독립 운동 방침'(1919. 6. 25). 『안도산전서』, 526면.
22) 같은 책, 533면.
23) '신년사'(1920. 1. 3). 『안도산전서』, 555면.
24) '도산 · 황산문답기(凰山問答記)'. 『안도산전서』, 868면.
25) 같은 곳.

슨 사회혁명입니까? …… 어느 하세월(何歲月)에 인격혁명을 하여 가지고 사회혁명을 하느냐고 또 반격을 할는지 모릅니다만, 우리 사회에 인격혁명한 이가 한 해에 열 사람이면 열 사람, 스무 사람이면 스무 사람, 이같이 늘어 갈수록 우리 사회는 점점 좋아질 것이 분명합니다. 인격입니다. 가시나무엔 가시만 열리고 포도나무엔 포도만 열립니다"[26] 한다. 이 참뜻을 필자는 이렇게 풀어 본다. '거짓 없게 살자', 이렇게 약속한 사람이 동맹을 맺어 회원을 1년에 더도 말고 별도 말고 한 사람씩만 회원으로 끌어들이면 10년 뒤에는 몇 사람이 될까? 무려 1,024명이 된다. 도산이 이 계산을 해 본 흔적은 없으나, 아마 해 보았다면 회심의 미소를 띄웠을 것임에 틀림없다. 힘이 없는 몸으로 싸우자, 싸우자 하면서 구호만 외치다 아까운 세월 다 보내고 있다고 도산은 슬퍼했다.[27]

2. 도산의 민족교육론의 특색

위에서 우리는 도산의 민족독립방략(民族獨立方略)의 특색을 밝혀 보았다. 이제 이것이 어떻게 민족교육론으로 전개되며, 또 그것은 당대의 다른 사람들의 민족교육론과 어떤 점에서 특색을 지니고 있는가를 고찰하여 볼 차례다.

여기에서 우리는 먼저 한 가지 짚고 넘어가야 할 일이 있다. 그것은 도산의 경우 사상, 즉 민족독립방략과 교육사상, 즉 민족교육론을 구별할 수 있겠는가 하는 것이다. 보통의 경우라면 보편적인 법칙에서 특수법칙이 연역되듯이 일반사상에서 개별사상이 연역된다. 도산의 경우도 '도산사상'에서 도산의 정치사상, 도산의 사회사상, …… 이렇게 연역될 수 있을지 모른다. 그러나 '교육사상'의 경우만은 사정이 다르다. 도산 자신의

26) 같은 곳.

27) '전쟁 종결과 우리의 할 일'(1918. 10), 『안도산전서』, 519면. "…… 우리는 턱없이 허망한 욕심이나 요행의 희망을 가지고 공상하다가 말려는 사람이 아니요, 사실과 이치를 의지하여 적당한 판정을 얻어 가지고 역행하려 함이라."

사상이 앞서 본 바와 같이 교육사상이기 때문이다. 그래서 도산의 경우 사상은 그대로 교육사상이요, 거꾸로 교육사상은 그대로 그의 사상의 전부이다. 이것은 도산이 큰 영향을 받았을 미국의 프래그머티즘 철학자 존 듀우이의 경우에서와 같다. 듀우이에 있어서는 '철학이란 경험을 분석하는 사고의 형식이며, 행위의 타당성을 가설로 세워 검증하며, 그 행위의 사회적 의미를 생각하는 것인데, 교육도 경험을 꾸준히 재구성하는 과정 그 자체이기 때문에, 철학작용과 교육작용은 다를 수 없었다. 그래서 듀우이의 '경험의 철학'은 그대로 '경험의 재구성 철학', 즉 교육철학과 동일시되는 것이다. 사실 그는 대표작 『민주주의와 교육』(1916)에서, "철학은 일반화된 교육철학"이요, "철학은 사료 깊게 행위한 실천으로서의 교육의 철학"이라고 분명하게 밝히고 있다.[28]

도산의 사상, 즉 도산의 교육사상의 연구는 안승욱에 의해 체계적으로 이루어졌다. 그 특색을 분석하기에 앞서 이것을 간략하게 살펴본다.

도산사상은 어떻게 요약될 수 있는가?[29] "민족이 독립할 수 있는 힘의 기초로서 건전인격의 형성과 공고한 단결이라는 2대 원리를 제시하고, 건전인격의 핵심요소로서 4대 정신과 3대육(三大育)을 주장하고 결론으로서 삼대 자본축적론을 강조한다." 건전 인격이란 윤리적 인격, 공고한 단결이란 합동수련(合同修鍊)을 통한 성스러운 단결정신, 4대 정신이란 무실(務實)·역행(力行)·충의(忠義)·용감(勇敢), 3대 교육이란 '덕체지(德體智)'의 교육, 3대 자본축적이란 민족의 독립·부흥·번영의 기초로서 금전의 자본, 지식의 자본, 신용의 자본을 말한다.

이 도산의 사상, 즉 교육사상은 오늘날 흥사단을 통해서 그리고 교육동지들을 통해서 교육실천의 마당에 맥맥이 이어져 오고 있다. 서울특별시

---

28) John Dewey. *Democracy and Education*, The Macmillan Company. 1916, pp.64-65, 331-332. "Philosophy was defined as the generalized theory of education. ··· We reach a justification of the statement that philosophy is the theory of education as a deliberately conducted practice."

29) 안승욱. 『도산사상』. 대성문화사, 1970, 62-63면, 64-65면 참조.

교육위원회는 민족의 영원한 스승으로 안창호, 이승훈, 남궁억, 김교신, 조동식, 김필례, 강성갑, 장리욱을 들고, 이들의 스승으로서의 업적을 추모하고 있는데, 특히 도산에 대해서는, "'민족의 비전'을 제시한 위대한 경륜의 소유자요, 그것을 가장 합리적이고 확실한 방법으로 온몸과 온 마음을 바쳐 실천궁행(實踐躬行)한 지성(至誠)의 인물이었다는 점에서 인격의 사표(師表)요, 영원한 민족의 스승이라고 할 수 있을 것이다"고 평가하고 있다.30)

도산의 교육사상은 일제 하의 혹독한 시련하에서 민족의 독립을 위해 교육에 힘쓴 다른 사람들의 사상과 어떤 점에서 특색이 있는 것일까? 이것은 민족교육의 선각자들의 사상을 유형별로 나누어 분석하여 봄으로써 밝혀질 것이다. 우리는 민족교육론의 유형을 다음 다섯으로 나누어 그 특징을 도려내 볼 수 있다.

첫째는 한민족의 문화적 개성의 인식·계승이다. 이 면에서는 외솔 최현배의 사상과 업적이 가장 뚜렷하였다. 그는 『조선 민족 갱생의 도』에서 이렇게 외치고 있다.31)

> "우리 민족적 이상의 내용은 과연 무엇인가? 가로되 조선 민족의 고유한 특장(特長)과 특징을 자유로이 발휘하여, 항상 부단(不斷)의 창조와 불체(不體)의 개조로서 인류의 영원한 진보와 문화의 항구한 발달에 기여·보비(補裨)하여 ……"

원래 철학이 전공이고 페스탈로찌 연구로 한국인으로서는 최초의 학사호(學士號. 교토대학)를 취득한 그가 교육학자로서의 길을 버리고 '한글 학자'의 길을 택한 것도 이 겨레의 문화적 개성을 이어 가기 위함이었다.

둘째는 민족의 역사에 대한 교육이다. 이 면으로는 남궁억의 업적이 두드러진다. 그는 동화체(童話體)의 사화집(史話集)인 『조선 이야기』(1929) 5

30) 서영훈. '영원한 겨레의 스승 안창호'. 『스승』. 서울특별시 교육위원회, 1984, 116면.
31) 최현배. 『조선민족 갱생의 도』. 정음사, 1971(1930년 판의 번각판), 31면.

권을 지어 모화사상(慕華思想)으로 일관되었던 종래의 역사교육을 시정하고 이 겨레의 생동하는 힘을 이야기에 담아 어린이들에게 많이 읽혔다. 『조선 이야기』의 서문에 다음과 같은 감동적인 표현이 담겨져 있다.[32)]

> "이제 「조선 이야기」라는 동화 일 권을 찬술하노니 기제(基劑)는 수삼의 이유가 있는데, 단군족(檀君族)의 고유한 재질을 수복(修復)코자 함이요, 고인(古人)의 모화사상(慕華思想)의 오견(誤見)을 타개코자 함이요, 학동(學童)의 자국(自國)에 대한 취미를 흥기(興起)코자 함이다."

셋째는 민족의 절대 다수 구성원인 민중을 믿고 그들을 주요 대상으로 하는 국민정신교육이다. 이 면이 바로 안창호가 맡은 고유한 몫이었다. 그는 지도자보다 일반 민중을 대상으로 인격각성교육을 통해 국민대중의 역사의식을 일깨워 주려 하였다. 그는 민중을 신뢰하며 이렇게 말한다.[33)]

> "종래의 우리 민족의 불통일을 위하여 걱정하는 이가 많지마는 그 걱정거리가 누구입니까. 우리 독립운동을 위하여 들에서 김매어서 돈벌어 바치는 농부도 아니요, 앞으로 나아가 죽자면 죽는 군인도 아니요, 시정(市井)에서 머리 숙이고 돈벌어 바치는 상민도 아니요, 광산과 철로에서 땀을 흘리고 돈벌어 바치는 노동자도 아니요. 오직 불통일의 걱정거리는 어느 지방이나 단체의 대표될 만한 이들의 문제외다. 또한 독립운동에 대하여 장해(障害)를 준다 안 준다 하는 문제도 각 방면의 인도자급에 있는 사람들이외다."

넷째는 언론·산업·교육의 삼위일체적 포섭성(包攝性)이다. 이 면은 김성수의 독무대다. 그가 창설한 동아일보, 경방(京紡. 경성방직주식회사: 편저자 주), 그가 인수하여 중건한 보전(普專. 보성전문학교: 편저자 주) 등이 이를 웅변한다. 김성식은 인촌(仁村)의 모습을 이렇게 규정하고 있다.[34)]

---

32) 남궁억. 『조선 이야기』. 1929, 3-5면.

33) '국민대표 제군이여'(1923. 2. 7), 『안도산전서』, 612면.

34) 동아일보사. 『인촌 김성수』. 1985, 394면.

"인촌(仁村)의 인격이 복합적인 것과 같이 인촌의 사상도 교육, 경제, 언론, 기타 여러 면에서 규정될 수 있는 것이다. 그러나 한마디로 인촌의 모든 사상은 민족주의 사상에 귀결되는 것이라고 할 수 있다. 민족주의적 경제관, 민족주의적 교육관, 민족주의적 문화관이라고 이해할 수 있는 민족주의 사상이다. 일제 때 민족주의 사상을 가진 사람은 많았다. 그러나 그 사상을 끝까지 실천한 사람은 그리 많지 않았다. …… 그중의 한 사람이 인촌(仁村)이었다고 할 수 있다."

최근 인촌에 대해서는 회의적인 평가가 없지는 않다. 일제와 정면충돌을 피하면서 실속을 차리고자 한 그의 노선에 대해서다. 그러나 이러한 '지혜'도 평가받아야 한다. 1937년, 도산의 입원비를 모르게 내준 것도 인촌이었다. 입원비를 마련하느라 찾아온 사람을 보고, "지금 어느 때인데 찾아다니십니까? 어서 돌아가시오" 해 놓고 뒤에서 도와준 것이다.[35)]

다섯째는 민족의 세계사적 사명의 각성이다. 이 면으로는 김교신과 함석헌의 사상과 업적이 두드러진다. 어느 민족이나 다 세계사에 기여해야 할 귀한 섭리사적(攝理史的) 사명이 맡겨져 있다. 그것을 깨닫자. 한민족의 사명을 칼 바르트(Karl Barth)가 일러 줄 것인가? 에밀 브루너(Emil Brunner)가 다듬어 줄 것인가? 아니다. 우리가 우리 역사를 되돌아보며 찾을 수밖에 없다. 그래서 함석헌의 한국통사(韓國通史)는, "성서적 입장에서 본 조선역사"가 된 것이다. 한국사의 기조는 무엇인가? 백의(白衣)·평화민족이 남을 대신하여 죄 없이 흘린 고난이다. 우리는 이 고난의 의미를 섭리사적으로 인식하여 세계사에 평화와 의(義)를 기여하여 이 민족을 통해 새로운 세계사의 첫 장을 열어야 한다. 그러기에 한민족은 독립되어야만 할 민족이라고 그는 말한다.[36)]

"우리가 가지는 신앙의 가르침에 의하면 조선은 이 전선상(戰線上)(세계사

---

35) 같은 책, 237면.

36) 함석헌. '무교회(無敎會) 신앙과 조선', 『성서조선』(1936년 2월) 『함석헌전집』(제3권). 한길사, 1983, 129면.

의 섭리적 완성: 필자 주) 가장 중요지점에 섭니다. …… 기독교가 만일 조선을 신앙화하면 세계는 구원될 것입니다. 그렇지 못하면 인류의 운명은 가엾은 것입니다. 조선 사람의 손에 세계의 운명이 달려 있습니다."

군국주의(軍國主義)에 항거하고 일본의 멸망을 예언한 기독자 우찌무라 간조(內村鑑三)의 같은 문하(門下)이자 『성서조선』의 동인인 김교신에게는 이 논리가 민족적 · 민중적 · 토착적 기독교, 즉 민족교회의 논리로 전개된다. 외국의 교파교리와 선교자본의 수용을 배격하면서 이 민중의 역사와 삶에 직결된 순수한 신앙양식, 즉 이들의 표현으로는 '무교회(無敎會) 방식'(교회 없이 믿는다는 뜻)은 기성교회를 기독교 아닌 교회주의(Churchanity)라고 비판한다. 이런 논리는 이들의 『성서조선』(1927년 창간)의 창간사에 이렇게 선포되었다.

"「성서조선」아, 너는 우선 이스라엘 집으로 가라. (교회 말고 초가 삼 칸 민중의 집으로 가라는 뜻: 필자 주) 소위 기성신자의 손을 거치지 말라. 그리스도보다 외인을 예배하고 성서보다 회당을 중시하는 집에는 그 발의 먼지를 털지어다. 『성서조선』아, 너는 소위 기독신자보다 조선혼(朝鮮魂)을 가진 조선 사람에게 가라. 시골로 가라. 산촌으로 가라. 거기에 나무꾼 한 사람을 위로함으로 너의 사명을 삼으라. ……"37)

우리는 위에서 일제에 항거한 한국의 민족교육 선각자들의 민족교육론의 기조를 다섯으로 나누어 분석하여 보았다. 그 어느 기조보다 귀하다. 우리는 곧잘 그 의의의 경중(輕重)을 따지기 쉬운데 이것은 큰 잘못이다. 이제 도산의 민족교육론의 특색을 요약할 자리에 이르렀다. 우리는 그것을 온 국민을 대상으로 한 국민교육성(國民敎育性), 교육을 개개인의 전인적 완성으로 보는 인격교육성(人格敎育性), 그리고 정치, 경제, 문화 등 모든 민족기업의 초석을 거짓 없는 성실한 삶으로 본 윤리지상성(倫理至上性)이라고 규정할 수 있을 것이다.

---

37) 김정환. 『김교신』. 한국신학연구소, 1980, 24면 참조.

Ⅲ. 도산 교육사상의 발전적 계승책

1. 선비 사상

흥사국사(興士國史)에는 창립 경위와 창립 목적이 자세히 기록되어 있는데, 선비 정신을 일으킨다는 뜻을 가진 「흥사단(興士團)」의 총 27조에 이른 '약법(約法)'에 '선비'라는 말 한마디 없다.[38] 이것은 참으로 기이한 일이다. '선비'는 한국의 이상적 인간상이기에 그것을 새삼스럽게 강조할 필요가 없다. 이렇게 생각했던 것 같은데 실은 이 전제가 최근 크게 흔들리고 있다. 필자의 '선비상(像)을 키워 가자'는 한국일보 일요논단이 근래 보기 드물게 전후 7회에 걸친 찬반토론을 불러일으킨 대논쟁으로 발전한 것으로도 알 수 있다.[39] 마지막 7회의 종합의 자리에서 필자는 이렇게 결론을 내렸다. "선비는 신분보다 정신으로 판단되어야 한다. 그래서 민중도 선비가 될 수 있다. 전봉준의 모습이 바로 이런 민중적 선비상이다"라고.

어느 민족이나 각각 다 이상적 인간상을 가지고 있고, 그것은 다 역사, 문화, 따스한 체온으로 고이 키워지고 익혀져 계승되어 온 것들이다. 중국에는 군자상이 있다. 덕(德)스러움을 가장 귀히 여기는 인간상이다. 따라서 치세지능신(治世之能臣)이나 난세적 간웅(奸雄)인 조조(曹操)는 비난받고 무식하지만 덕이 많은 유비(劉備)가 숭상된다. 이런 이상적 인간상은 현대에도 이어져 오고 있다. 중국의 지도자들의 얼굴에는 하나같이 죄스러움이 보이고, 그 공산혁명의 와중에서도 소련처럼 피의 숙청은 하지 않았다.

일본에는 무사적(武士的) 인간상이 있다. 군신(君臣) 사이의 충(忠), 조직 안의 인간 사이의 의리, 한마디로 봉건적 가족윤리가 그 바탕이 되어 있다. 그래서 현재에도 일본의 기업은 가족적이어서 불경기에 강하다고 한

---

38) 흥사단 출판부. 『흥사단운동』. 대성문화사, 1950, 46-52면.

39) 1회(1984.1.15), 2회(1984.1.19), 3회(1984.1.26), 4회(1984.2.9), 5회(1984.2.16), 6회(1984.2.23), 7회(1984.3.1).

다. 자기가 소속한 기업체에 대해 일체감을 갖기 때문이다. 예를 들어 본다. 어느 중소기업이 도산 상태에 이르렀다. 그래도 직원은 끝까지 일해 준다. 사장은 자기 집을 팔아 이런 직원들의 퇴직금을 마련해 준다, 그리고 자신은 깨끗이 자살한다. …… 이런 스타일의 삶의 방식이 지금도 일본을 지배하고 있다.

게르만 민족의 이상적 인간상은 장인상(匠人像)이다. 자기 직업을 하나님이 맡겨 주신 것, 그러기에 그것으로 자기를 실현하고 이웃과 하나님에게 봉사하는 것으로 보는 직업인 근성이 그 핵(核)이다. 그러기에 직업이란 경제적 개념이라기보다 종교적 개념이다. 이것은 막스 베버가 그의 명저 『프로테스탄트의 윤리와 자본주의 정신』의 핵심 부분인 제3장 '루터의 직업 개념'의 서두를 장식하는 말이다. 지금도 이런 직업관이 맥맥이 이어져 오고 있다. '슈나이더'(Schneider: 재단사), '뮐러'(Müller: 물레방아장이)가 성(姓)이 된 것은 별로 놀라울 것이 없는데 '메츠거'(Metzger: 백정), '슈펭글러'(Spengler: 함석장이)라는 성도 자랑스럽게 이어져 오고 있다. 생물학자 출신인 독일의 어느 현직 대통령이 주말을 이용하여 등산복으로 단장하고 식물 표본 수집을 하면서 전국의 산야를 누비는 모습에서 직업을 예술적, 아니 종교적 경지로까지 승화시키는 독일의 이상적 인간상 '마이스터샤프트'(Meisterschaft)를 역역히 볼 수 있다.

영국은 신사상(紳士像)이다. 이는 약자에 대한 동정심을 그 바탕으로 한다. 이것은 고아들, 과부들, 그리고 유업이 없는 이방인에 대한 배려에 그치지 않고, 불리한 입장에 있는 사람에 대한 사랑, 정의(正義)의 실현 등에까지 확대된다. 경주에서 친구가 넘어지면 그 친구가 다시 일어설 때까지 제자리걸음을 해 주며, 마라톤 경주 도중 신발끈이 풀어지면 그것을 다시 맬 때까지 다 제자리걸음을 해 준다는 등의 일이 이 나라에서는 지금도 더러 있다 한다.

미국의 이상적 인간상은 개척자상(開拓者像)이다. 신앙을 지키기 위해 새 천지를 찾아간 사람들의 후예답게 그들은 미지의 것을 향해 용감하게 도전하여 모험을 즐기면서 호기심을 충족시키고 생활공간을 확대해 간다.

오늘날도 그들의 발이 닿지 않는 곳은 세계에 거의 없다. 그들의 '세계 기록 광증(狂症)'도 이같은 자세의 표현이다. 미국은 지금도 서부극으로 개척자상을 젊은이에게 심어 주고 있다.

그러면 한국의 이상적 인간상으로는 무엇을 들 수 있을까? 선비상(像) 밖에 어디 있겠는가. 일제 식민사학자들은 이 선비상을 헐뜯었다. 오늘날에도 그 계급성, 즉 사농공상(士農工商) 네 계층 중의 첫 계층만 지칭하는 봉건적 신분질서 소산이기에 만민평등을 이상으로 하는 민주사회에는 안 맞는다는 점, 비생산성, 즉 경제적 생산이나 국민복지에 기여하지 못한다는 점, 그리고 붕당성(朋黨性), 갑론을박 명분만 찾으면서 파당을 일삼는다는 점을 들어 선비상을 부정적으로 보는 사람이 있다. 그러나 선비상에는 참으로 귀한 기질이 많다.[40] 그중 가장 귀한 기질을 셋만 들면, 글과 역사를 소중히 여기는 학문적 기질, 마음의 여유를 갖고 삶을 즐기는 예술적 기질, 그리고 정의의 실현을 위해 싸우는 지사적(재야적) 기질이다.

우리 사회에 아직도 이광수처럼 선비라면, "밥벌이 능력도 없는" 무능인(無能人)으로 보는[41] 사람이 있음은 유감이며, 또 국민교육헌장에도 선비라는 말 한마디 없음은 극히 아쉬운 일이다. 흥사단이 앞장서서 일제 식민학자들이 왜곡한 선비상을 바로잡고, 그것을 이 시대에 맞게 창조적으로 계승하여 삶의 마당, 노동의 마당, 그리고 무엇보다도 교육의 마당에 반영해야 할 것이다.

2. 국민교육이념

도산은 대성학교 등의 정규학교, 태극서관(太極書館) 등의 교육기구, 수양동우회(修養同友會) 등의 교육단체를 창설·설립하여 온 국민을 대상으로 하는 국민교육의 이념을 제창·실천한 한 시대의 선각자였다. 장리욱은 이 면의 업적에 대해 이렇게 평가하고 있다. "정규학교, 사회적 시설,

40) '선비의 도', 『조지훈 전집』(제5권). 일지사, 1973참조.

41) 이광수. 『도산 안창호』. 흥사단 출판부, 1947, 203면.

조직체를 통해서 교육적 가치의 보급을 기할 뿐 아니라 한걸음 더 나아가 모든 활동 분야에서 지도적 역할을 맡을 정예분자(精銳分子)를 양성했다"고.[42] 참으로 도산은 모든 교육의 장을 총동원하여 온 국민을 대상으로 한, 온 생애에 걸친 교육을 통해 민족의 힘을 기르려 했던, 이런 뜻에서 우리나라 최초의 조직적인 국민교육이념의 제창자였다. 일반 민중의 근로의 마당 안에서의 교육과 전쟁터에서의 독립운동이 실은 하나로 이어지는, 같은 것임을 이렇게 강조하고 있다.[43]

> "흔히 저 하는 일이 옳은지 그른지 지세히 몰라서 방황하고 주저합니다. 예로 말하면 공부하는 것, 농사하는 것, 장사하는 것 - 이러한 것들이 우리가 지금 다시 살아날 운동하는 데 맞는가 안 맞는가 하여 방황하고 주저합니다. 심지어 어떤 이는 이러한 것들을 하고 있는 이는 이 운동(독립운동)을 하지 않는 이라 하며 비난하고 공격합니다. 그러나 비기어 말하면, 그물질하는 사람만 어업자라 하고, 고기 잡기 위하여 그물을 만들며 양식을 나르는 사람은 어업자가 아니라고 하겠읍니까? 또 총 메고 전장에 나선 사람만을 전쟁하는 사람이라 하고, 뒤에 있어서 군기(軍器)를 만들고 군량을 장만하는 사람은 전쟁하는 사람이 아니라 하겠습니까? 앞에서 직접 행동하는 이나 뒤에서 간접 행동을 하는 이나 다 같은 그 일의 운동자이외다. 그러니 지금 배울 기회 있을 때에 배우고 벌이할 기회 있을 때에 벌이 하다가, 그보다 더 긴급한 일이 있을 때에는 다 나서는 것이 옳습니다. 그러므로 이 일이 그 운동에 관계가 없는가 하여 당황하고 주저하지 말 것이외다."

온 국민이 맡은 바 자리에서 자기를 갈고닦아 힘을 길러 나라를 찾자는 도산의 이 논리는 나라를 이미 찾은 우리에게도 국민교육의 논리로 다음과 같이 더욱 음미·계승되어야 할 것이다.

첫째는 평생교육의 이념이다. 교육은 나면서, 아니 배 안에서부터 죽음에 이르기까지 계속되는 성장의 과정이다. 이런 뜻에서 교육을 주로 학교교육에 한정시킨 종래의 그릇된 생각은 빨리 불식되어야 한다. 사실 '교

42) 장리욱. 앞의 책, 42면.

43) '청년에게 부치는 글' 중 '용단력(勇斷力)과 인내력'(1927. 1). 『안도산전서』, 497면.

육'을 뜻하는 'Pedagogy'(어린이를 이끈다는 뜻)가 'Andragogy'(인간-성인을 이끈다는 뜻)를 포함해야 하고, 더욱 최근에는 'Gerontagogy'(노인을 이끈다는 뜻)까지 포섭해야 한다는 논리가 이것을 웅변한다.[44] 이렇게 놓고 보면 우리나라의 교육체계 속에 아직 'Andragogy', 'Gerontagogy'가 제자리를 찾지 못하고 있음을 알 수 있다. 이 사회는 정치사회이자 경제사회이다. 그러나 이에 못지않게 교육사회라는 인식이 중요함을 우리는 도산에게서 물려받아야 한다.

둘째는 민중교육의 이념이다. 국민교육 체계 속에서 실은 가장 큰 비중을 차지해야 할 것은 민중교육이다. 민중교육이 노려야 할 것은 무엇인가? 국민교육의 선각자요 실천가인 페스탈로찌에게는 이것이 전인적 인간교육, 직업교육, 역사의식 제고, 지역 간 계층 간의 화해의 넷이다.[45] 우리는 보통 부자들에게는 인문교과를 주축으로 전문교육을 시키고, 빈자(貧者)들에게는 실업교과를 주축으로 기술교육을 시켜 각각 자기 계층에 알맞는 교육을 시켜야 한다고 생각하기 쉽다. 그러나 페스탈로찌는 이따위 '계층교육'의 이념을 단호히 거부하고, 빈자도 역사, 철학, 문학, 예술 등 인문교육을 받아 우선 '전인(全人)'이 되어야 한다고 주장한다. "마차꾼이 되기 전에 우선 인간이 되어야 한다"는 논리다. 그러면서 또 페스탈로찌는 민중을 위한 직업교육기관을 설립하여 농민에게는 농민에게 필요한 교육, 상공인에게는 상공인에게 필요한 교육을 실시할 것을 주장했다. 민중의 역사의식 제고란 민중이 자신들의 문제를 올바르게 인식하며, 그것을 풀어 가면서 자신들의 삶을 개척해 가는 것을 말한다.[46] 지역 간 계

44) W. Klafki et al., *Erziehungswissenschaft* 3. Frankfurt am Main: Fischer Verlag. 1972, S. 237.

45) 김정환. '페스탈로찌의 사회교육론 연구'. 『성곡논총』 제8집. 성곡학술문화재단, 1977, 65-101면 혹은 김정환. 『전인교육론』. 세영사. 1982, 206-216면 참조.

46) 페스탈로찌가 분석한 당시의 농민의 문제는 다음과 같다. ① 농민의 힘에 겨운 세금부담, ② 농민의 처지에 어울리지 않는 사치스러운 소비 풍조, ③ 토지에서의 수익을 웃도는 생활 수준, ④ 농토의 세부(細分) 또는 매각에 기인한 자립 자작(自作) 농업의 기반 상실. [각주45]의 『전인교육론』, 208-210면 참조.

층 간의 화해는 각 지역, 각 계층 간의 이해관계의 조정, 관리와 민중 간의 상호 신뢰 관계의 회복, 그리고 국민의 국가에 대한 일체감 정립 등을 이름이다.

셋째는 학습사회의 건설이다. '학습사회'의 이념은 학자에 따라 다소 다르다. 사회의 모든 성원이 사람답게 살며 자기를 실현시킬 수 있는 사회를 강조한 포오르(E. Faure) 등의 '학습 사회'의 개념, 현대 사회의 인격분열 현상을 평생교육을 통해 막자는 랑그랑(P. Lengrand) 등의 인간화 교육의 개념, 현재의 불평등과 차별이 지배하는 학교 교육의 한계를 극복하자는 아딧세시아(M. Adiseshiah)의 탈학교교육의 개념, 문화의 민주화를 기하자는 평생학습의 개념 등이 특히 강조되어야 할 것이다.[47] 도산의 국민교육의 이념은 이렇게 평생교육, 민중교육, 그리고 학습사회의 건설로 이어져서 다듬어져야 할 것이다.

3. 노작교육론

도산이 즐겨 쓴 표어는 '독립 국민의 자격', '건전 인격 · 신성 단결', '신용의 자본', '동맹 수련', '민족 전도 대업의 기초', '무실 역행', '자조와 호조(互助)', '민족 개조', '자아 혁신', '인격 혁명'의 열 가지이며, 또 즐겨 들은 규범은 진실 정신, 실천주의, 민주협동의 셋이라고 주요한은 말한다.[48] 무실(務實)의 반대는 허위(虛僞)요, 역행(力行)의 반대는 공리(空理)라고 도산은 말했다. 이것은 그저 부지런히 일하라는 말이 아니고 행하기를 힘쓰라는 말이다. 양반사상(兩班思想)의 타파, 직업의 귀천 구별의 철폐, 일인일기주의(一人一技主義), 자립정신의 배양, 의뢰심의 배격 등이 이 속에 포함된다. 그래서 흥사단의 훈련 중에는 한 가지 이상의 전문 지식 또는 전문기술을 습득할 것이 의무로 규정되어 있고, 경제적 자립을 가져오

47) 장진호. '평생교육의 이론적 구조'. 『경희대학교 논문집』 제11집(인문 · 사회학 편). 1982 참조.

48) 『안도산전서』, 458-459면.

는 자조를 강조하고 생활 문제를 중심으로 교육을 전개하며, 협동체로서의 자족적 기본단위인 이상촌(理想村) 설립운동도 들어 있다.

무실역행(務實力行), 이는 도산의 귀한 사상이자 또 귀한 교육방법의 하나다. 나 혼자서 하지 말고 협동해서 하란다. 「청년에게 부치는 글」에서 도산은 이렇게 말한다.[49]

> "대한의 일은 대한 사람된 내가 한 것인 줄 아는 동시에 대한 사람된 이는 누구나 다 분담하여 가지고 공동으로 하자 함이외다. 어떤 이는 무슨 일을 저 혼자 하겠다는 생각을 집니다. 그런 이에게는 소위 야심이라는 것이 생깁니다. 그 결과 하려는 일은 되어지지 않고 도리어 분쟁이 생깁니다. 제가 무엇을 다 한다고 하다가 낙심하기 쉽습니다. 혼자 하는 일은 잘 이루어지지 아니하는 고로 과거의 성공이 없음과 장래의 아득한 것을 보고는 곧 비관하여 낙망합니다. 나와 다른 이가 다 함께 할 것으로 아는 이는 자기는 비록 성공을 못하더라도 다른 이가 성공할 줄을 믿고 또 자기 당대에 못 이루고 죽더라도 자기 후손이 이어서 할 것으로 여기면은 낙망이 생기지 않고 오직 자기 할 직분을 다할 뿐이외다."

협동적 노작을 통해서 협동적 정신을 배양하고 문화의 원리를 체험시킨다는 교육방법, 이것 역시 도산이 제창한 귀한 교육방법이다. 이 원리를 현대적 표현으로는 노작교육(Arbeitsschule)이라 한다. 노작교육이라 하면 흔히 생산성 증진을 기하기 위한 초보적인 직업기능의 습득으로 여기기 쉬운데 이것은 큰 오해다. 기술을 익히기 위함보다는 노작을 통해 도덕교육을 기하자는 생각이 그 핵심을 이루고 있다. 생산성 증진을 위한 기술교육, 이것은 도산 사상에는 없고, 현대의 노작교육 이념에도 없다. 아니, 도리어 이런 논리는 비교육적인 것으로 배격을 받고 있다.

켈센슈타이너(G. Kerschensteiner), 슈프랑어(E. Spranger) 등 독일의 문화교육철학자들에 의해 다듬어진 노작교육의 이념의 기조는 무엇인가? 그것은 우선 도덕교육이다. 수공적(手工的) 활동이 중심이 된 협동적 노작을

49) 같은 책, 500면.

통해서 근로·인내·주의·자제·희생·봉사 등의 덕성이 익혀짐을 말한다. 둘째는 문화체험이다. 현대의 산업사회 안의 교육에서는 인격교육, 공민교육(公民教育), 직업교육의 셋이 분열되어 어린이는 문화를 체험하기가 어렵다. 그러니까 협동적 노작을 통해 문화의 원초적 원리를 체험시키자는 것이다. 노작을 통해, ① 가치 감각을 키워 주고, ② 참된 삶은 가치의 실현에 있음을 인식시켜 주고, ③ 가치가 담겨져 있는 문화적 협동체 안에서 삶을 누리면서 삶에의 충족감을 느끼게 하고, ④ 여러 가치들의 상호 관련성을 몸소 알게 하고, ⑤ 사고·감정·행위의 종합을 기하자는 것이다.[50]

그러면 노작 중에서 어떤 노작이 가장 도야적(陶冶的)인가? 그것은 문화를 체험시킬 수 있는 것이라면서 슈프랑어는 식물 재배, 품종 개량, 식품 가공, 동물 사육, 동물 순치, 도구 제작, 재료 가공을 든다.[51] 문화를 체험시키자는 것이지 결코 생산성·경제성을 노리는 것이 아니다. 모든 남녀 학생들이 적어도 실뽑기와 베짜기, 뜨개질과 주름잡기, 꼬창이 박기와 못 박기, 요리와 빵굽기, 그리고 바퀴와 지렛대의 원리 등에 익숙해야 한다. 이런 일들을 통해 모든 귀한 일이 다 협동작업의 소산이라는 것, 각자가 맡고 있는 직분이 다 귀하다는 것, 그리고 직업을 통해 자기를 실현하고 이바지해야 한다는 생각을 익히는 것이다. 이런 맥락에서 보면, 산업사회의 기능인을 기른다는 뜻에서 '일인일기(一人一技)'를 생각한다면 큰 오류라 할 것이다.

도산의 무실역행(務實力行) 정의돈수적(情誼敦修的) 교육 방법을 현대적 용어로 번역한 노작교육은 이처럼 귀하다. 오늘날 한국 교육에서 소홀히 다루어지고 있는 것이 직업윤리인데, 이것을 익히는 방법이 협동적 노작이다. 우리는 직업을 예술의 경지로까지, 아니 종교의 경지로까지 승화시

---

50) Georg Kerschensteiner. *Begriff der Arbeitsschule*. München: Verlag R. Oldenbourg. 1961, S. 46ff.

51) Eduard Spranger. *Pädagogische Perspektiven*. Heidelberg: Quelle und Meyer, 1950 (8. Auflage, 1964), S. 79.

켜야 한다. 베버가 그의 명저 『프로테스탄트의 윤리와 자본주의 정신』의 핵심 부분을 마르틴 루터의 직업 개념으로 장식하고, 직업을 종교적 개념으로 다듬은 이유가 여기에 있다.[52] 게르만 민족의 이상적 인간상인 장인 상도 이 직업윤리에 근거한다. 도산의 무실역행(務實力行) 정의돈수(情誼敦修)도 이런 시각에서 새롭게 음미되고 교육의 마당에 반영되어야 할 것이다.

4. '주인의식' 각성교육론

도산의 글 중에서 가장 감동적이고 또 논리 정연한 것은 「동포에게 고하는 글」이다. 이 글 속에 그의 사상이 남김없이 전개되어 있다. 이 글의 주제를 하나로 줄인다면 무엇이 될까? 필자는 '주인의식의 각성'이라고 하고 싶다. 이 주인의식의 각성이야말로 그가 동포에게 안겨 주고 싶었던 가장 귀한 것이었다고 그는 말한다.[53]

> "묻노니 여러분이시여, 오늘 대한 사회에 주인되는 이가 얼마나 됩니까. 대한 사람은 다 대한 사회의 주인인데 주인이 얼마나 되는가 하고 묻는 것이 한 이상스러운 말씀과 같습니다. 그러나 대한인이 된 자는 누구든지 명의상 주인이 될 것이되 실상 주인다운 주인이 얼마나 되는지 알 수 없습니다. 어느 집에든지 주인이 없으면 그 집이 무너지거나 그렇지 않으면 다른 사람이 그 집을 점령하고 어느 민족 사회든지 그 사회에 주인이 없으면 그 사회는 망하고 그 민족이 누릴 권리를 딴 사람이 취하게 됩니다. 그러므로 우리는 우리 민족의 장래를 위하여 생각할 때에 먼저 우리 민족 사회에 주인이 있는가 없는가, 있다면 얼마나 되는가 하는 것을 생각지 아니 할 수 없고 살피지 않을 수 없습니다. 나로부터 여러분은 각각 이 민족 사회에 참 주인인가 아닌가를 물어볼 필요가 있습니다."

52) Max Weber. *The Protestant Ethic and Spirit of Capitalism*. Transl. by Talcott Parsons. London: George Allen & Unwin. 1976, pp.79-92.

53) '동포에게 고하는 글'(1924). 『안도산전서』, 473면.

주인이란 역사에 대하여 책임의식을 지니고 역사를 개척해 가는 사람을 말한다. 우리 민족사회가 그렇게 일제에 의해 강점된 것은 이 주인의식의 결핍에 가장 큰 원인이 있다고 도산은 진단했다. 손님처럼 '역사의 방청석'에 앉아 제3자적 방관 정신을 가지고 민족 사회의 일들을 남의 일들처럼 바라보고만 있었던 것이다. 그러므로 이 민족 사회를 우리의 것으로 다시 찾는 길은 우선 주인의식에 눈떠 자주정신, 주체성, 주체의식을 찾고 가다듬어 이를 애국운동의 핵사상(核思想)으로 전개할 수밖에 없다.[54] 주인의식을 일깨워 주는 교육방법은 무엇일까? 도산은 이 면에 대해서 구체적이고 조직적인 논술을 않고 그것을 우리에게 과제로 남겨 놓았다. 국민 모두가 역사에 대한 책임 의식에 눈뜨게 하는 교육방법의 모델을 찾아보면 독일의 교육 철학자 슈프랑어의 '각성적(覺醒的) 교육'의 원리와 브라질의 민중교육론 개척자인 프레이리의 '교육의 의식화'의 원리가 될 것이다.

슈프랑어의 각성적 교육의 원리의 핵심은, 교육을 지식의 주입이나 기능의 연마로 보지 않고 자기를 찾는 일로 보는 소크라테스의 교육관을 현대 사회의 비리를 극복하는 교육의 모델로 재생시킨 데 있다. 슈프랑어는 교육을 우선 세 단층으로 나눈다.[55] 첫째 단층은 인문의 성장을 돕는 일이다. 이는 한 인간을 인간으로서 존중하고 그가 지니고 나오는 인간적인 힘을 계발하여 하나의 인간으로 완성하도록 돕는 발달조성작용이다. 둘째 단층은 문화의 계승이다. 이는 인류의 귀한 사고 방식, 행동 양식 등의 문화를 앞 세대(교사)와 뒷 세대(생도)의 공동적 노력으로 계승·확장하는 문화번식작용이다. 셋째, 그리고 가장 귀한 단층은 '각성'(Erweckung)이다. 이는 인간의 자아회복으로, ① 정신생활이 물질생활보다 귀하다는 내면적

54) 안병욱. '기독교와 민족사상 - 도산사상을 중심으로'. 『숭천대학교 논문집』 제6집. 1977, pp.552-553면.

55) Eduard Spranger. *Philosophische Grundlagen der Pädagogik*. 1948. Hans Walter Bähr, et. al. (Hrsg.). 『슈프랑어 전집』(세2권). Tübingen: Quelle und Meyer. 1969-1978, 67면.

세계각성, ② 하나하나의 인간이 남과 바꿀 수 없는 귀한 인격이라는 인격적 자아각성, ③ 이웃과 역사에 대해 책임을 지니는 존재라는 문화적 책임의식각성의 원리로 짜여져 있다.

프레이리의 '교육의 의식화' 방법은 오늘날 교육이 우두커니 앉아서 차려 주는 밥이나 먹는, 도산 선생의 표현으로는 여인(旅人)이 되어 있는 '원조주의(援助主義)'의 다섯 가지 폐단, 즉 수동성 · 객체성 · 순응성 · 무책임성 · 결정론성(決定論性)을 극복하고 교육이 역사의 '주인의식'을 일깨워 역사를 개척하는 힘의 원동력이 되어야 함을 모색하는 것으로,[56] ① 문제의 정확한 인식, ③ 문제의 상황화(狀況化), ③ 서클별 토론, ④ 문제의 통합적 연구 등이다. 그의 교육이념과 교육방법은 정치적 · 경제적 · 문화적 식민 하에 있는 나라, 그리고 국민이 역사에 대하여 책임 의식이 적은 나라에서는 퍽 시사하는 바가 많은 것으로 평가되어야 할 것이다.

도산은 주인의식에서 역사에 대한 책임 의식을 주로 강조하고 인간이 자기자신의 주인임을 덜 강조했는데, 필자는 여기에 일말의 아쉬움을 지니고 있다. 더욱 오늘날처럼 인간이 산업사회의 발전이나 경제성장의 수단이 되고, 교육이 이같은 발전 · 성장을 위한 청부적(請負的) 기능적 역할로 전락되기 쉬운 시대에 있어서는 인간의 자기회복도 역사에 대한 주인의식 각성 못지않게 중요한 것이다. 바로 이 측면을 강조한 사람이 프롬이다. 그는 현대 사회의 가장 큰 도덕적 병폐를 '인간의 자신에 대한 무관심'이라고 진단하고, 인간이 이렇게 된 이유로 개성 상실, 수단화, 상품화, 소외, 물건화, 무기력, 꿈의 상실, 탈양심(脫良心), 결단성 결여, 순응 등을 들면서 이런 사실의 인식에 터한 문화의 개조를 부르짖고 있는데,[57] 바로 이런 발상을 교육에 도입해 나가는 것도 도산사상의 계승책의 하나이리라.

---

56) 프레이리는 이런 비판적 의식은 경제 성장의 부산물로 자연스럽게 나오는 것이 결코 아니고, 역사적 조건에 근거한 비판적 교육의 노력으로 성장하는 것이라고 분명히 말하고 있다. Paulo Freire. *Education for Critical Consciousness*. New York: The Seabury Press, 1973, p.19.

57) Erich Fromm. *Man for Himself. An Enquiry into the Psychology of Ethics*. London: Routledge and Kegan Paul. 1978, p.248.

5. 민족교육론

1차 대전의 휴전이 이루어지자, 윌슨 대통령의 민족자결주의(民族自決主義)의 원칙이 식민국가에 바로 적용되어 한국이 독립될 것이라는 기대를 갖고 있던 사람들에게 도산은 경고하여 이렇게 말하고 있다.[58)]

> "그러나 감상(感想)은 일시적이라 말할 것 없거니와, 이 처지에 앉은 우리가 우리의 전도(前途)를 위하여 연구함은 중대한 관계라. 정력을 다하여 주의를 더 하지 않을 수 없도다. 우리는 턱없이 허망한 욕심이나 요행(僥倖)의 희망을 가지고 공상(空想)하다가 말려는 사람이 아니요, 사실과 이치를 의지하여 적당한 판정을 얻어 가지고 역행하려 함이라. 제군의 연구하는 결과가 어느 방향에 이르는지 나는 사실과 이치를 표준(標準)하여 많이 생각하여도 전쟁 후에 우리는 준비주의(準備主義)를 그냥 계속하여야 되겠고, 우리가 하고자 하여 노력을 더 하기만 하면 준비의 효력이 더 있을지니, 이러한 시기를 헤아려 준비의 방침을 바로하여 일치행동 하기를 결단하고 나아가면 전쟁 후에 우리는 앞에 다시 오는 시기에 적응할 만한 준비의 기초가 세워지겠다 하나이다."

독립은 절대로 국제여론이나 요행에 의해 이루어질 수 없고 우리의 힘에 의해서만 이룩된다. 따라서 준비를 한시도 게을리하지 말자는 게 도산의 논리다. 그의 예언은 그대로 적중되었다. 우리는 그의 혜안에 외경(畏敬)을 금할 길 없다. 그의 논리는 바로 오늘의 우리의 문제를 푸는 데도 그대로 적용되어야 할 원리로 보인다. 민족의 독립을 준비하기 위한 그의 방책은 오늘을 사는 우리에게는 바로 민족의 자주성을 확립하고, 민족의 분단에서 야기되는 민족의 이질화(異質化) 현상을 극복하고, 나아가서 분단된 민족의 화해의 기반을 조성하면서 통일의 대업을 이룩하고자 하는 민족교육의 원리로 다시 확인되어야 할 것이다. 그러기 위해서는 우리 민족교육은 기본적으로 어떤 성격을 띠어야 할 것인가의 논의가 불가결의

---

58) '전쟁종결과 우리의 할 일'(1918). 『안도산전서』, 519-520면.

것으로 보인다.

민족교육의 기본성격을 다듬기 위해서는 먼저 그것이 터하고 있는 민족주의의 성격을 분석할 필요가 있다. 민족주의란 민족의 정체를 확인·계승하고 번영을 누리자는 사조이며, 그것은, ① 민족에 대한 충성심, ② 타민족에 대한 경쟁적인 이익 추구, ③ 자민족의 특성에 대한 애착, ④ 민족 문화의 보존, ⑤ 민족 국가의 자주성 등을 강조하는 하나의 사상체계다. 이렇게 민족주의는 민족 국가에 대한 충성심, 모국어와 문화 등 민족문화에 대한 애착·관습·습관 등 공통적 유산의 존중, 민족 국가 발전을 기하는 공통목표의 설정, 그리고 민족의 주체성을 강조하는 등 다양하고 착잡한 이념이다. 그런데 우리가 특히 주목할 것은 민족주의가 '마음의 상태'에 의해 발생하고 발전한다는 점이다. 이것은 민족주의 연구가 한스 콘이 특히 강조하고 되풀이해서 음미하는 대명제다.[59]

이 '마음의 상태'에 따라 민족주의에 입각한 교육, 즉 민족교육에는 공과(功過)가 생긴다. 그 단적인 예를 하나씩만 들면, 공(功)으로는 약소한 민족국가의 주체성의 확립을 들 수 있고, 과(過)로는 강대국의 침략주의를 들 수 있다. 강대국의 민족주의의 침략주의 교육으로의 변질, 이는 평화주의자이자 국제주의자였던 럿셀이 혐오해 마지않았던 것이다.[60] 민족교육은 이렇게 양면성을 지니는 하나의 이데올로기이다. 그러나 우리처럼 약소 민족 국가는 이것으로 민족의 활로를 개척해 갈 수밖에 없다. 흥사단은 이런 논리를 자명한 것으로 이렇게 선포하고 있다.[61]

> "진리에는 둘이 없다. 그러나 이해(利害)에는 둘이 있다. 민족의 대소와 강약을 따라서 철학이 다르다는 것은 진리가 둘이 있다는 것은 아니고 이해가 상반한다는 것이다. …… 강대한 민족에게는 민족의식이 필요가 없다.

59) Hans Kohn. *The Idea of Nationalism*. New York: Callier Macmillan. 1967, p.10.

60) Bertrand Russell. *Education and Social Order*. London: George Allen, 1982, p.80.

61) 흥사단 본부. 『흥사단운동』. 대성문화사. 1950, 256-258면.

미국이 강대하기 때문에 아무러한 민족에 속한 개인이라도 미국의 국적에 만 들면 미국에 충성을 다하는 것이다. 그뿐 아니라 다른 민족의 민족의식이 강한 것은 강대한 민족의 세력 확장에 장애가 되기 때문에 강대한 민족으로서는 세계 인류의 민족의식을 빼어 버리기에 힘쓰는 것이 당연한 일이다. …… 약소한 자기 민족의식을 타파하고 세계 인류 주의를 제창하는 것은 종교적으로는 몰라도 현실 정치에 있어서는 얻어 먹었거나 말았거나 결국은 강대한 자의 앞잡이에 불과한 것이다."

이 격앙된 흥사단의 민족주의 찬양 논리는 어떻게 흥사단의 민족교육의 논리로 구체적인 교육의 장(場)에 전개되어야 할 것인가? 우리 겨레가 흥사단에 기대하고 있는 것의 하나가 바로 이것이다. 타의(他意)에 의해 분단된 민족이면서도 양독(兩獨)과 양한(兩韓)은 왜 이렇게도 다를 수 있는가? 서독은 통일의 그날까지 '헌법(憲法)'이라는 표현은 아껴 두자면서 지금도 '기본법(基本法)'이라는 표현을 쓰면서 화해의 교육에 힘쓰고 있다. 우리 대한민국도 이제 서독처럼 형(兄)된 아량으로 이렇게 민족교육을 민족 화해의 교육으로 인식해야 할 것이며, 그러기 위해 교육의 정치적 오염을 막아야 할 것이다.

Ⅳ. 결론

도산의 교육구국(敎育救國)의 이념을 계승·발전시키기 위해 장기적 전망 아래에서 펴 나가야 할 정책을 몇 가지 시사하며 이것을 결론으로 삼고자 한다.

1. 이상촌(理想村) 건설

도산의 생애에 큰 꿈의 하나가 이상촌 건설이었다. 이상촌은 교육과 산업을 근간으로 하여 이상적으로 살아가는 협동직 지역공동체로서 그 속에 경제, 문화, 교육, 종교, 행정 등의 모든 기구를 포용해야 한다. 도산의 달마부락(達摩部落) 건설의 구상을 보면, ① 산과 강이 있고 토지가 걸고 교통이 편리할 것, ② 200호 정도의 규모로 한국적 전통미를 살릴 것, ③ 공공시설로는 집회실, 공동 시설, 학교, 목욕탕, 운동장, 우체국, 병원, 금융기관, 협동조합 등이 포함될 것, ④ 공회당에는 집회실, 오락실, 도서실, 부락사무실을 둘 것, ⑤ 협동조합을 통하여 생산품을 공동 판매하고 생활필수품을 공동으로 구입할 것, ⑥ 운동장에는 아동의 놀이터를 부설하고, 부락민 전체가 신체 단련에 힘쓸 것, ⑦ 일반 학교는 물론 직업학교를 설치하여 농(農)·임(林)·공업(工業)의 다양한 교과를 두어 실습에 힘쓰고, 각기 지역에 돌아가 이 모범촌(模範村)에 의거하여 개조토록 할 것 등으로 짜여져 있다.[62] 이러한 민간주도의 이상적 건설에 흥사단이 힘써야 할 것이며, 이상촌은 적어도 각 시도에 하나씩은 있음직하다.

2. 단립학교(團立學校)의 설치

자유주의 국가들은 사립학교의 건학정신을 존중하고 경영 면에서도 법의 테두리 안에서 최대한의 자율성을 보장하고 있다. 사립학교의 존립 이유는 무엇인가? 관립학교에서는 기할 수 없는 종교교육, 새로운 교육방법에 입각한 실험교육, 교사와 생도가 숙식을 같이 하는 협동생활교육, 그리고 새로운 질서나 문화를 지향하는 문화이상추구교육 등이다. 이런 단립학교는 다른 학교의 모범이 될 수 있고, 흥사단우(興士團友) 중 특히 뜻이 있는 사람에게 보람 있는 교직의 기회를 제공하며, 흥사단의 정신과 이상을 다음 세대에 심어 주는 데에 크게 기여할 것이다. 다만 이 경우 평준화 지역이나 도시지역을 피할 것이다. 왜냐하면 학교의 설립이념과 공동생활 방식에 찬동하는 사람만을 자유롭게 수용해야 할 것이기 때문이다.

62) 이순형. '안창호의 이상촌 운동과 새마을 운동'. 한국교육학회. 『교육학연구』 15권 2호(1977. 10), 77면.

3. 국민독서운동

헛친스(R. M. Hutchins)는 교육에서 가장 중요한 것은 '독서'라 하였다. 특히 고전은 몇 천 년, 몇 백 년 혹은 몇 십 년의 시련을 견디고 살아남은 위대한 정신적 유산이다. 이 고전을 통해서 우리는 인류 문화의 핵심에 접하며, 시대의 문제를 정확하게 인식하며, 어떤 삶이 가장 바람직한 삶인가를 알며, 가치에 대한 감각을 키워 낼 수 있다. 헛친스는 '독서 9개년 계획'을 세워 100종 144권의 위대한 책들을 1년에 16권씩 읽어 나갈 것을 제창했다. 이것이 '그레이트 북스 운동(The Great Books Movement)'이다. 우리 한국인들은 독서 면에서 외국에 비해 현저하게 뒤지고 있다. 인격형성과 역사의식 형성의 핵이 되는 독서를 소홀히 하고서는 국민문화, 문화민족의 형성을 기하기는 어렵다. 흥사단이 양서(良書)를 펴 내거나 선정해서 국민들이 염가로 양서에 접할 수 있고 체계적으로 독서를 할 수 있는 기회를 제공해야 할 것이다. 적어도 읍면 단위로 단에서 경영하는 도서관이 설치되어 양서를 주선 · 대여하며, 학생은 물론이요 국민 대중을 대상으로 독서 지도를 조직적으로 해 나가기 바란다.

4. 청소년운동

독일에 '철새운동(Wandervogel)'이라는 낭만적이고 교육적인 청소년 운동이 있다. 철새들처럼 떼를 지어 조국의 산야를 주로 도보로 여행하면서 그 지역의 역사적 고적(古跡)에 대하여 조상의 얼을 되새기며 그 지역의 지도자, 문인, 학자들과 만나 귀하고 아름다운 이야기를 듣고, 등산, 수영, 하이킹으로 강건한 신체를 기르며, 협동생활을 통해서 기율을 익히고 이웃과 역사를 발견한다. 흥사단에서는 주로 고교생을 대상으로 조국순례운동을 하고 있는 것으로 아는데, 그 대상을 보다 넓히고 그 내용을 보다 확대해 가야 할 것이다. 더욱 오늘날 과밀학급, 과대학교에서는 단체여행이나 단체생활은 수학여행 정도로 한정되어 있고, 대도시에서는 소풍까지도 부작용에 따른 구설수 때문에 형식적으로 끝나고 있는 현실에서는 이러한 방향의 청소년운동이 더욱 필요할 것이다. 다만 하나 각별히 경계해야 할 것은 이러한 운동에 공산소년단(共產少年團)에서처럼 정치적 이념 주입이나 엘리트 의식 고취 따위가 조금이라도 잠입할 수 없게 해야 한다는 것이다.

5. 흥사단교직부

교육인구는 전인구의 3분의 1이다. 우리나라를 예로 들어 이 사실을 확인하자. 국민학생이 약 600만 명, 중 · 고 · 대생이 약 500만 명, 교원이 약 30만 명, 그리고 여기에 언론 · 종교 · 사회 사업 · 체육 부서에 종사하는 사람을 합하면 능히 1,200만 명을 넘는다. 이는 교육이 한 나라의 최대규모의 기업임을 말한다. 그러기에 교육이 흥하면 나라가 흥하고 교육이 망하면 나라가 망한다. 그런데 교육의 관건은 재정도 아니요 시설도 아니고 실은 교사다. 그래서 옛부터 교육의 알파이자 오메가는 교사라는 말이 있어 왔다. 흥사단이 교육구국의 기치 아래 결성되었다면, 단의 가장 중요한 사업의 하나가 실은 교사의 자질향상과 권익보호에 있다 할 것이다. 이런 뜻에서 단(團)의 교직부(敎職部)가 교사의 단체 수련, 자질 향상, 권익보호, 그리고 교직윤리 확인과 교육의 장(場)의 여러 문제에 대한 올바른 인식, 올바른 대책을 국민에게 알리는 교육홍보에도 힘써야 할 것이다.

참고문헌

김정환. 『김교신』. 한국신학연구소, 1980.
김정환. 『전인교육론』. 세영사, 1982.
김정환. '페스탈로찌의 사회교육론 연구'. 『성곡논총』 제8집, 성곡문화재단, 1977.
남궁억. 『조선 이야기』. 1929.
노평구(편). 『김교신 전집』(제2권). 경지사, 1975.
노영택. 『일제하 민중교육운동사』. 탐구당, 1979.
동아일보사. 『인촌 김성수』. 1985.
민경배. 『한국기독교사』(증보판). 대한기독교서회, 1974.
민경배. 『한국기독교회사』. 대한기독교서회, 1983.
박상만. 『한국교육사』(하권). 대한교육연합회, 1959.
서영훈. '영원한 겨레의 스승 안창호'. 『스승』. 서울특별시 교육위원회, 1984.
송건호. 『한국현대인물사론』. 한길사, 1984.
안병욱. 『도산사상』. 대성문화사, 1970.
안병욱. '기독교와 민족사상 - 도산사상을 중심으로'. 『숭전대학교 논문집』 제6집, 1977.
안병무. '순수와 저항의 길'. 『함석헌선생 팔순기념문집』. 한길사, 1982.
오천석. 『한국신교육사』. 현대교육총서 출판사, 1964.
이만규. 『조선교육사』(하권). 을유문화사, 1949.
『이광수전집』(제13권). 삼중당, 1962.
이순형. '도산사상 연구사의 점검'. 『기러기』(흥사단, 1980년 11월호).
이순형. '안창호의 이상촌 운동과 새마을 운동'. 한국교육학회. 『교육학연구』 제15권 2호(1977년 10월).
장리욱. 『도산의 인격과 생애』. 대성문화사, 1973.
장진호. '평생교육의 이론적 구조'. 『경희대학교 논문집』 제11집, 1982.
『조지훈 전집』 제5권. 일지사, 1973.
주요한 (편저). 『안도산전서』. 삼중당, 1971.

최현배. 『조선민족 갱생의 도』. 정음사, 1971.
함석헌. 『뜻으로 본 한국 역사』. 삼중당, 1966.
함석헌. '무교회(無敎會) 신앙과 조선'. 『성서조선』(1936년 2월). 『함석헌전집』 제3권, 한길사, 1983.
흥사단 출판부. 『도산 안창호』. 1947.
흥사단 출판부. 『흥사단 운동』. 대성문화사, 1950.
Bollnow, O.F. (1968). *Existenzphilosophie und Pädagogik*. Stuttgart: Kohlhammer.
Dewey, J. (1916). *Democracy and Education*. New York: The Macmillan Company.
Freire, P. (1973). *Education for Critical Consciousness*. New York: The Seabury Press.
Fromm, E. (1978). *Man for Himself. An enquiry into the Psychology of Ethics*, London: Routledge and Kegan Paul.
Kerschensteiner, G. (1961). *Begriff der Arbeitsschule*. München: Verlag R. Oldenbourg.
Klafki, W., et. al. (1972). *Erziehungswissenschaft* 3. Frankfurt am Main: Fischer Verlag.
Kohn, H. (1967). *The Idea of Nationalism*. New York: Collier Macmillan.
Russel, B. (1932). *Education and Social Order*. London: George Allen.
Spranger, E. (1950). *Pädagogische Perspektiven*. Heidelberg: Quelle und Meyer.
Spranger, E. (1969). *Philosophische Grundlagen der Pädagogik*. Tübingen: Max Niemeyer Verlag.
Weber, M. (1976). *The Protestant Ethic and Spirit of Capitalism*. Transl. by Talcott Parsons. London: George Allen.

제
5
장

최현배의 교육사상 연구

최현배의 교육사상 연구

金 丁 煥
(高麗大學校)

目　次

첫째 가름. 들어가는 말
—외솔에 대한 새로운 평가—
둘째 가름 문화에 관련된 이론들
1. 배달겨레 발전론
2. 언어론
3. 한글 운동론
4. 한글 쓰기 주장
5. 한글 가로쓰기
세째 가름 교육에 관련된 이론들
1. 민족 교육론
2. 구국(救國)교육론
3. 사회 교육론
4. 국어 교육론
5. 페스탈로찌 교육사상의 체계화
네째 맺는 말
—외솔 사상의 틀—

I. 첫째 가름 들어가는 말—외솔에 대한 새로운 평가

외솔 최현배(崔鉉培, 1894. 10. 19~1970. 4. 13.) 님의 한살이(一生) 해적이에서 우리가 아주 눈여겨 보아야 할 일들이 다섯가지 있다.[1] 그 첫째는, 히로시마 고등사범학교를 마친 그가 관·공립 고등보통학교 교원으로의 복무 취직을 병을 핑계하여 피하고 고향에서 쉬면서 조선인 상권을 다지기 위해 고올의 뜻있는 사람들을 모아 밑천을 마련하여 공동상회를 받는 일(26살), 둘째는, 관·공립학교를 일부러 피하고 사립인 동래고등보통학교 교사로 일을 본 일(27살), 셋째는, 교오또 제국대학 문학부 철학과에서 교육학을 전공하고 한국인으로서는 처음으로 그 졸업논문 "페스탈로찌의 교육사상"이 보여 주듯 페스탈로찌 연구가가 된 일(32살), 넷째는, 겨레의 혼인 한글을 갈고 닦기 위해 교육학자 아닌 국문학자의 길을 골라 또한 사립학교인 연희전문학교 교수자리를 지키면서 「한글갈」을 지어 찍어낸 일(33~48살), 다섯째는, 다 아는 바, 조선어학회 사건으로 3년간 옥중생활을 하다 해방을 맞은 뒤에는 조국의 국어교육에 특히 힘써 한글만 쓰기 운동을 전개한 일이다.(49~77살) 위의 일들은 외솔의 몸가짐과 학문을 이해하는데 아주 귀한 시각을 우리에게 안겨 준다.

그의 몸가짐과 학문을 이해하는데 도움을 주는 것에 위의 일들 외에 또 세가지 유언이 있다.[2] 이는 모두 자신의 죽음을 예감하고 생각을 다듬어 넘겨주자는 뜻에서 나온 것이다. 그 첫째는, 중일전쟁이 점점 심해져 언제 서울에도 폭탄이 떨어질지 모를 상황에서 삼년동안 다듬어 낸 「한글갈」이요, 둘째는, 옥중에서 줄곧 생각해 오다가 해방이 되어 나와서 다듬어 낸 주장, 즉 가로쓰기와 한자 안쓰기의 두 주장을 베푼 「글자의 혁명」이요, 셋째는, 겨레 끼리의 한스러운 싸움으로 부산에 피난가서 생명이 어찌될 것을 예측할 수 없는 위험 속에서 우리글을 사랑하자고 외친 「우리말 존중의 근본뜻」이다. 이는 모두 그의 삶이 우리말 아끼기와 배달 겨레의 넋을 키워가자는 교육, 이 두점에 초점을 맞추어 불태워진 것임을 잘 보여주고 있다.

---

1) 외솔회, 『나라사랑』 제1집, 외솔 최 현배 박사 특집호, 정음사, 1971, 22~26쪽 참조.
2) 최현배 지음. 「우리말 존중의 근본 뜻」, 정음사, 1953, 6~7쪽.

최현배의 교육사상 연구*

Ⅰ. 첫째 가름. 들어가는 말 - 외솔에 대한 새로운 평가

외솔 최현배(崔鉉培, 1894.10.19.-1970.4.13) 님의 한살이(一生) 해적이에서 우리가 아주 눈여겨보아야 할 일들이 다섯 가지 있다.[1] 그 첫째는, 히로시마고등사범학교를 마친 그가 관·공립 고등보통학교 교원으로의 복무 취직을 병을 핑계하여 피하고 고향에서 쉬면서 조선인 상권을 다지기 위해 고을의 뜻있는 사람들을 모아 밑전을 마련하여 공동상회를 만든 일(26살), 둘째는, 관·공립학교를 일부러 피하고 사립인 동래고등보통학교 교사로 일을 본 일(27살), 셋째는, 교토제국대학 문학부 철학과에서 교육학을 전공하고 한국인으로서는 처음으로 그 졸업논문 『페스탈로찌의 교육

---

* 김정환(1988). 최현배의 교육사상 연구. 『교육철학』 6, 91-105. 참고로, 본 장에 실린 원고의 각주 일련번호 및 각주 내용의 일부는 1988년 『교육철학』에 게재된 원문의 그것과 상이하다는 점을 일러둔다. 1988년의 원문에는 본 장의 '각주6: 조지훈(1964)'이 누락되어 있었으며, 원저자는 자신이 사용하였던 "교육사상사 강의록(1993)"에 손글씨로 이를 바로잡아 둔 바 있다(이 책 "머리말" <그림> 및 본장 밀미의 <그림 1>, <그림 2> 참조). 본 장의 각주는 원저자의 손글씨 기록에 의거한 것이며, 현대 독자들의 편의를 위하여 편저자가 일부 서지정보를 수정·보완하여 표기하였음을 밝혀 둔다.

1) 외솔회. 『나라사랑』 제1집(외솔 최현배 박사 특집호). 정음사, 1971, 22-26쪽 참조.

사상』이 보여 주듯 페스탈로찌 연구가가 된 일(32살), 넷째는, 겨레의 혼인 한글을 갈고닦기 위해 교육학자 아닌 국문학자의 길을 골라 또한 사립학교인 연희전문학교 교수 자리를 지키면서 『한글갈』을 지어 찍어 낸 일(33-48살), 다섯째는, 다 아는 바 조선어학회 사건으로 3년간 옥중생활을 하다 해방을 맞은 뒤에는 조국의 국어교육에 특히 힘써 한글만 쓰기 운동을 전개한 일이다(49-77살). 위의 일들은 외솔의 몸가짐과 학문을 이해하는데 아주 귀한 시각을 우리에게 안겨 준다.

그의 몸가짐과 학문을 이해하는 데 도움을 주는 것에 위의 일들 외에 또 세 가지 유언이 있다.[2] 이는 모두 자신의 죽음을 예감하고 생각을 다듬어 넘겨주자는 뜻에서 나온 것이다. 그 첫째는, 중일전쟁이 점점 심해져 언제 서울에도 폭탄이 떨어질지 모를 상황에서 삼 년 동안 다듬어 낸 『한글갈』이요. 둘째는, 옥중에서 줄곧 생각해 오다가 해방이 되어 나와서 다듬어 낸 주장, 즉 가로쓰기와 한자 안 쓰기의 두 주장을 베푼 『글자의 혁명』이요. 셋째는, 겨레끼리의 한스러운 싸움으로 부산에 피난가서 생명이 어찌될 것을 예측할 수 없는 위험 속에서 우리글을 사랑하자고 외친 『우리말 존중의 근본뜻』이다. 이는 모두 그의 삶이 우리말 아끼기와 배달겨레의 넋을 키워가자는 교육, 이 두 점에 초점을 맞추어 불태워진 것임을 잘 보여 주고 있다.

이는 또 외솔의 정신을 이어받고자 세워진 "외솔회"가 님의 3개 저작으로 『조선민족 갱생의 도』(1926), 『우리말본』(1935), 그리고 『한글갈』(1940)을 친 것으로도 잘 알 수 있다. 『조선민족 갱생의 도』는 그 머리말에 나와 있듯이, 잘이거나 잘못이거나 조선민족의 수난기에 삶을 받는 한 사람으로서 "민족적 갱생의 근본 도"가 무엇이어야 하는가를 밝힌 것이고,[3] 『우리말본』은 한 겨레의 문화창조의 활동은 그 말로써 들어가며, 그 말로써 하여 가며, 그 말로써 남게 되므로, 조선말의 말본을 닦아서 그 이치를 밝혀 체계를 세우고자 한 것이고,[4] 『한글갈』은 "훈민정음"에 관한

---

2) 최현배. 『우리말 존중의 근본 뜻』. 정음사, 1953, 6-7쪽

3) 최현배. 『조선민족 갱생의 도』(1930년도판 번각본). 정음사, 1971, 8쪽.

일체의 역사적 문제와 한글에 관한 일체의 문제를 크고 작게 망라하여, 한글갈(正音學)을 세우고자 한 것이다.[5] 이 3대 저작에 흐르는 정신 역시 한글을 통한 겨레의 정신적 유산의 계승과 교육에 의한 겨레의 새로운 태어남이다.

이처럼 외솔은 국문학자로, 그리고 동시에 교육학자로 평가되어야 함에도 불구하고 국문학자로는 크게 평가되지만 교육학자로는 충분하게 평가받지 못한 아쉬움이 있다. 물론, 님이 강단에서는 국문학만 강의했다는 까닭이 이렇게 만들었겠지만, 모국어가 민족의 문화를 담는 그릇이며, 그러기에 교육내용 중에서도 가장 귀한 것이라는 생각 그 자체가 교육이론인 점과, 또 님의 『조선민족 갱생의 도』처럼 대학의 강단 아닌 빈들에서 외친 많은 계몽의 글들은 훌륭한 교육학적 조명을 받아 마땅한 저작이라는 점으로 해서, 그는 교육학자로도 더욱 평가를 받아야 할 사람이다.

이제 최현배가 어떤 평가를 받아 왔는가를 이 두 측면으로 구체적으로 살펴보기로 하자. 우선 국문학적 측면으로는, 근대 민족운동의 세 유형, 즉 내 목숨을 걸고 원수의 목숨을 강요하는 피의 항쟁, 민족의 요구를 절규하면서 국제여론에 호소하는 조직적 시위의 항쟁, 그리고 민중을 계발하고 민의를 대변하며 민족의 요구와 이념을 구현하는 문화항쟁, 이렇게 세 유형 중에서 외솔이 택한 것은 셋째의 문화항쟁에 들며, 그것은 또한 교육항쟁으로 전개되었고,[6] 이 면에서 그의 진면목이 잘 나타났다는 평가가 내려진다. 다음 교육학적 측면에서는, 『조선민족 갱생의 도』에서 전형적으로 보듯, 민족정신을 바로 잡아 궁극적으로는 민족독립을 기하는 온 사회성원을 대상으로 하는 국민계몽교육운동(브나로드 운동)의 선구자요, 실천자의 한 사람이라는 평가가 내려지고 있다.[7]

---

4) 최현배. 『우리말본』. 연희전문학교 출판부, 1935. 김민수·하동호·고영근 편. 『역대 한국문법대계』제1부 제18책, 영인본. 탑출판사, 1979, 머리말.

5) 최현배. 『고친 한글갈』. 정음문화사, 1982, 초판의 머리말.

6) 조지훈. "한국민족운동사", 『한국문화사대계(I)』. 고려대학교 민족문화연구소, 1964, 558-560쪽.

그런데 우리를 얼떨떨하게 하는 것은, 님의 이 두 측면에 걸친 학문 중, 앞의 것에 대해서는 많은 연구가 있고 그 정신의 계승이 다짐되고 있는데, 뒤의 것에 대해서는 거의 볼만한 것이 없다는 것이다. 보기를 들자. 님의 환갑기념 논문집에 담긴 19편의 논문 중 님의 교육론에 관한 것은 한편도 없다. 적어도 한두 편은 있었어야 할 것이었다. 그나마 다행인 것은 이 19편 중에 박창해의 "국어교육론 서설"이 한편 끼여 있다는 것이다.[8] 님의 교육이론에 관한 연구나 님의 교육사상에 터한 교육이론의 연구는 이래서 우리의 몫으로 아직 남아 있다. 최근에 이르러서 비로소 님의 이러한 측면에 대한 연구가 주로 교육대학원의 석사논문 차원에서 나타나기 시작한 것은 이런 뜻에서 경하해마지 않을 일이다. 그 한 보기를 든다면, 강창수의 "최현배의 교육적 저작에 관한 연구"(1973)이다. 이 논문은 외솔의 3대 교육적 저작을 『조선민족 갱생의 도』, 『나라 건지는 교육』, 『나랑 사랑의 길』로 보고, 그 내용을 분석하면서 그것이 갖는 교육사적 의의를 부각시킨 것이다.[9] 한 가지 특기할 일은, 동아일보사에서 선정한 한국현대의 명논설들 중에 님의 글 중 "민족적 이상을 수립하라"는 『조선민족 갱생의 도』 안의 글이 뽑힌 점이다.[10] 이는 님의 두 측면에 걸친 연구의 열매를 한 마디로 민족적 이상의 음미와 계승으로 통일하였다는 뜻에서 대단히 귀한 발상이라 아니할 수 없다.

이 연구는 외솔의 크게는 교육학적 측면의 저작들을 문화에 관련된 이론과 교육에 관련된 이론의 두 무더기로 나누어 새겨 맛보고, 나아가서 그 이론들이 각각 현대의 우리 교육에 어떤 귀한 귀뜸을 주는가를 밝혀 보려는 것이다.

---

7) 손인수. 『한국교육사(Ⅱ)』. 문음사, 1987, 612쪽, 667-668쪽, 817쪽 등 참조.

8) 최현배 선생 환갑기념 논문집간행회. 『최현배 선생 환갑기념 논문집』. 사상계사, 1954, 109-123쪽.

9) 강창수. 『최현배의 교육적 저작에 관한 연구』. 고려대학교 교육대학원 석사학위논문. 1973 참조.

10) 월간 『신동아』 편집실 편. 『한국현대명논설집』. 동아일보사, 1979, 138-142쪽.

Ⅱ. 둘째 가름. 문화에 관련된 이론들

1. 배달겨레 발전론

외솔의 한살이와 학문을 이해하는 데 가장 중요한 열쇠가 되는 것은 님의 겨레의 개념, 님이 찬탄한 배달겨레의 이상, 이 이상을 이어 키우기 위한 마음의 일깨움, 그리고 이 마음을 일깨워 주기 위한 가장 요긴한 연장인의 글자의 혁명 등의 개념이다.

외솔은 두 가지 기초에서 겨레의 뜻을 풀고 나간다. 하나는 사언스런 기초이니, 한가지의 피를 타고 한가지의 땅에서 사는 일이요, 또 하나는 문화스런 기초이니, 한가지 문화를 지키고 있는 일이다. 문화란 무엇인가. 그것은 바깥 자연의 땅과 그 밖의 물건에다 사람의 슬기로운 이상대로 힘을 더하여, 농사를 짓고, 집을 짓고 쓸 물건을 만들며 아낙 자연(內部自然)의 마음에다가, 사람의 슬기로운 이상대로 힘을 더하여 과학·도덕·예술·종교를 만들어 냄을 이름이란다. 그러기에, 짧게 마무리짓는다면 "겨레란 피와 문화를 함께하는 단체"인 것이란다.[11] 이렇게 외솔은 겨레개념을 함께 탄 피와 함께 지어 온(창조한) 문화의 둘로 짠다.

그러면 이런 겨레보다 더 귀한 것이 더 있으리요. 사실 외솔은 "겨레는 나의 어머니요, 나라는 나의 아버지다. 겨레가 아니고는 나는 목숨을 타고 나지 못하였을 것이며, 나라가 아니고는 나는 타고난 목숨을 누릴 도리가 없다"고 말하고 있다.[12] 누구인들 자기 겨레를 사랑 않으리오. 그러나 외솔은 배달겨레가 특히 아름다운 이상을 지니고 커 왔다면서 찬탄해 마지않았다. 그러면 남다른 배달겨레의 이상이란 무엇이었던가. 옛 조선의 널리 인간을 유익하게 함(弘益人間), 삼국시절의 환하게 밝게 다스리는 누리(和白), 고려의 반도강산을 하나삼는 나라이룸(統一), 한양 조선의 한

---

11) 최현배. 『우리말 존중의 근본 뜻』. 정음사. 1953, 54-55쪽.

12) 최현배. 『나라사랑의 길』. 정음사, 1958, 4쪽.

글 제정에서 보듯 겨레 문화의 따로섬(獨立)이었다.[13)]

그런데 현실은 어떠한가. 겨레 모두가 이런 이상들을 깊게 깨우치고 키워가지는 못하고 있다. 그러면 절망인가, 아니다. 원래 겨레의 이상은 우수한 분자로 말미암아 의식되고 인식될 따름이기에, 이들이 이 일들에 앞장서서 겨레 모두가 일깨워지도록 힘쓰면 반드시 될 수 있다고 외솔은 여겼다. 그러면 겨레의 넋을 일깨우는 연장은 무엇일까. 그게 바로 한글이라는 것이다. 왜냐하면, 한글은 우리 넋이 담겨져 있고, 겨레의 구성원이 모두 쉽게 배울 수 있기 때문이란다. 이래서 글자혁명에 의한 민중해방, 그리고 이에 비롯한 겨레의 발전이라는 외솔의 가장 귀한 논리가 나온다.[14)] 이 논리를 외솔은 이렇게 비유로도 든다. 겨레의 발전을 "사탕 소비량의 다소로써"보다는 "글자의 사용분량의 다소로써" 기해야 한다고.

2. 언어론

외솔은 1929년 『우리말본』의 첫째 매를 펴내면서 "우리말본"을 다 이루어서 이를 널리 폄은 자신의 한살이의 요긴한 포부이며 의무이자, 조선사람으로서 반만년의 겨레의 무궁한 발전을 기하면서 스스로 진 짐인 까닭이라 했다.[15)] 님이 종교나 예술이나 교육 등 다른 문화를 제쳐 놓고 하필 이 언어만을 그 짐으로 택한 이유는 무엇인가. 그것은 그의 언어관, 그리고 그것에 비롯한 한글관 때문이다. 그의 언어관, 한글관은 그의 거의 모든 저작에 깔려 있으나, 이것이 가장 짜임새 있게 다루어지고 있는 곳은 『한글갈』(1940)의 "한글의 세계 글자에서의 자리잡음"에서다.

외솔은 인류의 특징을 생물학적인 것과 인문과학적인 것의 둘로 나누면서, 생물학적 특징 중의 가장 두드러진 것을 꼿꼿서어걷기(直立步行)요,

---

13) 최현배. 『나라사랑의 길』. 정음사, 1958, 184-192쪽.

14) 최현배. 『한글의 투쟁』. 정음사, 1954, 11쪽.

15) 최현배. 『우리말본』(첫째매). 연희전문학교출판부, 1929; 김민수·하동호·고영근 편. 『현대한국문법대계』 제1부 제17책. 탑출판사, 1977, 머리말.

인문과학적 특징 중에서 가장 두드러진 것을 말을 지닌 데 있다(고 주장한다: 편저자 추가). 그러기에 "사람은 말을 가진 동물이다"고 논한다. 말은 사람의 떼뭉치스런(群團的) 생활의 필요에 의해 발생하지만, 이에 그치지 않고 그 같은 생활을 통해 더욱 피어남을 이루며, 또 그 말에 의해, 이제는 거꾸로 사람이 큰 영향을 받으며 문화를 창조해 간다. 그는 말을 이렇게 예찬하고 있다.[16]

> "곧 사람은 말로 말미암아 서로 사이의 사상의 교환, 감정의 융합을 꾀하게 되었다. 이 말로 말미암은 아낙스런 소통으로 말미암아, 사람은 시간적으로 앞사람의 경험과 지식을 받아 잇고, 공간적으로 이웃사람의 경험과 지식을 얻어 모으게 되어 이에 의식의 연속과 확장이 가능하게 되어, 세월의 흐름을 따라, 진화적 연령을 가지게 되어, 자꾸자꾸 피어나아 온 것이다."

그러나 말에는 한계가 넷 있다. ① 말은 소리로 된 것이기에 한 번 낸 소리는 그 순간에 사라지며, ② 사람이 낸 소리는 세력이 미약하여 먼 곳에는 미치지 못하는 등 공간적으로 제약되며, ③ 말은 단 한 번 뿐의 것이므로 그 내용의 어려운 것은 이를 되풀이 음미할 수가 없고, ④ 말은 다만 들음(聽覺)에만 호소하는 것이기 때문에 기억에 불리하다는 등이다.[17] 그래서 글자가 생기게 되었다. 글자란 무엇인가. 그것은 덧없는 소리말의 본 구실을 길이 지니기 위해 이를 움직이지 않도록 고정시키는 절차로서 만들어 낸 보람(符號) 바로 그것이다. 우리는 이렇게 글자로서 말이 갖는 제약성을 극복할 수 있다. 종류로는 ① 맺음글자, ② 그림글자, ③ 뜻글자, ④ 소리글자가 있고, 꼭 세계의 글자가 다 위와 같은 단계를 거쳐 피어나는 것은 아니지만, 그 내용으로 보면, 위와 같은 피어남의 계단이 있음은 분명하다.

한글은 어떠한가. 한글은 글자로서 세계에 으뜸가는 글자다. 외솔은 그

---

16) 최현배. 『고친 한글갈』. 정음문화사, 고친판 펴냄, 1982, 635쪽.

17) 최현배. 『고친 한글갈』. 정음문화사, 고친판 펴냄, 1982, 635-636쪽.

이유를 다음 넷으로 든다. ① 글자의 발달 계단으로 보아 가장 높은 발달 계단에 속해 있고, ② 소리내는 틀(發聲器官)을 본따서 만들었고, ③ 아예부터 민중교화의 귀한 사명을 가지고 났으며, ④ 내리글씨(縱書)와 가로글씨(橫書)와의 성능을 고루 갖추고 있기 때문이다.[18] 그래서 한글이야말로 온누리에서 가장 좋은 글자라는 게 외솔의 한살이를 지탱해 준 믿음이었다.

3. 한글운동론

외솔은 교육사상과 교육실천을 두루 갖춘 페스탈로찌 연구가답게 한글운동에도 이론과 실천을 두루 갖춘 사람이었다. 이제 우리는 그의 이런 모습을 밝혀 보기로 하자.

외솔은 한글운동을 우선 그 역사적 전망에서 시기구분을 하면서 접근한다. 그의 표현으로는, "한글쓰기의 번짐 역사와 한글 갈기의 피어남 역사"를 베풀면서 시작하는 것이다. 그는 그 시기를 여섯으로 구분한다.[19]

1. 한글 창제 시기: 세종 원년(1419)에서 세조 말년(1468)까지 한 50년 동안(15세기)
2. 한글 정착 시기: 성종 원년(1470)에서 선조 임진왜란 전(1591)까지 한 120년 동안(16세기)
3. 한글 변동 시기: 선조 임진왜란(1592)에서 경종 말년(1724)까지 한 130년 동안(17세기)
4. 한글 간편화 시기: 영조 원년(1725)에서 고종 갑오경장 전(1893)까지 한 170년 동안(18세기)
5. 한글 각성 시기: 고종 갑오경장(1894)에서 8·15해방 전(1944)까지 50년 동안(20세기 전반)
6. 한글 대성 시기: 8·15해방(1945)에서 무궁한 미래까지

위의 여섯 시기의 특징을 요약하면, 창제 시기는 임금이 직접 한글을

18) 최현배. 『고친 한글갈』. 정음문화사, 고친판 펴냄, 1982, 636-646쪽.
19) 최현배. 『고친 한글갈』. 정음문화사, 고친판 펴냄, 1982, 53쪽.

지어 쓰던 시기이요, 정착 시기는 양반 계급이 한글 쓰기를 비롯한 시기이요, 변동 시기는 한글이 양반 계급에서 평민의 손으로 옮아가기 비롯한 시기이요, 간편화 시기는 한글이 평민의 손에 만만히 쓰이던 시기이요, 각성 시기는 독립된 나라 정부가 백성과 함께 한글을 높혀 쓰기 비롯한 시기이요, 대성 시기는 모든 장애를 없이 해 버리고 자유로이 그 과학스런 성능을 발휘하는 시기이다. 한글운동은 아무 장애 없이 순탄하게 진행되어 왔는가. 장애가 많았고 또 앞으로도 많을 것이다. 그러니 그 발전을 위해 우리는 계속 애써야 한단다.

그럼, 이 운동을 어떻게 진행시켜야 할 것인가. 외솔은 일찍이 『한글의 바른 길』(1937)의 셋째 가름 "한글 운동의 본질과 발전"에서 이 문제를 다루었다. 여기에서 그는 한글운동은 왜 하며, 한글 운동의 강령(綱領)은 무엇이어야 하며, 한글 운동은 어떻게 전개되어야 하며, 한글 운동 발전의 근거는 무엇이며, 끝으로 뜻있는 사람들이 이 운동에 어떻게 협조해야 할 것인가를 아주 자세하게 밝혔다.[20] 그 내용을 요약해 보자.

왜 하나. 한글은 인류문화의 원동력인 언어의 하나이고, 특히 우리 민족 문화의 기초이고, 그래서 많이 써야만 하는 까닭이다. 강령은 무엇이어야 하나. ① 소리값(音價)대로 읽고 (보기, 다댜더뎌를 다쟈더져로 안 읽어야 한다), ② 말을 소리나는 대로 적고(천지를 텬티로 적지 말자), ③ 낱말(單語)을 확립시키고 「낮(晝), 낟(穀), 낯(顔)」, ④ 줄기(語幹)와 씨글(語尾)을 확립(먹다, 먹어, 먹으니)시키자는 것이다. 어떻게 전개되어야 하나. 연구를 활발히 하고 그 결과를 한글맞춤법 통일안 대중말(標準語) 사정, 마춤말광(綴字辭典) 편찬, 조선말 큰 말광의 편찬, 한글 가로글씨(橫書字體)의 제정, 조선말 소리와 온누리 소리표(萬國音聲記號)와 로마자와의 대조안을 만들기와 외국 고유명사 사전을 지으면서 연구결과를 통일하고, 이를 보급해야 한다. 왜 이렇게 할 수 있는가. 시대정신에 부합하며, 진리를 찾는 일이며, 이제 이 운동의 주체의 힘이 커졌으며, 우리에게 뜨거운 가슴이 있는 까닭이

20) 최현배. 『한글의 바른 길』, 조선어학회, 1937, 25-53쪽.

다. 뜻있는 분들이 우리를 도와줄 것은 무엇인가. 우리를 신뢰하고, 무리에게 많이 질문하고, 맞춤법을 애써 지키며, 이 운동을 헐뜯는 우리들의 중상이나 모략에 속지 않는 일이다.

광복 후 외솔은 한글운동의 최고지도자가 되면서 또 하나의 유언 형식으로 쓴 『우리말 존중의 근본뜻』(1954)에서 "국어 운동의 다섯 가지 목표"를 깨끗하게, 쉽게, 바르게, 풍부하게, 너르게로 잡아 그 실현을 다짐한다.[21] 보기들을 들면, 깨끗하게는 외국말을 지저분하게 끼워쓰지 않기이며, 쉽게는 家親, 嚴親, 嚴父, 椿府丈 따위 말보다 아비, 아버지, 아버님 등의 말을 쓰자는 것이요. 바르게는 맞춤법을 지키자는 것이요. 풍부하게는 낱말을 널리 많이 부리자는 것이요. 너르게는 법률, 공문서, 예식문 등에도 많이 들여오자는 것이다.

이처럼 외솔은 한글 운동을 조직적으로 논했다. 여기에서 우리는 학습 계획안을 정성스럽게 짜 나가고 있는 교사의 아름답고 귀한 모습 같은 것을 그에게서 발견한다.

4. 한글만 쓰기 주장

외솔은 한글만 쓰기 주장을 해 왔다. 그에 의해 만들어진 아름다운 우리말, 그에 의해 캐내어져 이제 널리 쓰이게 된 우리 겨레의 말들이 많다. 그러나 섞어 쓰기 주장을 해 온 사람들은 괴상한 우리말을 그가 만든 것처럼 들면서, 그의 주장 자체를 빈둥거림의 대상으로 깎아내리기도 했다. "날틀"(비행기), "배꽃 큰 계집 배움집"(이화여자대학교) 등이 그 대표적인 보기다. 이 두 낱말은 실은 외솔이 만든 말이 아니고 그 반대자가 만든 말이었다.[22] 외솔은 이따위 일반 통용성 없는 말까지 쓰자고 한 일은 없었다. 외솔은 우리말을 도로 찾기 위해 심혈을 기울였다. 그가 얼마나 이 일에 정성을 쏟았는가를 알아보는 가장 쉬운 보기로, 그의 『우리말 존중

21) 최현배. 『우리말 존중의 근본 뜻』. 정음사, 1953, 123-151쪽.

22) 외솔회. 『나라사랑』 제1집(외솔 최현배 박사 특집호). 정음사, 1971, 276쪽.

의 근본뜻』의 붙임(부록)을 들 수 있으리라. 이렇게 말하고 있다.[23)]

> "우리 배달겨레가 아직까지도 우리에게 찍힌 식민지 백성의 낙인인 왜말을 섞어쓰는 것은 참 지각이 부족한 부끄러운 짓이라 아니 할 수 없다. 우리는 하루바삐 이 더러운 때를 씻어 버리고, 우리말을 깨끗이 하자. 그러기 위하여 우리는 먼저 우리말을 도로 찾고, 또 우리말을 새로 짓지 아니하면 안 된다."

이 붙임에 나와 있는 아름다운 우리말을 몇 개만 골라 본다.

明渡 : 내 주기, 비어 주기
編上靴 : 목다리 양화
入口 : 들목, 들어가는 데
우동 : 밀국수
追越 : 쫓넘기, 제치기
케이블카 : 소리개차
構造 : 얽기, 얽음새
裁斷 : 마름질
確認 : 다짐, 굳힘
割箸(와리바시): 짜개젓가락

국한문 혼용주의에 대한 찬반론에서 그는 혼용주의자를 한자 중독자로 못박고, 또 한자 제한론까지 굳게 물리친다.[24)] 그럼, 외솔은 어떤 근거에서 한글만 쓰기를 주장했던가. 그것이 가장 잘 밝혀진 저작이 『한글만 쓰기의 주장』(1970)이다. "그 반대론자의 의혹을 풀어 밝힘"이라는 부제가 붙은 이 저작 중, 핵심적인 것은 첫째 가름 "한글만 쓰기의 주장의 까닭" 인데, 외솔은 그 까닭을 ① 교육의 진정한 효과를 겨누기 위하여, ② 기계화의 효과를 위하여, ③ 겨레문화의 창조적 발전을 위하여, ④ 글자 발달의 원리에 순응하기 위하여, ⑤ 시대정신의 요청에 응하기 위하여, ⑥ 겨

23) 최현배. 『우리말 존중의 근본 뜻』. 정음사, 1953, 169쪽.
24) 최현배. 『한글의 투쟁』. 정음사, 1954.

레의 독립자존의 정신을 기르기 위하여, ⑦ 겨레 중흥의 역사적 사명을 다하기 위하여라고 하고 있다. 이 첫째 가름의 결론에서 외솔은 “얼·말·글은 셋이면서 하나이다. 배달 겨레의 얼이 가는 곳에 말과 글이 가고, 말과 글이 가는 곳에 또한 얼이 간다”며,[25] “얼·말·글의 삼위일체성”을 강조하는데, 이것이 그의 한글만 쓰기 주장의 열쇠로 본다.

5. 한글 가로쓰기

외솔은 1922년부터 한글 가로쓰기를 주장했다. 이를 주장하는 젊은 그에게 시골 사람들은 글자는 성인(聖人)이 만든 것인데 젊은 일개의 학생이 그것을 고치려 든다니 말이 되느냐며 질책도 했다고 한다. 그러나 외솔의 주장은 최근의 글자의 기계화 추세에 비추어, 비록 그 완전 실현은 아직 요원하다 할지라도, 퍽 설득력이 있다. 그의 가로쓰기 주장은 『글자의 혁명』(1957)에 잘 담겨져 있다.[26] 이는 한자 안 쓰기와 더불어 그의 으뜸가는 생각 중의 하나다.

한글 가로쓰기란 무엇인가. 그의 정의대로, 하나는 오늘과 같이 낱내(音節)를 한 덩어리로 하되, 그것의 줄(行)을 세로줄(縱行)로 하지 말고, 가로줄(橫行)로 하는 것이요, 또 하나는 모든 글자를 그 낱소리(字母)로 풀어서 순전히 가로 벌려 쓰는 것이다. 첫째는 보통 우리가 말하는 횡서(橫書)인데, 둘째는 아래 받침까지도 가로씀(보기, ㅇㅗㄴㄷㅏ, ㄱㅏㄴㄷㅏ)을 말한다. 첫째는 이제 아주 널리 채택되어 있지만, 둘째는 아직 공식적으로는 채택되어 있지 않다. 그런데 외솔의 가로쓰기 주장에는 또 하나가 있다. 그것은 한글의 29개의 자모(字母)를 가로쓰기에 쉽게 몇 개 고치고, 그것들을 또한 큰 박음(大正), 작은 박음(小正), 큰 흘림(大草), 작은 흘림(小草)으로 고안해서 쓰자는 것이다. 말하자면 로마자 방식을 택하자는 것이다. 이 셋째의 주장은 애석하게도 이제 세인의 관심의 대상에서 멀어졌

25) 최현배. 『한글만 쓰기의 주장』. 정음사, 1970, 25쪽.

26) 최현배. 『글자의 혁명』. 군정청 문교부, 1947, 112-120쪽.

다. 그러나 글자 기계화 추세로 본다면 이 셋째 주장도 다시 부각되어야 할 것이다.

외솔은 가로쓰기 근거로 ① 가로글씨의 맞춤의 벌림은 소리의 나는 차례와 일치함, ② 쓰기가 쉬움, ③ 내리글보다 보기가 쉬움, ④ 박기(印刷)가 쉬움, ⑤ 읽기가 쉬움, ⑥ 오늘날의 맞춤법의 어려움을 많이 줄일 수 있음, ⑦ 자연스러움, ⑧ 학문상의 대세임, ⑨ 가로글로 통일함은 교육적임의 아홉 이점을 든다. 외솔의 소신은 죽음에까지 견지되며, 그 유고 『한글만 쓰기 주장』 중의 한글의 기계삼기(기계화) 서두르기에서 이렇게 말한다.[27]

> "한글의 빼어난 성능은 그것이 모든 문명 이기로 말미암아, 편리하고 신속하고 광범위하게 사용됨으로 말미암아 비로소 그 참값을 발휘할 수 있을 것이다. 사람마다 집집마다 사무실마다 한글타자기가 바쁘게 일하고 인쇄소마다 신문사마다 한글 모노타입, 한글 라이노타입이 쉴새 없이 돌아가게 되는 날, 한글은 그 눈부신 빛을 내게 되어 나라는 밝고 푸지고, 국민은 자유롭고 행복스럽게 될 것이다. 여기에 우리의 소망이 있고 우리의 자랑이 있다."

Ⅲ. 셋째 가름. 교육에 관련된 이론들

1. 민족교육론

외솔의 민족에 대한 사랑과 민족의 발전책에 대한 논리는 『조선민족 갱생의 도』에서 잘 볼 수 있다. 이 책은 외솔이 겨레를 구하는 길은 교육이론의 연구에서 찾고자 동래고등보통학교의 교편을 버리고 교토제국대학의 철학과에 입학하여 교육학을 전공하고, 졸업논문으로 "페스탈로찌의 교육사상"을 쓴 다음, 귀국 전 1년 동안 심혈을 기울여 민족교육의 문제를 생각한 것을, 1926년에 귀국하여 66회에 걸쳐 동아일보에 발표한 다

---

27) 최현배. 『한글만 쓰기의 주장』. 정음사, 1970, 282-283쪽.

음 책으로 엮어 낸 것이다. 그 근본 사상은 외솔 자신이 이 책의 머리말에서 밝히고 있듯이 다음과 같다.[28]

> "우리 조선민족이 이렇게 비참하게도 쇠잔에 빠진 것은 결코 단순한 자본주의라는 외적 사회조직 때문만도 아니요. 다른 민족이 왕성함도 결코 사회주의라는 외적 조직에 기인함도 아니다. 사회조직이야 여하히 변화된다 하더라도, 민족의 성쇠 부진이 있음은 면치 못할 것이다. 나의 신념에 의하면 사회조직의 여하를 막론하고 생기의 왕성한 민족은 흥할 것이요. 생기의 미약한 민족은 망할 것이다. 물론 인류의 사회는 세월과 함께 자꾸 합리적으로 진화 발전해 가야 한다. 그러나, 항상, 그 진화 발달하는 사회의 주인공의 영관(榮冠)을 잡을 이는, 반드시 그 생기가 횡일(橫溢)하고, 활동이 강렬한 민족일 것이다. 조선민족의 갱생 및 흥륭도 단순한 외적 세계의 수동적 변화에 기대할 것이 아니요. 차라리, 외적 세계의 변혁에 대한 능동적 분투, 창조적 활동에 말미암을 것이다. 조선 생명의 발동의 대도(大道)는 여기에 있는 것이다. 이것이 나의 소신이다."

우리는 그의 근본사상이, 문화의 발전은 우선은 그 민족의 지배적 소수자에 의한 민족적 자아의 발견을 터전으로 전개되어야 한다는 논리임을 알 수 있다. 자아의 발견은 자아의 부정적인 측면과 긍정적인 측면의 객관적인 인식, 그리고 이 인식을 토대로 한 자아의 실현을 위한 전망의 큰힘을 요구한다. 외솔은 이 책에서 바로 이런 작업을 수행했다. 겨레의 부정적 측면의 인식은 제1장 민족적 질병의 진찰, 제2장 민족적 쇠약증의 원인에서, 겨레의 긍정적 측면의 인식은 제3장 민족적 갱생의 원리에서, 겨레의 자아실현을 위한 큰 힘은 제4장 민족적 갱생의 노력에서 하고 있다.

민족적 질병을 그는 ① 의지의 박약함, ② 용기의 없음, ③ 활동력의 결핍함, ④ 의뢰심의 많음, ⑤ 저축심의 부족, ⑥ 성질이 음울함, ⑦ 신념의 부족함, ⑧ 자존심의 부족함, ⑨ 도덕심의 타락, ⑩ 정치 경제적 파멸의 열 가지로 진찰했고, 민족적 쇠약성의 원인을 ① 이조 5백 년간의 악정, ② 사상 자유의 속박, ③ 자각 없는 교육, ④ 한자의 해독, ⑤ 양반

28) 최현배. 『조선민족 갱생의 도』(1930년도판 번각본). 정음사, 1971, 7쪽.

계급의 횡포, ⑥ 번문 욕례의 누설(縷說), ⑦ 불합리·불경제의 일상생활 방식, ⑧ 조혼의 폐해, ⑨ 나이 자랑하기, ⑩ 미신의 성행의 열로 들었다. 이렇게 20개나 열거된 이 겨레의 부정적인 모습, 이것은 겨레의 새로 깨어남을 위한 터닦기이지 결코 겨레를 비웃기 위한 헐뜯기가 아니었음을 우리는 주목해야 한다. 사실 그는 이 쓰라린 고발을 하면서, 우리는 조선 사람이며, 조선의 산하와 그 반만년의 역사를 사랑하며, 그 장래에 대한 이상을 사랑하기에 그 위미(萎靡. 시들어 쓰러짐: 편저자 주)와 모욕도 가장 슬퍼해야 한다고 외친다.[29] 더불어 슬퍼하기 위함이지 떠나서 헐뜯기 위함이 결코 아니었다. 미리 말하거니와 바로 이런 점이 이광수의 『민족개조론』과 다른 점이다.

민족적 갱생의 원리를 그는 ① 민족적 생기를 진작하라, ② 민족적 이상을 수립하라, ③ 우리 민족의 시대적 이상을 파악하라, ④ 조선 민족의 특질, ⑤ 민족적 갱생에 대한 확고한 신념의 필요, ⑥ 일어날 듯한 비평에 대하여라는 여섯 항목으로 다루고 있다. 이 모든 항목에서 그는 이 겨레의 긍정적인 측면을 뜨거운 가슴으로 밝히려 든다. 한두 가지 보기를 들면, "조선 민족의 고유한 특징과 특장(特長)을 자유로 충분히 발휘하여, 항상 부단의 창조와 불휴(不休)의 개조로써, 인류의 영원한 진보와 문화의 항구한 발전에 기여 보비(補備)하여, 세계 진화의 기운에 참여하는 것이 곧 우리 조선의 민족적 이상"이라면서 이 겨레의 세계사에 이바지해야 할 개성적 몫을 노래하는가 하면,[30] 조선 민족의 아주 귀한 특질을 의적(意的) 방면으로는 홍익인간, 정적 방면으로는 예술적 천분, 지적 측면으로는 활자의 창조 등 두뇌의 명석함을 들며 자랑한다.[31]

이 겨레를 어떻게 발전시켜야 할 것인가. 외솔은 이것을 ① 신교육의 정신, ② 계몽 운동, ③ 체육 장려, ④ 도덕의 경장(更張), ⑤ 경제의 부흥, ⑥ 생활방식의 개선, ⑦ 민족 고유 문화의 발양(發揚) ⑧ 여론(餘論),

---

29) 최현배. 『조선민족 갱생의 도』(1930년도판 번각본). 정음사, 1971, 15쪽.

30) 최현배. 『조선민족 갱생의 도』(1930년도판 번각본). 정음사, 1971, 121쪽.

31) 최현배. 『조선민족 갱생의 도』(1930년도판 번각본). 정음사. 1971, 133-148쪽 참조.

⑨ 갱생 노력 방식의 아홉 항으로 밝힌다. 이 중 가장 주목되어야 할 것은 민족 고유 문화의 발양과 갱생 노력 방식으로 보인다. 외솔은 민족의 생명을 한 마디로 민족의 문화적 개성의 계승 발전으로 보았고,[32] 갱생의 방식은 겨레에 대한 사랑, 겨레 구성원 개개인의 꾸준한 노력, 그리고 3천만 개개 분자가 다 따라야 할 겨레의 문화적 개성의 계승 발전을 통한 겨레의 이상의 세계사적 실현의 논리라 하겠다.

2. 구국(救國)교육론

광복 전의 외솔의 교육론이 빼앗긴 겨레를 다시 찾아 키우자는 민족교육론이라 한다면, 광복 후의 그것은 이제 겨레를 찾고 엉성하게 나라를 세운 우리가 어떻게 이 나라를 다지고 키워 가야 할 것인가에 초점이 맞추어진 "나라 건지는 교육"(救國教育論)이 된다. 이에 관련된 문헌으로 우리는 그의 『나라 건지는 교육』(1963)에 수록된 "나라 건지는 교육"(1959), "진학문제에 대하여"(1962), "여러 가지"(1953)의 세 편의 논문과 전 9장 550쪽으로 짜여진 저작 『나라사랑의 길』(1958)을 볼 수 있다. 이 글들에서 그는 교육 전반의 문제를 다루고 있으며, 우리는 여기에서 그의 교육학자다운 명석한 교육의 논리에 접할 수 있다. 우리는 그의 구국적 교육론을 크게 학교교육론과 사회교육론의 둘로 나눌 수 있는데, 사회교육론은 다음 조각에서 따로 다루기로 하고, 이 조각에서는 학교교육론에 한정하고 그것을 이념면과 방법면의 둘로 나누어서 보기로 하자. 이념면은 나라 건지는 교육은 무엇이어야 하느냐의 논제를, 방법면은 나라사랑의 마음을 어떻게 길러야 할 것인가의 논제를 다루기로 하자.

우선 이념 면에서 보자. 외솔은 나라 건지는 교육이 왜 필요한가를 이 나라의 그릇된 현실의 분석에서 시작한다.[33]

32) 최현배. 『조선민족 갱생의 도』(1930년도판 번각본). 정음사, 1971, 220쪽.

33) 최현배. 『나라 건지는 교육』. 정음사, 1963, 11-12쪽.

"… 오늘의 형편으로는, 우리 겨레의 나라 되세우는 사업은 뜻같이 잘되어 간다고 말할 수 없음은 천추의 유한이 아닐 수 없다. 광복된 한배 나라는 민주주의의 나라로 스스로 세웠고, 세계적으로 승인을 받았고, 또 세계적으로 원조도 받고 있건마는, 나라 안에서는 비민주주의스런 기운으로 꽉 차 아 있음은 사실이라 아니 할 수 없다. 나라 조직의 기본인 헌법은 제 형편 좋을 대로 경경히 다뤄지어, 멋대로 뜯어 고치어지고, 그대로 있는 것도 그 첫 조목부터 잘 지키어지지 않으며; 입법의 권한을 가지고 있는 국회의원은 제가 세운 법률인즉 제 스스로 안 지켜도 괜찮은 것으로 알고 있으며, 국회의 의사는 나라일보다 제 당의 이익을 위하여 편안한 날이 없이 다투고만 있으며; 선거는 번수를 거듭할수록 더욱 비민주, 무법, 부도덕의 죄악상을 나타내고 있으며; 정치인의 무절조, 비양심, 몰염치의 추태는 국민의 깊은 실망을 사고 있으며; 관권의 횡행은 민주주의를 도살하고 말 위험에 빠지어, 세계인의 눈에 비친 인상은 "경찰 나라" 또는 "장미꽃이 피어날 수 없는 시궁창"이라는 악평을 사고 있으며; 사회는 혼탁하고 도덕은 타락하고 인심은 악화하여 사기, 절도, 강도, 살인, 소매치기, 날치기의 거짓과 우악이 항다반사이며, 열철(十代)의 소년이 가진 행악을 저지르기 예사이며, 남편이 그 안해를 때려죽이고, 안해가 그 남편을 독살했다는 신문 기사가 하루에 몇씩이며 …"

꼭 28년 전의 이 나라의 꼴이 어쩌면 꼭 오늘 같을까? 차마 이 이상 부끄러워 인용을 못하겠다. 이같은 나라꼴을 어떻게 바로 잡아야 할 것인가. 외솔은 어린이에게 ① 각자 일할 몫을 갖고 그것을 통해 경제적으로 자립하며 이바지도 할 수 있는 생활능력의 교육, 근로 생산의 교육, ② 경쟁이나 분열보다는 남과 어울려 일하는 화합 협동을 길러내는 교육, ③ 이기주의에 사로잡힌 노예 상태에서 해방된 자유인, 바침과 섬김의 사람을 길러내는 교육, ④ 지역사회나 나라의 참된 요구에 맞는 교육, ⑤ 사람, 사람됨의 가치, 사회, 문화, 나라, 국제 사회의 평화를 사랑하는 마음을 기르는 도덕교육의 다섯을 안겨 줄 것을 다지자 한다. 그러나 이 중에서 무엇이 가장 중요한가. 외솔은 "그중에도 도덕교육이 가장 으뜸이 되는 것이다. 도덕교육은 사람 만드는 교육이니, 사람만들기는 곧 교육의 전체의 목적이다"고 갈파하면서[34] 페스탈로찌 교육학 체계 안에서의 도덕교육 우위적 삼육론(三育論)의 이념을 절규한다.

나라사랑의 마음은 어떻게 길러야 할 것인가. 외솔은 『나라사랑의 길』의 셋째 가름에서 이것을 ① 산천의 미(美)와 인정의 미를 돋구라, ② 만민에게 나라의 혜택을 입힐 것-민복을 꾀하라, ③ 백성의 생명, 재산을 보호하며, 자유를 보장하라, ④ 제 나라의 문화를 이해시키라, ⑤ 제 나라의 풍토, 경치, 고적, 풍속, 습관, 문화에 친숙하게 하라, ⑥ 백성으로 하여금 생기를 왕성히 하고 이상(理想)을 높이하게 하라, ⑦ 나라 사랑의 교육이라는 일곱 조각으로 논한다. 이 일곱 조각 중에서 특히 우리의 주목을 끄는 귀한 말은 이상의 높음과 인격의 높음의 연관성을 논한 다음 글이다.[35]

> "또 그 백성의 이상이 높을 것 같으면, 제 스스로의 인격의 값어치를 중하게 치기 때문에, 구지분한 부정한 일이나 아람치(私事)만을 꾀하기를 일삼지 아니하고서, 원대한 생각과 점잖은 태도로써, 사람을 사랑하고 나라를 사랑하여, 이를 기르고 이를 번지게 한다."

외솔의 구국교육론의 핵심은 이처럼 나라의 이상의 설정과 이에 또한 어린이 각자의 인격적 각성의 교육으로 보인다.

3. 사회교육론

외솔은 페스탈로찌의 교육이론의 연구가답게 사회교육에 대해 남다른 관심을 가졌고 또 이에 대한 이론도 지녔다. 해적이에 나타나 있듯이 그는 일찍이 지방유지를 규합하고 출자시켜 공동상회를 만들어 지방민의 경제적 복지를 위해 힘썼고, 흥업구락부 사건에 연루되어 연희전문학교 교수직을 강제 해임당하고 있고, 한글의 보급을 위해 전국의 각종 강습소를

34) 최현배. 『나라 건지는 교육』. 정음사, 1963, 87쪽

35) 최현배. 『나라사랑의 길』. 정음사, 1958, 131쪽.

뛰어다니기도 했다. 온 사회 성원을 대상으로 온 사회 안에서 이루어지는 평생교육, 이것을 사회교육이라 한다면, 일제시대에는 외솔만큼 이에 대한 이론을 갖춘 사람도 드물다.

그는 일찌기 『조선민족 갱생의 도』의 끝 부분 "갱생 노력의 방식"에서 겨레의 개개인이 각각 다종 다양한 몫을 수행하기 위해, 뜻을 같이하는 사람들끼리 모여 다종 다양한 단체에 가입할 것을 권장하고 있는데, 그가 이 자리를 빌려 들은 단체들은 참으로 다음 20여 가지에 이르고 있다.[36]

> "학교, 학술연구회, 청년회, 소년군, 학생회, 세육회, 생활개선회, 노동야학회, 신문사, 잡지사, 인쇄소, 도덕진흥회, 수양회, 교육연구회, 실업회사, 생산공장, 국산장려회, 조선어연구회, 소비조합, 사회개조운동단, 과학정신진흥회, 소작인조합, 노동조합, 각종의 동업자조합, 기타 무엇무엇."

『나라 건지는 교육』의 결론도, 우연일는지는 모르지만, 바로 사회교육론으로 되고 있다. "이러한 사랑의 교육은 그 시작은 학교 교육에서 하겠지만, 그 완전한 달성은 각 개인이 종신토록 끊임없이 정진하는 자기교육으로써만 가능할 것이다"라는 종신적인 자기교육을 강조하는 글로 끝을 맺고 있기 때문이다. 그러나 사회교육에 대한 조직적인 논설은 『나라사랑의 길』의 일곱째 가름 '거짓과 우악', 여덟째 가름 '재건과 발전'에 보인다.

외솔은 이 사회의 거짓과 우악을 사실적으로 분석하는 데서 사회교육론을 연다. 이 사회에는 각 방면으로 거짓이 들어찼다. 그중에서도 첫째가는 것은 거짓 애국자가 많음이며, 다음은 공무원의 거짓, 교육자의 거짓, 세무원의 거짓, 군인의 거짓, 경찰의 거짓, 사법관의 거짓, 금융 기관의 거짓 등이다. 거짓뿐인가. 선거도 부정 투성이이다. 5·15부통령선거, 8·13지방선거 등이 그것이다. 또 얼마나 사회적 범죄가 많은가. 공무원의 범죄, 일반 사회인의 범죄, 교육자의 범죄, 학생의 범죄 등 이루 헤아

36) 최현배. 『조선민족 갱생의 도』(1930년도판 번각본). 정음사, 1971, 226쪽.

릴 수 없이 많다. 또 왜 이렇게 사회가 괴상하게 돌아가는가. 꿍꿍이(사바사바) 제일주의, 뒷받힘(빽) 제일주의, 가짜의 세상이 그것이다.

그러면 이같은 거짓, 부정, 우악, 괴상함의 원인은 무엇인가. 36년간의 일제하의 억눌렸던 생활, 8·15해방 후의 혼란, 6·25동란, 그릇된 정치관념, 공무원의 박봉, 민주주의의 미성숙 등이다. 이런 현실을 어떻게 시정해가야 할 것인가. 농립업의 건설, 수산업의 건설, 광업의 건설, 공업의 건설, 전기업의 건설, 운송업의 건설, 그리고 이 모든 건설을 뒷받침하는 교육의 건설일 수밖에 없다. 어떤 교육으로인가. 각 사람이 곧은 뜻을 품고 모든 일터에서 성실하게 살면서 자신의 몫을 다하는 교육에서다. 『나라사랑의 길』의 다음과 같은 결론이 외솔의 사회교육론의 열쇠로 보인다.[37]

> "각자가 나 혼자만이라도 곧은 뜻을 품고 바른 길을 걸어, 앞닥치는 장애와 고난과 싸우면서 나아가서 내 겨레, 내 나라를 건지겠다는 마음을 먹을 것 같으면, 또 그러한 사람이 모든 단체에나 기관에나 사무실에나 학교에나 관청에나 회사에나 은행에나 한 사람씩만이라도 있다면, 그 단체, 그 기관, 그 사무실, 그 학교, 그 관청, 그 회사, 그 은행이 바른길로 인도되고, 나라와 겨레가 생명과 소망을 얻고, 자유와 생명을 누리게 될 것임을 그대들은 믿어야 한다."

외솔이 든 사회교육의 내용은 이루 말할 수 없이 많다. 번문 욕례의 폐지, 조혼제도의 폐지, 미신의 타파 … 등이 그것이다. 이 하나하나를 외솔은 논리정연하게 논한다. 보기를 미신타파에서 들면, 우리가 타파해야 할 미신으로 근본적 원리를 갖춘 것은 오행설(五行說), 음양팔괘설(陰陽八卦說), 숙요설(宿曜說)의 셋인데, 오행설은 우주의 만물은 금목수화토의 5요소의 조화로만 보는 점에서, 음양팔괘설은 음양의 변화라는 자연적 현상을 인간사에 남용하는 점에서, 그리고 숙요설은 별의 운행과 변화로 인간사를 점치는 점에서 비과학적이고 불합리하다는 것이다.[38]

---

37) 최현배. 『나라사랑의 길』. 정음사, 1958, 549쪽.

이처럼 외솔의 사회교육은 사회의 온 성원을 대상으로 온 생활의 마당에서 온 생애를 통해 이루어지는 삶의 개선의 교육론이라고 특징지을 수 있다.

4. 국어교육론

최근에 교육이론으로 크게 부각된 분야가 교과교육학(教科教育學)이다. 이는 각 교과의 교육이론으로서 ① 그 교과가 왜 가르쳐져야 하는가, 즉 그 교과가 인간형성이라는 교육에 어떤 고유한 몫을 차지해야 하는가의 문제를 생각하는 교과교육 목적론(教科教育 目的論), ② 그 교과교육이 어떤 문제를 안으면서 어떻게 발전하여 왔으며, 그 발전의 역사는 현재의 문제를 푸는 데 어떤 시사를 주는가의 문제를 생각하는 교과교육사(教科教育史), ③ 그 교과에는 적어도 어떤 것들을 어떤 비율로 짜 넣어야 하는가의 문제를 다루는 교과교육 내용론(教科教育 內容論), ④ 그 교과의 내용들을 어떻게 가르쳐야 할 것인가의 방법을 다루는 교과교육 방법론(教科教育 方法論), 그리고 끝으로, ⑤ 그 교과교육을 어떤 행정적 지원이나 조직으로 수행해야 할 것인가의 문제를 생각하는 교과교육 체제론(教科教育體制論)의 다섯으로 짜여진다. 그런데 이 교과교육학은 "교과의 학"이기도 하고, "교육의 학", 즉 보기를 국어교육에서 든다면 "국어교육학"은 "국어의 학"(국어학)이기도 하고 "교육의 학"(교육학)이기도 하기 때문에 두 학문의 맞물림(交接) 분야가 되고, 따라서 다루기가 어렵고 다루어야 할 분야가 많다. 그러기에, 이 두 학문으로부터 다 경원시 되거나, 이것은 특히 유감스러운 일인데, 두 학문이 다 이 교과교육이라는 분야를 하나의 학문적인 전공으로 인식하려 들지 않기에 그 자리를 제대로 찾는 데 많은 어려움을 겪고 있다. 사실, 교원양성 과정에서는 세일 중요한 과목이 되어야 한다고들 말은 하면서도, 학문적으로 또는 위와 같은 어려움, 인식의

---

38) 최현배. 『조선민족 갱생의 도』(1930년도판 번각본). 정음사, 1971, 99쪽.

부족으로 타분야에 비해 극히 떨어져 있는 것이 이 교과교육학이다.

우리는 이제 외솔의 업적을 "국어교육학"적 측면에서 살펴보고 평가해야 할 차례다. 미리 알아 두어야 할 것은, 외솔은 국어학자이며 동시에 교육학자이기에 국어교육학자가 되기에 가장 알맞은 학문적 배경을 지닌 사람이라는 것이다. 그런데 그는 오로지 국어학에 매진했다. 그렇지만 그의 타고난 교사로서의 자세 때문에, 국어교육에 대해서 많은 관심을 가졌고, 그것이 국어교육학 건설의 계기를 마련하기도 했다. 외솔의 『환갑기념논문집』(1954)에 박창해 님의 "국어교육론 서설"이 이 방면으로는 유일하게 담긴 것도 이런 면을 잘 밝히고 있다. 박창해 님은 이 논문에서, 국어 교육론의 입장, 국어교육론의 발전, 국어교육의 목적을 밝히면서, 외솔은 특히 "민족이 민족다워지고, 국민이 국민다워지는 것은 모국어를 사랑할 줄 알고, 모국어로 바른 사고방식을 가지며, 올바른 표현방식을 갖추게 하는 것"은 국어교육의 몫인데, 이 면에서 외솔은 큰일을 했다고 평가하고 있다.[39] 그러나 박창해 님은 국어교육학의 이론의 뼈대를 미국이나 유럽의 것을 이용하여 국어교육론 일반을 다루고 있어, 우리로서는 외솔의 이론 자체를 위와 같은 다섯 가지 시각에 의해 보다 미시적 분석적으로 볼 필요를 느끼게 한다.

국어교육 목적론 : 외솔은 특히 이 면에 많이 언급하고 있다. 얼·말·글의 삼위일체성이란 그의 논리는 우리가 앞서 본 바 있지만, 그는 이 논리에서 한국의 얼을 지닌 한국인을 키워가는 데 국어교육이 아주 중요하다고 여러 군데에서 역설하고 있다. 그 대표적인 것은 『우리말 존중의 근본뜻』의 다음 머리말의 첫 부분이다.[40]

> "배달말(韓國語, 韓語, 朝鮮語)은 배달겨레의 상징이며, 배달 정신의 표현이며 배달 문화의 총목록이다. 우리는 겨레를 사랑하며, 또 그 문화를 사랑

39) 박창해. "국어 교육론 서설". 『최현배 환갑기념 논문집』, 1954, 111-112쪽.
40) 최현배. 『우리말 존중의 근본 뜻』. 정음사, 1953, 5쪽.

하며 따라서 그 말을 사랑한다.
우리가 배달말을 사랑함은 단순한 감정의 문제가 아니라, 첫째 사람되기 위하여, 다음엔, 제 조상의 문화 창조의 역사적 생활을 받아 잇기 위하여, 다음엔 자손에게 정당한 문화스런 재산을 끼쳐 주며 아울러 문화 창조의 바른 길을 열어 주기 위하여, 그리하여 영구한 발전과 복락을 누리게 하기 위하여, 우리는 겨레말을 사랑하는 것이다."

겨레말을 갈고 닦기 위해 8년간이나 전공한 "교육학"을 버렸다. 하지만, 위의 글은 국어교육학의 목적을 간략하나마 포괄적으로 잘 담고 있다. 가로되, 국어교육의 목적은 인격형성, 겨레의 문화의 계승·발전이다.

국어교육사 : 우리 국어는 어떻게 발전하여 왔는가를 보는 일은 우리 국어가 어떻게 국민들에게 쓰여져 왔고, 오늘날의 국어교육의 문제를 어떻게 풀어야 하나의 문제를 푸는데 열쇠가 된다. 외솔은 바로 이런 작업을 했고, 그것이 그의 대표작 『한글갈』의 둘째 가름의 "한글 쓰기의 번짐(한글 사용의 발전)=한글 발전 역사"다. 그는 이곳에서 한글 창제시기, 한글 정착시기, 한글변동시기, 한글 간편화 시기, 한글 각성 시기, 한글 대성 시기의 여섯으로 한글 쓰기 번짐의 역사를 조망한다. 이런 조망에서 그가 오늘날의 국어교육의 과제로 강조하게 된 것이 "한글만 쓰기"와 "한글 가로풀어쓰기"이었음은 누구나 다 아는 일이다.

국어교육 내용론, 국어교육 방법론, 국어교육 체제론에 대한 외솔의 글은 위의 국어교육 목적론과 국어교육사에 비해 별로 다듬어진 것이 없다. 그러나 이 방면에서의 실천은 남달리 많았다. 내용 면으로는 "우리말본"을 아주 중시했다는 것, 방법면으로는, 우리말을 깨끗하게, 쉽게 바르게, 풍부하게, 너르게 쓰사는 운동을 제창, 실천했다는 것, 그리고 체제 면으로는 문교부 편수국장으로 있으면서 좋은 교과서 만들기에 힘썼고, 특히 자신은 "우리말본" 교과서를 직접 쓰는 등 국어교육의 발전을 위한 행정, 지원에 앞장섰다는 것을 들 수 있으리라. 끝으로, "국어 말본을 가르치는

이들에게"(1960)의 한 구절을 읽으면서 외솔의 국어교육학적 감각을 음미하자.[41]

> "사람의 말배우기의 참스러운 과정은 결코 낱말낱말의 뜻매김(定義)을 듣고서 그 말을 깨치는 것이 아니요. 무슨 말을 배우든지, 항상 그 경우 경우에 따라 사용되는 말을 많이 듣고 또 제(自己)도 많이 씀으로 말미암아 능히 완전히 그 말씨를 달통하는 것이요, 결코 하나하나의 낱말을 이론적, 논리적으로 뜻매김을 거쳐야만 그 뜻을 배워 아는 것은 아니다. 따라서 말씨 교육은 바른 말, 바른 글을 많이 읽고, 많이 쓰도록 함에 최선의 방법이 있는 것이다."

5. 페스탈로찌 교육 사상의 체계화

외솔은 우리나라의 최초의 히로시마고등사범학교 유학생, 교토대학 유학생이자, 또 한국사람으로는 최초로 페스탈로찌 연구로 이 교토대학 철학과에서 학사학위(1925년, 32살)를 취득했다. 그 논문 제목은 "페스탈로찌의 교육사상"이다. 이 논문은 원래 페스탈로찌의 교육사상을 이념, 방법, 그 의미로 나누어 체계화하자는 것이었고, 또 그렇게 많이 준비하였지만, 대학에서의 자수 제한(25,000자) 때문에 부득이 이념 부분만을 다듬어 낸 것이었다. 원래 일본어로 작성했기에 아직 그 원문이 우리나라에서는 발간되지 못했으나, 그 번역이 『나라 건지는 교육』의 넷째 매에 수록되어 있다. 이 논문은 페스탈로찌의 저작 중에서 주로 『숨은 이의 저녁노을』, 『게르트루트의 자녀 교육법』, 『린하르트와 게르트루』 그리고 『인류의 발전과정에 있어서의 자연의 과정의 연구』를 읽으면서, 그 속에 흐르는 사상을 나토르프(P. Natorp)의 『페스탈로찌의 이상주의』, 핀로헤(A. Pinloche)의 『페스탈로찌』, 고니시(小西重直)의 『페스탈로찌의 종교교육』 등을 참고하면서 여섯 가름으로 그 사상을 체계화한 것이다. 그 내용을 요약하여 본다.

---

41) 최현배. 『나라 건지는 교육』. 정음사, 1963, 121쪽.

첫째 가름. 페스탈로찌의 교육학의 기초 : 페스탈로찌에게 한 조직적 교육학이 있느냐? 물론, 그 스스로가 그 교육 사상에 하나의 조직을 주어서 한 책을 낸 일은 없다.[42] 그러나, 그의 사상 방면 그것에는 원래 하나의 체계를 가지고 있는 것이다. 이 논문은 바로 이 체계를 살펴보자는 것이다.

둘째 가름. 교육의 뜻과 목적 : 교육이란 무엇인가? 생각하기, 느끼기, 행하기 곧 머리의 힘, 마음의 힘, 손의 힘, 또는 자연스런, 도덕스런, 신체스런 힘을 아낙으로부터 고루 피어나게 하는 일이다.[43] 그러나, 이 세 힘 중에서 가장 중요한 것은 하나님을 믿음으로써 얻어지는 도덕적 힘이다.

셋째 가름. 교육의 가능성과 한계 : 사람의 성질은 착하다. 그래서 이런 착한 사람을 키워 좋은 사회를 만들 수 있다. 그러나 착한 성질도 환경이 나쁠 경우 잘 피어나지 않는다.[44] 여기에 교육의 가능성과 한계성이 있다.

넷째 가름. 교육의 필요성 : 사람을 자연대로 내버려 두면, 절로 게으름, 무식, 무사려, 무기력, 탐욕을 면하지 못한다. 그래서 사회는 그 분자에게 사회스런 교양을 주지 않으면 안 된다. 그런데 인문주의자들을 소수인의 고등 도야만 힘썼다. 사람의 일반 도야를 목적으로 삼아 빈민교육을 비롯한 것은 페스탈로찌로써 첫째 군(第一人者)으로 삼아야 한다.[45]

다섯째 가름. 교육의 마당 : 교육의 마당은 가정, 학교, 사회로 나뉜다. 가정은 그 자연스러움으로 온갖 참된 교육의 영원한 기초이고, 학교는 다수의 아동을 대상으로 가정에서 행한 정신을 지니고, 가정에서 준 지식을 증진시키는 곳이고, 사회는 "생활이 도야한다"는 원리에 입각하여 민중을

42) 최현배. 『나라 건지는 교육』. 정음사, 1963, 172쪽.
43) 최현배. 『나라 건지는 교육』. 정음사, 1963, 178쪽.
44) 최현배. 『나라 건지는 교육』. 징음사, 1963, 181쪽.
45) 최현배. 『나라 건지는 교육』. 정음사, 1963, 184쪽.

대상으로 교육을 해야 한다.[46)]

여섯째 가름. 교육의 원리(합자연성) : 페스탈로찌의 교육방법의 원리는 ① 자발성의 원리, ② 참스러운 첫점(始點)에서의 출발, 결함 없는 진행, 전체에서의 완결하기(마무리하기)의 세 단계로 짜여지는 방법의 원리, ③ 인식의 절대적 기초로서의 직관의 원리, ④ 모든 힘의 형평의 원리, ⑤ 교육의 작업을 공동으로 수행하는 사회의 원리의 다섯으로 마무리할 수 있다.[47)]

외솔은 이렇게 페스탈로찌 교육사상을 이 논문에서 체계화하려 했다. 그리고 그의 페스탈로찌 연구는 애석하게도 이것으로 끝났다. 그러나 외솔의 이같은 시각에 의한 연구는 오사다(長田 新)에 의해 『페스탈로찌 교육학』(1934)으로 외솔의 논문이 나온 9년 뒤에 완성된다.[48)]

외솔의 페스탈로찌 연구는 이처럼 한국인으로서는 처음이며, 체계화하려 했으며, 분석적으로 다루었으며, 특히 교육을 통해 이상사회를 실현시키려는 사회적 이상주의의 교육학의 발상에 의거해서 이루어졌다는 뜻에서 연구사적으로 고전적 평가를 받아 마땅한 것으로 보인다.

Ⅳ. 넷째 가름. 맺는 말 - 외솔 사상의 틀

외솔은 교육학자로 출발했지만, 겨레의 얼이 담긴 한글을 갈고 닦기 위해 한글학자의 길로 나서 이면에 빛나는 업적을 남겼고, 교육적 저작도 많이 남겼다. 한글 학자로서의 그의 업적은 학문적으로 계승, 평가되고 있지만, 교육학자로서의 그의 업적은 애석하게도 별로 계승, 평가되지 못하고 있다. 그래서 이 면을 밝혀 보고자 했다. 단, 그의 교육 관련 이론들

46) 최현배. 『나라 건지는 교육』. 정음사, 1963, 189쪽.
47) 최현배. 『나라 건지는 교육』. 정음사, 1963, 213쪽
48) 長田 新, 『페스탈로찌 교육학』. 岩波書店, 1934, 370쪽.

을 그의 문화 관련 이론들과 밀접 불가분인 것으로 여겨, 그의 교육이론 분석에 앞서 그의 문화이론을 살펴보았다. 우리는 그의 문화 관련 이론들을 ① 배달겨레 발전론, ② 언어론, ③ 한글운동론, ④ 한글만 쓰기 주장, ⑤ 한글 가로쓰기로, 교육 관련 이론들을 ① 민족교육론, ② 구국교육론, ③ 사회교육론, ④ 국어교육론, ⑤ 페스탈로찌 교육사상의 체계화에 초점을 맞추어 분석하여 보았다. 이제 우리는 이러한 외솔의 사상들을 뒷받침하고 있는 틀의 기둥이 무엇인가를 교육철학적 시각에서 밝히며, 아울러 그의 교육사상이 어떻게 앞으로 제자리를 굳게 찾도록 힘써야 할 것인가를 다짐하면서, 이로써 맺는 말로 삼기로 하자.

그의 사상들의 틀을 뒷받침하고 있는 기둥은 ① 겨레사랑, ② 얼·말·글의 삼위일체성, ③ 문화의 기초로 삼는 언어관, ④ 국민대중 교육관, ⑤ 도덕의 기초로 삼는 종교관, ⑥ 겨레의 이상 정립·실현이며, 우리가 그의 교육사상을 자리잡게 할 터는 ⑦ 기독교적 민족주의 교육론이다. 이 중 ③, ④, ⑤는 그가 교육학자로서 연구한 페스탈로찌의 기본사상이다.

1. 겨레사랑

겨레란 피와 문화를 함께 한 단체라고 외솔은 말했고, 이 겨레를 사랑하고 키워 나갈 것을 한살이의 몫으로 삼았다. 인류학에서는 인류를 인종과 민족의 둘로 유별한다. 인종은 피부, 모발, 코, 눈, 얼굴의 윤곽, 두형, 신장 체격 등 신체적 형질의 특색들로 나눈 개념이고, 이에 비해 민족은 의식주의 생활양식, 풍속, 습관, 종교, 언어 등 문화적 특색들로 나눈 개념이다.

외솔은 신체적 특질을 피로, 문화적 특질을 문화라고 짧게 말했다. 그는 겨레의 본질을 이렇게 정확하게 파악했다. 그러나 우리가 더욱 주목해야 할 것은, "민족은 주어진 불변의 실체가 아니고 성장·발전하는 생명체이다"[49]라는 민족주의의 대명제를 그가 받들고, 쇠잔해 가고 있는 민족의 소생에 힘썼다는 점, 즉 민족의 갱생이라는, 크게는 교육의 길로 삶을 일관했다는 점이다.

2. 얼 · 말 · 글의 삼위일체성

말과 글 속에 얼이 깃들고, 거꾸로 얼은 말과 글로 더욱 일깨워진다. 그럼, 글과 말과의 관계는 어떤가. 이 둘 역시 소리와 붓으로, 이렇게 표현방법은 다르지만 서로 도움을 주면서 발전한다. 외솔은 이 셋을 하나로 보고 이 셋을 고루 가꾸고자 했다. "배달겨레의 얼이 들어가는 곳에 말과 글이 가고, 말과 글이 가는 곳에 또한 얼이 간다"는 그의 말이 단적으로 이를 말한다. 그래서 그는 민족의 얼이 일깨워지는 곳에 반드시 말의 갈고 닦기와 글자의 혁명이 따라간다는 것을 여러 나라의 보기를 들면서 밝히려 했다. 이로써 외솔은 민족주의가 정치적 민족주의로 흘러 침략주의, 독재주의, 배타주의 등으로 타락하는 것을[50] 막는 문화적 민족주의로 아름답게 커 나가기를 바랐다.

3. 문화의 기초로 삼는 언어관

문화는 의식주의 생활양식, 풍속, 습관, 종교, 언어 등을 넓게 포함하는 개념이다. 그러나 이 문화의 구성요소 중에 가장 중요한 것은 무엇인가. 그것은 바로 언어다 하는 것이 외솔의 언어관이며, 이것은 실은 페스탈로찌의 생각이기도 하다. 페스탈로찌는 "문화의 기초로서의 언어"(1799)에서 이렇게 말한다. "언어는 겨레가 자연으로부터 얻은 이 세상의 모든 것을 표현하는 방식으로, 실은 나 자신을 있게 하는 증거다. …… 우리가 아이들에게 읽기를 가르치는 것은 실은 그것을 통해서 이 겨레가 그 말로 담아 온 것을 가르치는 일이 된다. …… 그래서 우리는 언어가 이 겨레의 문화를 가르치는 가장 귀한 수단임을 알 수 있다."[51] 그래서 교과 중에서

---

49) Hans Kohn. *The Idea of Nationalism*, Toronto: Collier-Macmilan, 1969, p. 6.
50) 장진교. 『민족교육의 전개』. 1974, 72쪽. "민족주의 위험성" 참조.

가장 중요한 것이 언어(국어)가 되며, 이 생각 역시 외솔이 평생 굳게 잡은 사상의 하나가 된다.

4. 국민대중 교육관

페스탈로찌는 민중을 국가나 겨레를 구성하는 가장 중요한 층으로 보고, 이 민중의 각성을 교육의 큰 과제로 삼았다. 물론 개개인의 인간적인 각성은 교육의 대전제다. 그러나 민중의 각성은 이보다 더 중요하다. 이 민중의 각성만이 새 역사를 여는 열쇠다. 그래서 페스탈로찌는 "민중(온 계층)의 전면적 각성"(Allwachen des Volkes)을 "어느 특정 계층의 외로운 각성"(Alleinwachen seiner einzelnen Klassen)보다 우위에 놓았다.[52] 이래서 페스탈로찌는 상류계층만의 교육을 민중(온 계층)의 교육으로 전환시켜 교육의 역사에 코페르니쿠스적인 전환을 이룩한 사람이 되었다고 평가받고 있다. 남녀노소를 막론한 온 겨레의 성원을 대상으로 하는 교육, 외솔이 페스탈로찌 연구에서 강조한 "교육의 세 마당"(가정 · 학교 · 사회)의 생활의 교육이 이것이다.

5. 도덕의 기초로 삼는 종교관

페스탈로찌는 머리, 가슴, 손, 또는 지적인 힘, 정서적인 힘, 기능적인 힘, 또는 지육, 덕육, 체육의 조화로운 발전을 교육으로 보았다. 이것을 그의 삼육론(三育論), 혹은 조화적 발전론이라 한다. 그러나 우리가 여기에서 주목해야 할 것은, 이것이 세 힘의 비중이 같아야 한다는 뜻은 결코

---

51) Die Sprache als Fundament der Kultur. *Pestalozzi. Sämtliche Werke* (Bd. 13). Hrsg. von A. Buchenan, E. Spranger, H. Stettbacher. Berlin: Walter de Gruyter & Co, 1932, S. 54.

52) Wach auf, Volk! *Pestalozzi. Sämtliche Werke* (Bd. 12). Hrsg. von A. Buchenan, E. Spranger, H. Stettbacher. Berlin: Walter de Gruyter & Co, 1932, S. 293.

아니라는 것이다. 한 교향곡 속에는 여러 가락이 있고, 이것이 조화를 이룬다. 그러나 모든 가락은 첫 악장에 제시되는 기본가락이 변주된 것이거나 그것을 돋보이는 가락이다. 이 기본가락에 해당하는 것이 바로 덕육이다. 그럼 진정한 덕육은 무엇에 근거하는가. 페스탈로찌는 이것을 종교로 보았다.[53] 종교는 인간을 마음의 평화, 이웃에 대한 사랑, 그리고 영원의 세계로 인도하기 때문이다. 외솔의 민족 이상론이나 도덕교육론도 이러한 종교적 감각에서 나온 것이다.

6. 겨레의 이상 정립 · 실현

외솔의 논리 중에 겨레, 문화, 이상을 하나로 보는 문화교육학(文化教育學)의 논리가 있음도 주목해야 한다. 문화교육학의 기본 발상은 무엇인가. 한 겨레를 다른 겨레와 구별하는 것은 그 문화이며, 모든 꽃이 다 제 아름다움을 지니듯이 모든 겨레의 문화는 아름다우며, 각 겨레는 각각 자기네의 문화로 세계사에 기여하며, 이로써 인류가 발전한다는 논리이다. 페스탈로찌 연구의 대가이자 이 문화교육학의 완성자로 불리우는 슈프랑어는 진정한 의미의, 최고 단계의 교육은 사랑의 교육인데, 그것은 역사와 이웃에 대한 의무의 수행에 머물지 않고 역사와 이웃에 대한 사랑의 완수를 뜻한다고 논한다.[54] 외솔의 교육에 대한 입장도 이것이었다. 가로되, 배달겨레의 이상은 그 문화적 특징을 키워 세계에 이바지하는 것이라고, 이래서 겨레의 교육은 인류의 그것으로 승화된다.

53) Religiöse Bildung der Kinder der Armen. *Pestalozzi. Sämtliche Werke* (Bd. 20). Hrsg. von A. Buchenan, E. Spranger, H. Stettbacher. Berlin: Walter de Gruyter & Co, 1932, S. 256.

54) Eduard Spranger. *Padagogische Perspekriven*. (1. Auflage 1950). Heidelberg: Quelle und Meyer, 1964, S. 15.

7. 기독교적 민족주의 교육론

우리나라의 사관을 크게 주체적 민족사관과 식민사관의 둘로 나누는데, 민족사관의 범주에 들면서도 "주체적"이라는 형용사를 붙이기가 어려운 민족사관이 있으니, 그것이 다름 아닌 "섭리적"(기독교적) 민족사관이며, 그 대표적인 보기가 함석헌의 『성서적 입장에서 본 조선역사』다. 함석헌은 "우리는(우리의 뜻이 아닌, 하나님이 주신 고난(苦難)이라는) 세계의 짐을 진다"면서[55] 이 본의 아닌 고난을 승화하여 이 겨레가 하나님의 뜻인 의와 평화의 새 역사의 계기를 마련해야 한다고 보았다. 이게 섭리적 민족주의다. 하나님의 역사의 몫을 이 겨레가 받았다는 뜻에서는 피동(被動)이고, 그 몫을 마음과 뜻과 정성을 다해 이루어야 한다는 뜻에서는 능동(能動)이다. 외솔은 위에 든 함석헌이나 김교신(金教臣, 1901-1945)과 더불어 이 섭리적 민족주의 범주에 들어가야 할 사람이다. 그래서, 우리는 그의 교육론을 주체적 민족주의 교육론들과 구별해서, 그 고유한 몫을 음미해야 할 학문적 과제를 안고 있다 하겠다. 일본에는 『일본 프로테스탄트 인간형성론』이 버젓하게 『세계교육학선집』속에 수록되어 있고, 그 안에 나까무라(中村正直), 오자끼(小崎弘道), 오오지마(大鳥正健), 니이지마(新島 襄), 우찌무라(內村鑑三), 우에무라(直村正久), 가시외기(相目義丹), 니노시다(木下尙江), 니도베(新渡戸稱活), 다까꾸라(高倉德太郎), 쓰다(津田海子), 야스이(安井哲子), 하니(弱仁모도꼬), 야나이하라(矢內原忠雄) 등의 교육론이 음미·평가되고 있다.[56] 우리에게도 이러한 작업이 요청되고 있다 할 것이다.

---

55) 함석헌. 『뜻으로 본 한국역사』. 삼중당, 1966, 441쪽. 이 책의 원제는 『성서적 입장에서 본 조선역사』이며, 그 주요 부분은 일제 강점기에 쓰여 발간되었다.

56) 武田淸子 編. 『일본 프로테스탄트 인간형성론』. 世界教育學選集 제29권. 明治圖書, 1965 참조.

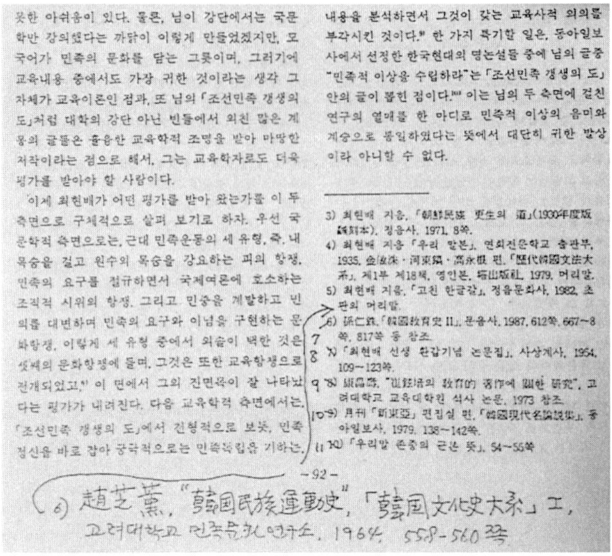

못한 아쉬움이 있다. 물론, 님이 강단에서는 국문학만 강의했다는 까닭이 이렇게 만들었겠지만, 모국어가 민족의 문화를 담는 그릇이며, 그러기에 교육내용 중에서도 가장 귀한 것이라는 생각 그 자체가 교육이론인 점과, 또 님의 「조선민족 갱생의 도」처럼 대학의 강단 아닌 빈들에서 외친 많은 계몽의 글들은 훌융한 교육학적 조명을 받아 마땅한 저작이라는 점으로 해서, 그는 교육학자로도 더욱 평가를 받아야 할 사람이다.

이제 최현배가 어떤 평가를 받아 왔는가를 이 두 측면으로 구체적으로 살펴 보기로 하자. 우선 국문학적 측면으로는, 근대 민족운동의 세 유형, 즉, 내 목숨을 걸고 원수의 목숨을 강요하는 피의 항쟁, 민족의 요구를 절규하면서 국제여론에 호소하는 조직적 시위의 항쟁, 그리고 민중을 계발하고 빈의를 대변하며 민족의 요구와 이념을 구현하는 문화항쟁, 이렇게 세 유형 중에서 외솔이 택한 것은 셋째의 문화항쟁에 들며, 그것은 또한 교육항쟁으로 전개되었고,[6] 이 면에서 그의 진면목이 잘 나타났다는 평가가 내려진다. 다음 교육학적 측면에서는, 「조선민족 갱생의 도」에서 전형적으로 보듯, 민족정신을 바로 잡아 궁극적으로는 민족독립을 기하는 내용을 분석하면서 그것이 갖는 교육사적 의의를 부각시킨 것이다.[8] 한 가지 특기할 일은, 동아일보사에서 선정한 한국현대의 명논설들 중에 님의 글중 "민족적 이상을 수립하라"는 「조선민족 갱생의 도」 안의 글이 뽑힌 점이다.[10] 이는 님의 두 측면에 걸친 연구의 열매를 한 마디로 민족적 이상의 음미와 계승으로 통일하였다는 뜻에서 대단히 귀한 발상이라 아니할 수 없다.

3) 최현배 지음, 「朝鮮民族 更生의 道」(1930年度版 複刻本), 정음사, 1971, 8쪽.
4) 최현배 지음 「우리 말본」, 연희전문학교 출판부, 1935. 金敏洙·河東鎬·高永根 편, 「歷代韓國文法大系」, 제1부 제18책, 영인본, 塔出版社, 1979, 머리말.
5) 최현배 지음, 「고친 한글갈」, 정음문화사, 1982, 초판의 머리말.
6) 孫仁銖, 「韓國敎育史 II」, 문음사, 1987, 612쪽, 667~8쪽, 817쪽 등 참조.
7 ~~7)~~ 8 「최현배 선생 환갑기념 논문집」, 사상계사, 1954, 109~123쪽.
8 ~~8)~~ 9 崔昌熙, "崔鉉培의 敎育的 著作에 關한 硏究", 고려대학교 교육대학원 석사 논문, 1973 참조.
~~9)~~ 10 月刊「新東亞」 편집실 편, 「韓國現代名論說集」, 동아일보사, 1979, 138~142쪽.
~~10)~~ 11 「우리말 존중의 근본 뜻」, 54~55쪽

– 92 –

6) 趙芝薰, "韓國民族運動史", 「韓國文化史大系」 I, 고려대학교 민족문화연구소, 1964, 558-560쪽

〈그림 1〉 김정환 강의록 『교육사상가론』(1993: 92)

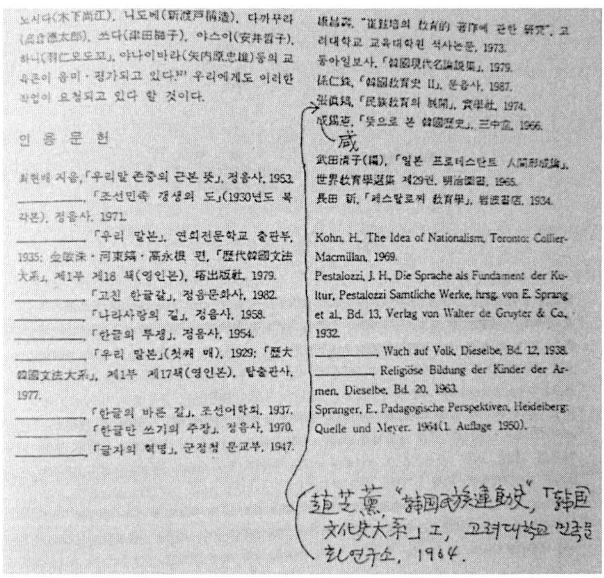

노시다(木下尙江), 니도베(新渡戸稻造), 다까꾸라(高倉德太郎), 쓰다(津田梅子), 야스이(安井哲子), 하니(羽仁모도꼬), 야나이바라(矢內原忠雄)등의 교육론이 음미·평가되고 있다.[37] 우리에게도 이러한 작업이 요청되고 있다 할 것이다.

인 용 문 헌

최현배 지음, 「우리말 존중의 근본 뜻」, 정음사, 1953.
__________, 「조선민족 갱생의 도」(1930년도 복각본), 정음사, 1971.
__________, 「우리 말본」, 연희전문학교 출판부, 1935; 金敏洙·河東鎬·高永根 편, 「歷代韓國文法大系」, 제1부 제18 책(영인본), 塔出版社, 1979.
__________, 「고친 한글갈」, 정음문화사, 1982.
__________, 「나라사랑의 길」, 정음사, 1958.
__________, 「한글의 투쟁」, 정음사, 1954.
__________, 「우리 말본」(첫째 매), 1929; 「歷代韓國文法大系」, 제1부 제17책(영인본), 탑출판사, 1977.
__________, 「한글의 바른 길」, 조선어학회, 1937.
__________, 「한글만 쓰기의 주장」, 정음사, 1970.
__________, 「글자의 혁명」, 군정청 문교부, 1947.
崔昌熙, "崔鉉培의 敎育的 著作에 관한 硏究", 고려대학교 교육대학원 석사논문, 1973.
동아일보사, 「韓國現代名論說集」, 1979.
孫仁銖, 「韓國敎育史 II」, 문음사, 1987.
張眞鎬, 「民族敎育의 展開」, 實學社, 1974.
成錫憲, 「뜻으로 본 韓國歷史」, 三中堂, 1966. (咸)
武田淸子(編), 「일본 프로테스탄트 人間形成論」, 世界敎育學選集 제29권, 明治圖書, 1965.
長田 新, 「페스탈로찌 敎育學」, 岩波書店, 1934.

Kohn, H., The Idea of Nationalism, Toronto: Collier-Macmillan, 1969.
Pestalozzi, J. H., Die Sprache als Fundament der Kultur, Pestalozzi Samtliche Werke, hrsg. von E. Sprang et al., Bd. 13, Verlag von Walter de Gruyter & Co., 1932.
__________, Wach auf Volk, Dieselbe, Bd. 12, 1938.
__________, Religiöse Bildung der Kinder der Armen, Dieselbe, Bd. 20, 1963.
Spranger, E., Padagogische Perspektiven, Heidelberg: Quelle und Meyer. 1964(1. Auflage 1950).

趙芝薰, "韓國民族運動史", 「韓國文化史大系」 I, 고려대학교 민족문화연구소, 1964.

〈그림 2〉 김정환 강의록 『교육사상가론』(1993: 106)

참고문헌

강창수(1973). 『최현배의 교육적 저작에 관한 연구』. 고려대학교 교육대학원 석사학위논문.

동아일보사(1979). 『한국현대명논설집(韓國現代名論說集)』.

손인수(1987). 『한국교육사(II)』. 문음사.

장진교(1974). 『민족교육의 전개』. 실학사.

외솔회(1971). 『나라사랑』 제1집(외솔 최현배 박사 특집호). 정음사.

조지훈(1964). "한국민족운동사", 『한국문화사대계』 (I). 고려대학교 민족문화연구소.

최현배(1929). 『우리말본』(첫째 매). 연희전문학교출판부; 김민수 · 하동호 · 고영근 편(1977). 『역대한국문법대계』 제1부 제17책(영인본). 탑출판사.

최현배(1935). 『우리말본』. 연희전문학교출판부; 김민수 · 하동호 · 고영근 편(1979). 『역대한국문법대계』 제1부 제18책(영인본). 탑출판사.

최현배(1937). 『한글의 바른 길』. 조선어학회.

최현배(1947). 『글자의 혁명』. 군정청 문교부.

최현배(1953). 『우리말 존중의 근본 뜻』. 정음사.

최현배(1954). 『한글의 투쟁』. 정음사.

최현배(1958). 『나라사랑의 길』. 정음사.

최현배(1963). 『나라 건지는 교육』. 정음사.

최현배(1971). 『조선민족 갱생의 도』 (1930년도판 번각본). 정음사.

최현배(1982). 『고친 한글갈』. 정음문화사.

최현배 선생 환갑기념 논문집간행회(1954). 『최현배 선생 환갑기념 논문집』. 사상계사

함석헌(1966). 『뜻으로 본 한국역사』. 삼중당.

武田清子 (編)(1965). 『일본 프로테스탄트 인간형성론』. 世界教育學選集 제29권. 明治圖書.

長田 新(1934). 『페스탈로찌 교육학』. 岩波書店.

Kohn, H. (1969). *The Idea of Nationalism*. Toronto: Collier Macmillan.

Pestalozzi, J.H. (1932). Die Sprache als Fundament der Kultur. *Pestalozzi. Sämliche Werke (Bd. 13)*. Hrsg. von E. Spranger. et. al. Berlin: Walter de Gruyter.

Pestalozzi, J.H. (1938). Wach auf, Volk! *Pestalozzi. Sämliche Werke (Bd. 12)*. Hrsg. von E. Spranger. et. al. Berlin: Walter de Gruyter.

Pestalozzi, J.H. (1963). Religiöse Bildung der Kinder der Armen. *Pestalozzi. Sämliche Werke (Bd. 20)*. Hrsg. von E. Spranger. et. al. Berlin: Walter de Gruyter.

Spranger, E. (1964). *Pädagogische Perspektiven*. (1. Auflage 1950). Heidelberg: Quelle und Meyer.

제 6 장

김교신(Ⅰ)
민족에 대한 그리스도교적 사랑

날줄씨줄 — 한국교회사 인물연구(4)

김교신

민족에 대한 그리스도교적 사랑

김정환

들어가는 말

김교신(1901.4.18–1945.4.25) 그를 어떤 이라고 할까? 그는 그렇게도 기다리던 조국의 광복을 넉 달 앞두고 서거한 민족의 정신적 지도자였다. 만 44세로 서거한 그의 짧은 삶에서 우리는 가나안 땅을 바라보며 비스가 봉우리에서 쓰러진 모세를 연상한다. 그러나 그는 또 한국의 페스탈로찌로 평가받아 마땅할 민중의 교사였다. 평생을 일관하여 민족사학을 가르치는 평교사의 삶을 살아감으로써 많은 영혼에 불을 지폈을 뿐만 아니라 학교밖의 수많은 민중과 더불어 괴로움을 나누면서 그들이 한국의 역사에 대한 그리스도교적 믿음과 사랑에 눈뜨도록 했다. 그런가 하면 그는 또 한국의 도시산업선교회의 개척자로 평가받아야 할 사람이기도 했다. 학교를 쫓겨난 그가 간 곳이 5천명을 헤아리는 한국인 강제 징용 노무자들이 한국인으로서의 삶과 역사의식을 포기하고 노예가 되어 노름과 술과 싸움으로 지새던 흥남질소비료공장이 아니었던가. 그러나 그의 삶에서 가장 귀한 몫은 초대 그리스도교의 순수한 신앙공동체를 모델로 하는 "無教會 基督教"(non–church Christianity)와 이에 터한 것으로, 섭리(攝理)라는 관점

김정환/고려대학교 사범대학 교수로 일하고 있으며 저서로는 『김교신』이 있다.

김교신(Ⅰ)
민족에 대한 그리스도교적 사랑*

들어가는 말

김교신(1901.4.18.-1945.4.25.) 그를 어떤 이라고 할까? 그는 그렇게도 기다리던 조국의 광복을 넉 달 앞두고 서거한 민족의 정신적 지도자였다. 만 44세로 서거한 그의 짧은 삶에서 우리는 가나안 땅을 바라보며 비스가 봉우리에서 쓰러진 모세를 연상한다. 그러나 그는 또 한국의 페스탈로찌로 평가받아 마땅할 민중의 교사였다. 평생을 일관하여 민족사학을 가르치는 평교사의 삶을 살아감으로써 많은 영혼에 불을 지폈을 뿐만 아니라 학교 밖의 수많은 민중과 더불어 괴로움을 나누면서 그들이 한국의 역사에 대한 그리스도교적 믿음과 사랑에 눈뜨도록 했다. 그런가하면 그는 또 한국의 도시산업선교회의 개척자로 평가받아야 할 사람이기도 했다. 학교를 쫓겨난 그가 간 곳이 5천 명을 헤아리는 한국인 강제징용 노무자들이 한국인으로서의 삶과 역사의식을 포기하고 노예가 되어 노름과 술과 싸움으로 지새던 흥남질소비료공장이 아니었던가. 그러나 그의 삶에서 가장 귀한 몫은 초대 그리스도교의 순수한 신앙공동체를 모델로 하는 "무교회 기독교"(無敎會 基督敎. non-church Christianity)와 이에 터한 것으로, 섭리

* 김정환(1989). 김교신(I). 민족에 대한 그리스도교적 사랑. 『살림』 8, 63-71.

(攝理)라는 관점에서 한민족과 그 역사를 이해하는 그리스도교적인 앎과 믿음의 발견이었다 할 것이다. 그가 함석헌(咸錫憲)과 더불어, '섭리'를 통해 민족의 존재이유를 해명하는 것과 분리된 신앙을 생각 못한 이유가 여기에 있다. 끝으로 그는 믿음, 가르침, 나라사랑이 하나로 통일된 삶을 남긴, 진정한 "선비"적 교사로 받아들여져야 할 사람이라 하겠다. 이 모든 면에서 김교신이야말로 한국의 흙으로 빚어져 한국의 흙 위에서 숨쉬다가 한국의 흙으로 돌아간 진정한 한국인이며, 그의 삶·앎·믿음·가르침 그 자체가 이 민족에게 하느님이 맡기신 몫이 무엇인가를 밝혀 주고 있다.

1927년 7월, 그를 비롯하여 함석헌, 송두용, 유석동 등 우찌무라 간조(內村監三)의 문하생 7인이 창간한 신앙동인지 『성서조선(聖書朝鮮)』의 창간사를 당시의 장엄한 원문 그대로 우선 군데군데 읽고 음미해 보자.

> "하로아침에 명성이 지상에 자자함을 깨어서(覺醒) 본 바이론은 행복스러운 자(者)이었다. 마는 하로저녁에 「아무런대도 조선인이로구나!」하고 운락선(運絡船) 갑판을 발구룬 자는 둔한 자이었다.
> ……
> 아! 엇지 차(此)보다 더 무량(無量)의 의미를 오인(五人)에게 전하는 구(句)가 타(他)에 유(有)하랴? 차(此)를 해(解)하야 만사체(萬事體)요 차(此)를 해(解)하야 만사성(萬事成)이로다. …… 오인(吾人)은 다소(多小)의 경험과 확신으로써 금일의 조선에 줄바 최진최초(最珍最初)의 선물은 신기(新奇)치도 아닌 구신약 성서 일권이 잇는줄 알 뿐이로다. 그럼으로 우(憂)를 공(共)히 하고 소망을 일궤(一軌)에 부치는 우자오육인(愚者五六人)이 도쿄시 스기나미무라(杉並村)에 처음으로 회합하야 조선성서연구회를 시(始)하고 매주 시(時)를 기하야 조선을 려(慮)하고 성서를 강(講)하면서 래(來)한지 반세여(半歲餘)에 혹(或)이 동의하야 어간(於間)의 소원연구(所願研究)의 일단(一端)을 세(世)에 공개하려 하니 기명을 『성서조선』이라 하게 되도다. 명명(命名)의 우열(愚劣)과 시기의 적부(適否)는 오인(吾人)의 불문(不問)하는 바라. 다만 우리 염두의 전폭을 차지하는 것은 조선 이자(二字)이고 애인에게 보낼 최진(最珍)의 선물은 성서 일권뿐이니 양자(兩者)의 일(一)을 사(捨)치 못하야 된 것이 기명(其名)이었다. ……
> 『성서조선』아 너는 위선(爲先) 이스라엘 집집으로 가라. 소위 기성 신자의

> 수(手)에 거치지 말나. 기독(基督)보다 외인(外人)을 찰배(札拜)하고 성서보다 회당을 중시하는 자의 집에는 그 발의 문지를 털지어다.
> 『성서조선』아 너는 소위 기독신자보다도 조선혼(朝鮮魂)을 소지(所持)한 조선사람의게 가라. 시고을노 가라. 산촌으로 가라. 거기의 초부일인(樵夫一人)을 위함으로 여(汝)의 사명을 삼으라. 『성서조선』아 네가 만일 그처럼 인내력을 가젓거든 여(汝)의 창간일자 이후에 출생하는 조선인을 득(得)하야 면담하라 상론(相論)하라. 동지(同志)를 일세기 후에 기(期)한들 하(何)를 탄(嘆)할손가."

창간사는 2백자 원고지로 약 15매 분량이고 1부와 2부로 나뉘어 있는데, 김교신이 위의 1부를 썼고, 그 다음에 "조선에 예수의 이름을 부르는 교회는 많지만 그것이 신앙 없는 교회, 의식과 사업으로 타락한 교회, 사교장이 된 교회로 전락했다"면서, 하느님은 영이시니 영으로 예배해야 한다는 유석동의 글과, "기독교의 적은 누구인가. 불교도 아니오 천도교도 아니오 무신론자도 아니오 유물사관도 아니오 사회주의도 아니오 허무주의도 아니오 범신론자도 아니오, 바로 기독신자(基督信者)라는 자(者) 그 자신이며 이를 인도하는 교직자(教職者)들이다"라는, 당시의 교회상을 고발한 정상훈의 글이 2부로 이어진다.

창간사에서 밝힌 이들의 삶과 앎과 믿음의 기본적인 자세는 무엇이었던가. 첫째는 겨레와 믿음을 따로 떼어 생각할 수 없다는 조선적 그리스도교 혹은 조선적 신학의 모색이다. 그들은 연락선 갑판에서 발을 구르면서 조선인임을 깨닫고, 하느님 앞에서의, 믿음에 의한 조선의 자리를 찾았다. 둘째는 성서적 그리스도교다. 교회의 건물, 의식이나 성직제도는 믿음의 본질적인 조건이 아니다. 본질적인 것은 성서만이다. 이들은 이렇게 생각했다. 비본질적인 것이 도리어 본질적인 것을 밀쳐내는 교회의 타락한 모습을 이들은 한탄해 마지않았고, 그러기에 "교회 밖"에서 수수한 믿음을 찾고 키우면서 교회의 안티 테제가 되어 교회를 거듭나게 하고자 했다. 셋째는 민중적 그리스도교다. 시골로 산촌으로 찾아다니며 민중의 괴로움에 동참하고 민중을 일깨워 이 민중으로 하여금 하느님의 장엄한 백성이 되게 하자는 것이었다. 함석헌의 "씨올의 철학"은 결코 그만의 독창적인 것이 아니고, 실은 이들 동인들이 공유한 철학이었던 것이다.

『성서조선』의 창간사에 흐르는 중요한 이념은 이외에도 더 많지만 위의 세 가지 생각이 이들의 무교회 그리스도교의 신앙고백이자 신앙방식의 주축을 이루고 있는 것으로 볼 수 있다.

작은 일 같지만, 이들을 이해하는 데 퍽 도움이 되는 것이 한 가지 있다. 그것은 이들이 하나같이 아호를 갖지 않았다는 점이다. 함석헌에게도 김교신에게도 그 흔한 호 하나 없었다. 거부한 것이다. 권변에 드는 기생처럼 호는 무슨 호냐, 논일하는 백성에게 없는 호를 우리가 어떻게 가질 수 있느냐? 이들은 이렇게 호를 거부하고 부모님이 주신 이름 석자만으로 살다가 죽었다.

삶

김교신은 1901년 4월 18일 함경남도 함흥에서 부친 김염희(金念熙)와 모친 양신(楊愼) 사이에서 장남으로 태어나 거기서 보통학교를 졸업하고 이어서 그곳 함흥농업학교에 진학하여 1919년 3월 졸업했다. 곧바로 상급학교에 진학하려고 동경에 건너간 그는 입학시험 준비를 위해 세이소쿠(正則) 영어학교에 입교하여 당대의 저명한 영문학자 사이토 히데사부로(斎藤秀三郎) 밑에서 영어를 공부했다. 이때부터 그는 주간지 「런던타임즈」를 읽기 시작하여 제2차 세계대전 종말 직전까지 계속 구독하였다. 그의 해박한 식견과 탁월한 영어 실력은 이 때문이기도 하다. 기미년 독립운동 때에는 태극기를 많이 만들어 집안 아이를 시켜 소학교와 예배당에 전달하기도 했다. 이때 이웃에 계셨던 숙부(忠熙)댁 가택수색에서 구한말 시대의 불온서적과 권총이 발견되어 크게 문제가 되었다고도 전해지고 있다.

1920년 4월, 동경의 우시고메구(牛込區)에서 성결교회의 거리설교를 듣고 크게 감명을 받아 입신을 결심하고 야라이초(矢來町)의 성결교회에 들어갔고 6월에는 세례까지 받았다. 이 해 11월, 이 교회의 온건한 시미즈(淸水) 목사가 반대파의 술책으로 축출되는 과정을 지켜보고 교회의 모습에 크게 실망하여 우찌무라 간조(內村鑑三)의 성서강의를 청강하게 되는데, 이후 7년간 열성적으로 계속 수강했으며 그뿐 아니라 우찌무라 성서연구회에서 마련한 성서희랍어반에도 출석했다. 여기에서 성서를, 신약이나 구약이나 원문으로 읽고자 힘쓰는 "무교회"의 전통을 볼 수 있고, 또 김교신의 뛰어난 어학 실력과 성서해석이 이런 전통과 그에 따른 그의 노력의 소산임을 알 수 있다.

1922년 4월, 그는 당시의 명문학교의 하나이자 중등 및 전문학교 교사 양성기관인 동경고등사범학교 영문과에 입학했으나, 이듬해에는 뜻하는 바 있어 지리·박물과로 전과했다. 평생의 신앙 동지인 함석헌도 같은 해에 이 학교를 다녔다.

1927년 3월, 그는 사범학교를 졸업하고 4월에 귀국하여 함흥 영생여자고등보통학교 교편을 잡게 되며, 7월에는 우찌무라의 신앙적 문하생들이자 동지들인 함석헌, 송두용, 정상훈 등 7인으로 『성서조선』을 신앙동인지로 발간하기 시작했다.

1928년 3월, 이 신앙동인지의 편집·발간에 보다 힘쓰기 위해 서울 양정고등보통학교로 전근하고 이후 10년간 계속 이 학교 교사로 열과 성을 다해 근무하여 많은 제자, 예를 들면 어린이 문학자 윤석중, 농촌계몽운동가 유달영, 한국청년의 굳센 모습을 만방에 보여 준 마라톤 선수 손기정 등을 길러냈다.

1929년부터는 오산의 남강 이승훈 교장과도 교류하기 시작했고, 그리스도교계의 원로인 김정식, 오산고등보통학교의 교장인 유영모, 한때 신앙문제로 고민했던 춘원 이광수, 창조적 개척정신을 청년에게 심어 준 어그네스 김의 남편인 김수환, 또 일본인으로는 전쟁 중 반전사상(反戰思想)으로 인해 동경대학 교수직에서 쫓겨났다가 해방 후 동경대학 총장이 된 신앙동지 야나이하라 다다오(矢內原忠雄) 등과도 교분을 두터이했다.

1930년 5월, 월간 『성서조선』의 제16호부터 김교신이 이를 주필로 책임지고 편집·간행하기 시작했고, 이 무렵부터 서울에서 하기 경성성서연구회(夏期京城聖書硏究會)를 개최하여, 이 일을 이후 해마다 일주일간씩 열렸던 동기(冬期) 성서연구회와 함께 10여 년 계속했다. 함석헌의 『성서적 입장에서 본 조선역사』도 이런 동기집회에서 강의되고 이어 『성서조선』에 연재된 것이었다.

1933년 7월, 그의 저작 중의 백미(白眉)로 꼽히는 『산상수훈연구』가 발간되었다. 특기할 것은, 이 무렵부터 소록도의 나환자들의 신앙문제에 깊은 관심을 갖고 편지를 서로 교환하기 시작했으며, 또 나환자들의 눈물어린 신앙간증을 월간지에 많이 연재했다. 손발이 썩어 문드러지고 코가 떨어져가는 "문둥이"들의 가슴에 용솟음치는 예수에 대한 믿음과 겨레에 대한 사랑에, 그는 "문둥이들은 왜 이렇게 하나같이 명문가인가!" 하면서 울기도 했다.

1935년 12월, 양정시대의 제자이자 이제 신앙동지로 함께 일하게 된 유달영을 시켜 『최용신소전(崔容信小傳)』을 쓰게 해서 성서조선사에서 간행했는데, 그날로 동이 나서 2쇄에 들어가야 할 판이었다고 한다. 이 책은 원래 작가 심훈이 『상록수』에서 최용신(작품에 나오는 주인공의 원이름)양의 믿음의 모습을 연애소설식으로 왜곡시킨 데 대한 불만으로, 이를 바로잡기 위해 정밀한 전기로 작성된 것이었다. 한치 한 호리도 어긋남이 없이 생각하고 행동한 그의 성격이 잘 나타나는 작업 중의 하나다.

한편 교사로서도 그는 이제 더할 나위없이 성숙한 경지에 이르렀다. 이 무렵 그는 "무레사네"(물에 산에)라는 학생 써클을 만들어 주일 오후나 방학을 이용하여 서울 근교의 거의 모든 고적지, 노량지의 사육신묘 같은 능묘, 북한산 도봉산 같은 명승지를 같이 탐방하면서 민족과 자연과 역사에 대한 사랑을 키워 주었다. 6척 거구이고 모든 운동에 뛰어났던 김교신은 늘 운동장에서 학생과 같이 뛰었고, 해마다 있었던 양정학생들의 마라톤 대회(양정이 자리한 만리동에서 구파발까지의 왕복)에도 참여해 제자들과 같이 뛰기도 했다.

1940년 3월, 복음전도에 전념하기 위해 10년간 근속한 양정을 사임했다. 그러나 9월, 동경고등사범학교 재학시절의 선배인 경기중학교의 이와무라(岩村) 교장의 강권에 못이겨 이 학교의 교사로 부임은 했다. 하지만 "조선지리"를 열성적으로 가르치며 민족혼을 기르자 불온교사로 낙인찍혀 6개월(서류상은 한 학기라지만 실제는 3개월 남짓) 만에 쫓겨났다.

그러나 교육에의 꿈을 버리지 못하고 1941년 6월 개성 송도중학교의 교사로 부임했다.

1942년 3월 30일, 『성서조선』의 통권 제158호의 권두언, 곧 개구리의 죽음을 슬퍼한다는 뜻을 담은 「조와(弔蛙)」가 발단이 되어 세칭 『성서조선』 사건으로 전국 수백의 『성서조선』 독자 동지와 더불어 검거되었으며, 그중 함석헌, 송두용, 유달영 등 12인과 함께 1년간 서대문 형무소에서 미결수로 옥고를 치렀다. 그는 끝까지 창씨개명도 거부했다.

1943년 3월, 불기소로 출옥한 다음에도 전국 각지를 순회하면서 신앙 동지를 격려하고 멀리는 만주의 동지들과도 연락을 취하면서 해방의 그날이 가까이 왔음을 서로 다짐했다.

1944년 7월, 김교신은 고향인 함경남도 흥남에 있는 일본 질소비료공장에 남모르는 깊은 뜻을 품고 입사했다. 이 공장은 거대 국책공장으로, 한국인 강제징용 노무자를 5천명이나 수용하고 있었는데, 이들을 뒷바라지하기 위한다는 명분으로 김교신이 들어서게 된 것이다. 물론 그는 이곳에서 공장이 맡긴 대로 노무자들의 주택문제, 보건문제, 복지문제를 다루었다. 그러나 인간적·민족적 자각이라고는 없고 패배의식과 열등감으로 술과 노름과 싸움에 삶을 묻은 이들에게 그는 민족의식과 인간으로서의 인격을 일깨워 주었으며, 그 결과 노무자들의 생각과 생활이 크게 달라져 일본인들까지도 놀랐다 한다. 김교신의 숨은 뜻은 무엇이었던가? 일본인들에게 멸시만 당하는 노무자들에게 인격에 대한 명예감각을 키워 주자는 것, 민족의식을 키워 민족의 앞날에 대한 밝은 꿈을 심어 주자는 것, 그리고 해방의 그날에 바로 그 노무자들과 같이 이 거대한 공장을 그대로 인수하자는 것이었다. 사실 그는 이 무렵에 만주에 있는 신앙동지에게 좋은 일자리가 생겼으니 이리로 어서 오라고 권유하기도 했다.

1945년 4월 25일, 당시 이 근처에 번진 유행병 발진티브스에 감염되어 그는 만 44살의 젊은 나이로 해방을 넉 달 앞두고 한국의 흙으로 돌아갔다. 유행병에 걸린 노무자들을 위해 희생적으로 뒷바라지하다 자신도 그 병에 걸린 것이었다.

이것이 시간의 흐름에 따라 간단하게 엮어 본 그의 삶의 과정이다. 그의 삶이 우리에게 남긴 업적은 무엇인가. 이것을 우리는 크게 다음 다섯 가지로 요약할 수 있다.

첫째, 그는 한용운에 버금가는 종교개혁자였다. 당시의 한국 그리스도교의 체제순응성, 무기력성, 사대주의성을 목도하고 이의 혁신에 힘썼다는 말이다. 종교는 정신생활의 중추를 이루는 것이며, 바로 그 종교가 이 같이 되어 갈진대 이 민족의 희망은 없다고 생각했다.

둘째는 민족의 섭리사적 존재이유를 밝히려는 그의 종교입국론(宗教立國論)이다. 참새 한 마리라도 하느님의 뜻이 아니면 땅에 떨어지지 않는다 했다. 모든 존재에는 다 하느님의 뜻이 있고 그러기에 하느님이 맡기신 몫이 있다. 그러면 이 민족에게 하느님이 주신 몫은 무엇인가? 이것을 찾으려는 작업이 그의 신앙동지인 함석헌에게는 『성서적 입장에서 본 조선역사』로 나타났다. 김교신에게는 그 작업이 무엇이었던가? 그것은, 필자의 표현으로는 "섭리적 민족지리관(民族地理觀)"에 근거한 민족의 섭리적 사명의 추구다. 그는 우리 민족의 높은 이상을 우리 역사와 지리의 긍정적 이해 그리고 섭리적 이해에서 이끌어 내고자 하였다. 우리는 이같은 그의 생각을 1934년 3월호에 실은 그의 명논설 「조선지리소고(朝鮮地理小考)」에서 잘 엿볼 수 있다. 이 논설에서 그는 조선지리를 고찰함에 있어, 우선 조선은 바다에 임한 동서남 3면은 말할 것도 없거니와 대륙에 접한 북면도 백두산과 거기서 연원한 압록·두만 양강이 천연적 경계가 되어 매우 완벽한 하나의 단원을 이루고 있음을 상기시키고, 다음에 면적, 산악과 평야, 해안선, 기후, 위치가 호적(好適)함을 세계 여러 나라와 비교하면서, "조선의 지리적 요소에 관한 한으로는 우리가 불평을 토하기보다 만족과 감사를 하지 않을 수 없다. 이는 넉넉히 한 살림살이를 부지(扶支)할 만한 강산이요, 넉넉히 인류 역사상에 공헌을 제공할 만한 활무대(活無台)다"라고 설파한다. 당시의 식민사학자들의 지정학적(地政學的) 숙명론과 얼마나 다른가! 이 겨레의 역사도 하느님의 섭리요, 이 겨레의 지리도 하느님의 섭리다. 감사히 받자. 이 역사와 지리로 하느님이 이 겨레에 주신 몫을 다하여 이 겨레의 "민족격(民族格)"을 실현하고 이로써 인류의 역사를 정화하고, 이로써 하느님께 영광을 돌리자. 이것이 함석헌과 김교신이 풀이한 이 겨레의 존재이유였다. 따라서 이들에게는 종교를 떠나서는 겨레는 있을 수 없었던 것이다.

셋째는 문서전도다. 성서조선사를 통해 『성서조선』을 장장 15년에 걸쳐 제158호까지 발간하였고, 또 신앙의 본질을 밝힌 단행본도 많이 간행하여 전도가 교회의 울타리 밖으로, 초교파적으로 전개되는 길을 열었다.

넷째는 민중각성의 교육이다. 이는 민족을 구성하는 절대다수의 성원인 민중을 인격과 진리에 대한 감각으로 깨어나게 하는 교육을 말한다.

그리고 끝으로는 민족사학교육을 중시하고 창달한 일이다. 이는 국가와 체제의 감독과 지배에 짓눌려 체제순응적인 인간을 길러 내는 관학에 대한 신랄한 도전이었다. 관학이라고 다 이렇다는 말은 아니다. 그렇게 되기 쉽다는 것이다. 그러기에 이같은 관학에 대한 안티테제로 사학의 고유, 독특한 존립이유가 있다는 것이다. 그가 입신출세에 유리한 관학을 마다하고 민족사학에만 봉직한 이유가 여기에 있다.

제 7 장

김교신(Ⅱ)
민족에 대한 그리스도교적 사랑

김교신(Ⅱ)

민족에 대한 그리스도교적 사랑

김정환

앎과 믿음

우리는 지난 호에서 김교신의 삶을 간략히 살펴보았다. 그런데, 김교신의 그러한 삶을 떠받고 있었던 그의 앎과 믿음은 무엇인가? 그의 앎과 믿음을 특히 민족 및 그 문화에 대한 김교신의 그리스도교적 사랑과 이해라는 측면으로 간추려보면 다음이 될 것이다.

그 첫째는 섭리적 민족관이다. 하느님은 모든 존재에게 자신의 역사를 이룩하기 위한 귀한 몫을 주신다. 그러면 이 민족에게 주신 몫은 무엇일까. 이것을 찾아 그 몫을 다하는 것이 하느님의 섭리에 따른 이 민족의 사명이 아닌가. 어떤 방법으로 그 사명을 찾아야 하나? 몇 천년에 걸쳐 이어져온 이 민족의 역사를 성서를 통해 해석함으로서다. 하나하나의 역사적 사실을 믿음을 통해 해석하고 그 뜻을 밝힘으로서다. 이러한 발상에서 쓰인 것이 함석

김정환/고려대학교 사범대학 교수로 일하고 있으며 저서로는 『김교신』이 있다.

김교신(Ⅱ)
민족에 대한 그리스도교적 사랑*

앎과 믿음

우리는 지난 호에서 김교신의 삶을 간략히 살펴보았다. 그런데, 김교신의 그러한 삶을 떠받고 있었던 그의 앎과 믿음은 무엇인가? 그의 앎과 믿음을 특히 민족 및 그 문화에 대한 김교신의 그리스도교적 사랑과 이해라는 측면으로 간추려 보면 다음이 될 것이다.

1. 섭리적 민족사관

하느님은 모든 존재에게 자신의 역사를 이룩하기 위한 귀한 몫을 주신다. 그러면 이 민족에게 주신 몫은 무엇일까. 이것을 찾아 그 몫을 다하는 것이 하느님의 섭리에 따른 이 민족의 사명이 아닌가. 어떤 방법으로 그 사명을 찾아야 하나? 몇천 년에 걸쳐 이어져 온 이 민족의 역사를 성서를 통해 해석함으로써다. 하나하나의 역사적 사실을 믿음을 통해 해석하고 그 뜻을 밝힘으로써다. 이러한 발상에서 쓰인 것이 함석헌의 『성서적 입장에서 본 조선역사』다. 그 결론은 무엇인가. 우리 민족이 세계에 가장

---

* 김정환(1989). 김교신(II). 민족에 대한 그리스도교적 사랑. 『살림』 9, 62-71.

자랑할 것은 석굴암도 아니요, 첨성대도 아니요, 한글도 아니요, 바로 하느님이 주신 "고난(苦難)"이라는 것이었다. 죄를 대신 지고 하느님과 인류의 관계를 회복시킨 대제사장 예수 그리스도처럼, 이 민족이 죄 없는 몸으로 다른 민족의 죄를 대신 지고서 그 죄값인 고난을, 믿음으로 삭여서 이 죄악의 역사를 의와 평화의 역사로 전환시켜 세계사에 새로운 장을 여는 장엄한 민족이 되어야 한다는 것이다. 함석헌의 믿음을 한마디로 요약하면 무엇이 될까. 그가 표현했듯이 "고난의 도매상"이 될 것이다. 하느님이 주신 고난을 씨올들이 믿음으로 삭여 씨올의 역사를 통해 하느님의 역사에 이바지해야 한다는 논리다. 이런 논리가 김교신을 비롯한 이들 "무교회" 무리들의 "민족적 신학"의 논리다. 함석헌의 『성서적 입장에서 본 조선역사』는 김교신의 신앙월간지 『성서조선』에 장기간 연재되었고, 이것이 『성서조선』을 폐간에 이르게 한 하나의 원인이기도 했다.

김교신은 성서를 떠나서는 "조선"을 생각할 수 없었다. 폐일언하고 그의 『성서조선』 1935년 4월호 권두언인 "조선을 성서 위에"의 일절을 음미해보자.

> "과학적 지식의 토대 위에 새 조선을 건설하려는 과학조선의 운동이 시대에 적절하지 않음이 아니요, 그 인구의 8할 이상을 차지한 농민으로 하여금 덴마아크식 농업조선을 중흥하려는 기도(企圖)가 시의(時宜)에 불합(不合)함도 아니며, 기타 신흥도시를 위주한 상공조선이나 사조(思潮)에 파도치는 공산조선 등이 다 그 진심 성의로만 나온 것일진대 해로울 것도 없겠지만, 이를테면 이런 것들은 모두 풀의 꽃과 같고 아침 이슬과 같아서 오늘 있었으나 내일에는 그 자취도 찾아볼 수 없을 것이며, 모래 위의 건축이라 비바람을 당하여 파괴됨이 심하지 아니치 못할 것이다. 그러므로 이러한 구형적(具形的) 조선 밑에다 영구한 기반을 넣어야 할 것이니 그 지하의 기반 공사가 곧 성서적 진리를 이 백성에게 소유시키는 일이다. 넓게 깊게 조선을 연구하여 새로운 조선을 성서 위에 세우라. 그러므로 조선을 성서 위에"

종교는 민족의 정신의 씨앗이다. 따라서 종교의, 외국으로부터의, 외국의 교파신학으로부터의 독립 없이 민족의 정신적 독립은 생각할 수 없다. 한

민족의 가슴과 역사로 성서를 읽고 해석하여, 그 속에서 한민족의 섭리사적 사명, 그 존재이유(레종 데틀)를 찾아 하느님의 장엄한 백성이 되자. 이것이 김교신의 섭리적 민족관, 민족신학, 민족적 그리스도교관의 골자다.

2. 가장 순수한 믿음의 방식으로서의 "무교회" 논리

한용운은 『조선불교 유신론』으로 불교의 개혁을 시도했지만, 김교신은 이 무교회 논리로 당시의 조선 그리스도교의 개혁을 시도했다. 『성서조선』의 1928년 7월호의 권두언 "조선에 필요한 기독교"에 그 논리가 이렇게 선명하게 선포되어 있다.

> "조선에는 부도 필요하다. 힘도 필요하다. 학문도 필요하다. 위대한 작품도 필요하다. 그러나 가장 필요한 것은 기독교다. 그러나 그것은 불행히 기독교 청년회의 기독교가 아니다. 교회의 기독교가 아니다. 제도의 기독교가 아니다. 의식의 기독교가 아니다. 16세기 종교개혁자들이 체험한 기독교다. 바울의 기독교요 요한의 기독교다. 성서의 기독교다. 영적 기독교다. 산 기독교다. 즉, 그리스도다. 그렇다. 현재의 조선에 절실한 것은 기독교요, 그 기독교는 살아 계셔 역사하시는 그리스도 자신이다. 우리는 교회를 요(要)하지 않으나 그를 요(要)하며, 청년회를 요(要)하지 않으나 그를 요(要)하며, 제도와 의식을 요(要)하지 않으나 그를 요(要)한다. 그를 얻고 우리는 전부를 얻은 바 되며, 그를 잃고 우리는 전부를 잃게 된다."

김교신을 핵으로 하여 소수의 무리들에 의해 이 땅에 이어져 온 이른바 "무교회"의 신앙방식은 어떠한 것인가. 이를 몇 가지로 간추려 보면 이렇다. 첫째, 그들은 공간을 점유한, 눈으로 보이는 회당을 진정한 교회로 인정하지 않고, 두 사람이 모여 기도드리는 바로 그곳이 교회라고 여긴다. 성서를 읽는 바로 그 자리, 기독자가 봉사하는 온 생활의 모든 자원이 교회라고 믿는다. 산 그리스도가 역사하지 않는 회당은 교회일 수 없다는 것이다. 조직도 없고 형식도 없지만 믿음이 살아 움직이는 곳이 교회라는 논리다. 이는 믿음의 생활화를 조직과 형식에 선행시키는 논리다.

둘째, 그들은 성직제도를 비롯한 갖가지 교회의 권능을 배제한다. 정치적 조직 못지않게 관료화된 교회의 계층구조와 그에 따른 갖가지 비본질적인 것들의 확대·강화를 통하여 오늘날의 교회는 각 개인의 순수한 복음적 신앙생활에 질곡으로 작용하고 있다고 보았기 때문이다. 예를 들어 그들은 목사를 통해서 물로 받는 세례만이 참 세례라는 식의 사고방식과 이에서 비롯한 갖가지 교회의 의식에 신앙적 의미를 부여하는 현실을 거부했다. 그들은 각자가 회심을 통해서 영으로 받고 불로 받는 세례, 즉 하느님에게서 각자가 직접 받는 유형·무형의 세례가 진정한 세례라고 믿었다. 또 하나 예를 들자. 십일조 헌금은 꼭 교회에 바쳐야 하나? 아니다. 가난한 과부, 불쌍한 고아, 학대받고 있는 이방인, 그리고 기업 없는 사제들에게 하느님의 이름으로 바치는 게 진정한 십일조다. 그렇다면 오늘날과 같은 교회에 그것을 꼭 바쳐야 할 이유가 없지 않느냐. 믿음이 증발된 회당만 키워 주고 사업가로 타락한 성직자들만 좋은 일 시켜 주는 결과가 되지 않겠는가. 그들은 이렇게 생각했다. 그러기에 "무교회" 모임에는 십일조가 없다. 그러나 진정한 의미의 십일조가 각자의 믿음의 분수와 각자의 직업에 따라 다양하게, 다른 어떤 교회에서보다 더 엄격히 지켜진다. 유지 관리해야 할 교회가 없고 생활을 보장해 주어야 할 목사나 전도사가 없기에 "무교회"에서는 아예 십일조가 없을 것이라고 추측하는 사람이 더러 있는데, 이것은 오해다. 김교신에게는『성서조선』발간이 십일조였다. 십일조라기보다는 "십십조"였다고 해야 옳을 것이다. 대학병원 안과 전문의인 어느 교수는 방학 때 특별휴가를 얻어 농촌을 돌며 일년에 수십 명씩 무료 개안수술을 한다. 이것이 이 사람의 십일조다. 어느 교사는 학생들을 위해 또한 교육의 민주화를 위해 남모르게 하느님 이름으로 돈을 쓴다. 이것이 그 사람에게는 십일조다. 사회사업기관에 하느님 이름으로 매달 직접 헌금하는 것도, 자연식품을 싼값으로 생산·공급하는 것도 십일조일 수 있다. 이들의 십일조 방식은 이렇다. 그러기에 십일조는 교회와 관계된 사항이 아니고 하느님과 관계된 사항이며, 각자의 자율에 맡겨질 사항이 된다.

셋째, 이들은 교회만이 가지고 있는 성서해석권을 인정하지 않는다. 천국의 열쇠는 교회를 대표하는 교황만이 쥐고 있는 것이 절대 아니다. 하느님만이 이를 끝까지 쥐고 계신다. 성서 구절의 참뜻은 교회를 대표하는 신학자만이 풀이할 수 있는 것이 절대 아니다. 각자가 하느님에게 선사받은 믿음의 분수와 은총의 분수대로 가르침을 받는 것이다. 따라서 성서의 해석으로 야기되는 교회의 분열과 중세 가톨릭 체제 식의 "종교재판" 따위는 있을 수 없는 일이다. 만일 교권 -종권이라고 해야 더 정확하겠지만 - 이라는 것이 있다면, 그것은 하느님의 것이지 교회의 것일 수 없다. 남미의 해방신학자를 단죄한 로마 가톨릭의 종교재판, 불교를 믿는 사람도 구원받을 수 있다고 말했다가 교수직에서 추방당할 뻔했던 모 교파, 모 신학대학의 사례, 이러한 "종교재판" 따위를 이 무교회 무리들은 일찍 졸업해 버렸던 것이다.

3. 한국의 전통문화에 대한 그리스도교적 이해와 사랑

김교신이 『성서조선』을 발간하고 있던 시절의 한국의 그리스도인들은, 한국의 전통문화는 유교적인 것이고 그리스도교와는 어긋나며, 이 유교에서 비롯된 인습적인 생활습성이나 사고방식일랑 그리스도교문화라는 새것으로 바꿔 치워야만 한다고 여기고 있던 시절이다. 그런데 이 "무교회" 모임 사람들은 하나같이 우리 전통문화를 귀히 여기고 이것을 또 그리스도교적으로 이해하고 사랑하였다. 전통문화 중에는 버려야 할 것도 있지만 아껴 키워야 할 것이 더 많다. 하물며 그것이 이 겨레의 씨올들에 의해 이어져 온 것임에랴. 함석헌이 늘 그 스승 유영모의 영향으로 한복과 고무신을 고수하고, 아호 따위도 갖지 않고서 민중(씨올)과 더불어 살고자 했는데, 이 점에서는 김교신도 마찬가지였고 이 모임에 속한 모든 이가 그러했다. 요새의 표현으로는 그리스도교의 토착화, 민족문화에의 접목, … 이러한 것을 이들은 벌써 1920년대에 깨닫고 실천했으니 대단한 선각자들이었다 아니 할 수 없다. 특히 김교신은 함석헌보다 이 면에서는 더 철저한 사람이었다. 한국의 전통적인 인간상인 선비상을 그렇게도 흠모한 까닭에 정몽주의 초상 앞에서 학생과 더불어 울었다. 동양적인 가정관을 그리스도교적 가정관 바로 그것으로 보아 아름답게 여긴 까닭에 제자의 결혼식 선물은 언제나 칼과 가위였다. 신랑에게는 칼을 주면서 이것으로 총각시절의 여러 인간관계를 끊고 모든 것을 새롭게 정립하라 했고, 신부에게는 가위를 주면서 이것으로 이제 친정과의 인연을 깨끗하게 끊고 모든 것을 시댁과의 관계로 자신을 새롭게 정립하라 했다. 자기 딸이 출가할 때 내린 출가훈(出家訓)이 1938년 10월 18일자 일기에 나오는데, 여기에 그의 전통적 가정관 찬미가 이렇게 잘 나타나 있다.

> 1. 단도를 품고 가서 부모의 명예에 관한 때는 죽고 다시 오지 말라. 역시 열녀는 불경이부(不更二夫)요 정결(淨潔) 제일이니라.
> 2. 금일로써 친정과의 관계는 싹 끊는 것이다. 다시 뒤돌아보지 말고 가라. 출가는 배수지진(背水之陣)이다. 퇴각불허. 길흉화복을 오로지 시댁과 함께 하라. 나와 너는 무슨 상관이 있느냐!

그는 전통적 한국인상 및 가정관을 아꼈을 뿐 아니라 전통적 한국 여인상을 찬미해 마지않았다. 전통적 한국 여인상의 가장 귀한 특징은 무엇인가. 그는 정결(淨潔)로 보았고 또 이것을 그리스도교의 가장 귀한 덕목으로 평가했던 것이다. 『성서조선』 창간호에 그의 이름으로 실린 "한양(漢陽)의 딸들아!"라는 글의 일부를 따서 음미해 보자.

> "나에게 한 가지 자랑이 있다. 그리고 그것은 나의 마음의 지극히 깊은 곳을 차지하고 있다. … 조선을 망하게 한 것은 그 남성들이었다. 남성 자신은 멸망하여 다시 소망이 있는 것 같지 않다. 그러나 조선의 여성은 세계에 비할 데가 없다. 조선의 희망은 그 특유한 조선적인 여성의 장점에 있다. … 더욱 성서를 알게 됨에 따라 정조(貞操) 문제는 이것이 단지 열녀부경이부(烈女不更二夫) 충신불사이군(忠臣不事二君)에만 그치는 것이 아님을 알았나. 과연 정조 문제는 인생을 일관하는 근본원리이다. 단지 여성의 문제가

아니요, 동시에 남성의 문제이며, 단지 현세의 제도가 아니요, 과연 내세에 걸치는 우주의 법칙이다. 그러므로 그리스도는 자기와 교회와의 관계를 신랑 신부에 비유하였고, 그러므로 여호와 하나님은 두 신을 공경치 말 것을 백성에게 엄명하였다. 인류 가운데 만일 가장 완전히 유일의 신을 신앙한 민족이 있었다면 이는 유대 민족이었으리라. 인류 가운데 만일 정조의 도(道)를 지켜 온 민족이 있었다면 이는 조선의 여성이었으리라."

가르침

김교신은 천성적인 교사였다. 그와 대하는 학생마다 그의 인격과 교육에 대한 사랑에 사로잡혔고 그와의 "만남"으로 해서 새 사람이 되었다. 요새 "교사는 있어도 스승은 없다"는 말들을 많이 하는데, 여기에서 말하는 교사는 무엇이고 스승은 무엇인가. 교사는 전문적인 훈련을 거쳐 교사 자격증을 갖추고 교과지도 따위를 하는 직업인이다. 스승은 그런 것보다 더 귀한 것을 가르쳐 주는 사람, 즉 인격을 일깨워 주고 삶의 자세를 가다듬어 주고, 역사에의 올바른 눈을 키워 주고, 나아가서 삶을 하느님에게까지 이어 주는 사람이다. 그래서 실은 스승이 되지 않고서는 교사가 될 수 없다.

김교신은 바로 이런 의미의 진정한 교사이자 스승이었다. 그래서 그의 문하에서 기라성 같은 제자들이 배출되었던 것이다. 그의 교직생활은 불과 만 11년 반밖에 되지 못했지만, 그가 10여 년간 쓴 일기에 남긴, 매일의 교육실천을 회고한 글에서 우리는 그의 빛나는 교육역량(教育力量)을 대할 수 있다. 그래서 우리는 그의 신앙적 업적 못지 않게 이 교육적 업적도 올바르게 평가해야 한다. 그렇게 뛰어난 인물임에도 불구하고 중학교 평교사로 일관했으며, 그것도 입신출세에 유리한 공립중학교를 기피하고 민족사학만 맴돌았다. 우리는 많은 민족의 교사, 예를 들면 한서 남궁억, 도산 안창호, 남강 이승훈, 인촌 김성수, 그리고 가까이는 외솔 최현배 등을 가졌지만, 이분처럼 정통적 교사교육을 받고 뛰어난 교육기술과 종교적 신념에 입각해서 할 말 다하면서 인격적 감화를 깊게 준 "평교사"를 보지 못한다. 실은 그의 삶의 주업(主業)은 『성서조선』 발간이고 자신이 늘 말했듯 "부업(副業)"이 실은 교직이었는데, 이 부업으로도 그렇게 성공한 비결은 무엇이었던가. 필자는 이것을 언젠가 1) 인격에 대한 존엄성과 사랑을 일깨워 준 교육, 2) 교사와 생도가 삶과 역사의 기쁨과 괴로움을 같이 나누는 사제동행적 교육, 3) 모든 존재에 다 하느님이 주신 몫이 있고, 이 몫의 깨달음을 통해 자기 삶의 자리매김을 하게 하는 자기발견 촉구의 교육, 4) 삶의 궁극목표를, 하느님과 인간과의 올바른 관계의 정립을 기초로 하고 하느님의 뜻을 이루는 일에 한 몫을 하게 하는 데 두는 진리탐구의 교육, 5) 그리고 약한 자와 괴로움을 같이 나누는 이웃에 대한 사랑의 교육으로 나누어 살펴본 바 있다.

그는 지리교사였지만 지리만을 가르치지 않고 지리를 통해 삶과 역사와 이웃을 가르쳤다. 그가 교육에 성공한 비결은 실은 여기에 있다. 지리라 하면 보통은 기후나 주산물이나 지형 따위를 가르치는 과목으로 안다. 다른 교사들은 이런 것만 가르쳤다. 그러나 그는 이렇게 달랐다. 그러기에 많은 제자들이 한결같이, 우리는 많은 교사들을 대해 왔지만 교사라 하면 바로 김교신이 연상된다고 술회하게 된 것이다. 교육이란 가장 본질적인 차원에서는 바로 이같이 스승과의 인격적 만남을 통해 진정한 삶을 일깨움받는 일이다. 그래서 "만남이 교육에 선행한다"는 명제가 나온 것이다. 만남을 통해 일깨움받는다 해서 이런 교육관을 각성적 교육관이라고 하는데, 김교신의 교육관이 바로 이것이었다.

맺는 말

김교신의 앎과 삶을 한마디로 요약하면 민족에 대한 그리스도교적 사랑이라 할 것인데, 그것을 다시 요약하면 이렇게 될 것이다.

1. 한민족의 섭리 안에서의 자기 발견: 하느님이 이 민족에게 하느님의 역사완성을 위해 꼭 필요한 몫을 주셨다. 그것은 이 민족의 역사와 지리에 역역하게 나타나 있다. 그 몫을 다하여 하느님의 백성이 되자.

2. 종교개혁에 의한 민족의 새로 태어남: 불교도 유교도 다 하느님의 진리의 한 몫을 지닌다. 그리스도교는 특히 가장 귀한 몫을 지녔다. 그런데 이 그리스도교가 다른 종교 이상으로 타락했다. 그리스도교가 체제순응적이고 교회중심적인 양태를 지양하고 순수한 "무교회" 방식으로 생활화, 민중화, 민족화, 토착화되지 않는 한 이 민족의 구원은 어렵다.

3. 한민족의 역사와 전통의 재음미: 그리스도교의 진리는 그리스나 로마로 대표되는 서양의 진리에 가깝기보다는 중국이나 한국으로 대표되는 동양의 진리에 더욱 가깝다. 따라서 이른바 "그리스도교 문명"이라고 하는 서양문명을 수입하기보다는 우리 안의 그리스도교적 문화를 재음미하고 키워 가야 한다.

4. 신앙 · 생활 · 역사참여의 통일: 믿음과 생활과 역사는 따로 분리될 수 없는 일체적인 것이다. 그런데 이 셋이 따로 놀고 있는 데에 믿음의 관념화, 생활의 안일화, 역사의 뒷걸음질의 근본 원인이 있다. 그리스도인은 삶과 생활과 역사참여를 하나로 묶어 하느님께 영광을 돌려야 한다.

5. 각성적 교육: 참 인간교육의 모델은 무엇일까? 물과 거름을 주며 지켜보는 식물재배인가? 먹이와 매로 길들이는 동물훈련인가? 둘 다 아니다. 졸고 있는 말을 침으로 쏘아 잠에서 깨어나게 하는 일깨움, 즉 "영혼적 각성"이다. 이런 뜻에서 참교육은 위대한 인격과의 만남으로 시작되어야 한다. 이 만남만이 자신과 사회와 역사를 돌아보고

그 가운데에 주체로 설 수 있게 한다. 이것이 그리스도교적 교육철학에서 강조되는 참교육의 모형이다. 만남에 의한 삶의 위상설정(orientation of life; Lebensorientierung), 이것이 진정한 그리고 가장 깊은 뜻에서의 교육이다.

이러한 김교신의 삶·앎·가르침을 이어받아 더욱 발전적으로 계승하기 위해 우리가 힘써 해야 할 연구과제는, 그의 사상의 체계적 연구와 평가, 일차자료를 비롯한 여러 문헌을 소장·관리·열람시킬 '김교신 자료실'의 설치·운영, 『김교신 전집』의 염가 보급, 일화·편지·증언의 조직적 수집·청취, "무교회" 논리의 한국교회사 안에서의 올바른 위상설정과 평가이리라.

제 8 장

함석헌

Ⅰ. 삶과 이룩함

咸錫憲이라 하면 연상되는 것이 참으로 많다. 우선 흰 수염, 흰 두루마기에 흰 고무신이다. 그는 이 땅의 그 하고많은 그리고 한많은 늙은이로 살으셨다. 함석헌이라 하면 야인, 선비를 연상한다. 이 사회에 경종을 울리며 불의에 저항한 투사의 모습이다. 그러나 가장 강렬하게 연상되는 것은 역시 '씨올'일 것이다.

'씨올'이란 그가 그의 스승 유영모 님에게서 배워 쓰기 시작한 독특한 말로, 요즈음 표현으로는 민중을 뜻하며 '씨올사상'이라 하면, 이 民衆이 역사의 주체가 되어야 한다는 사상을 이름이다. 참으로 그는 이 씨올의 개념으로 한국의 역사 풀이와 현대의 민주화 과정에 귀한 발자욱을 남겼을 뿐 아니라, 또 이것으로 '참교육'이 무엇인가를 밝히고, 씨올들을 일깨워준 귀한 스승이기도 했다. 그를 일컬어 한국의 간디라 하는 이유가 여기에 있다. 그는 생전에 여러 국제상을 수상했고 노벨평화상 후보에도 여러번 올랐다.

함석헌은 1901년 3월 13일 평북 용천군 부라면 원성동, 일명 사자섬에서 아버님 咸亨澤씨와 어머님 金亨道여사의 장남으로 태어났다. 그는 사립 기독교학교인 德一소학교, 그후에는 楊市공립보통학교를 거쳐 1916년 평양고등보통학교에 입학했는데 3학년때 3·1운동에 적극적으로 가담하여 퇴학을 당하고, 2년정도 방황하다가 五山고등보통학교 3학년에 편입해서 1923년 이곳을 졸업한다.

함석헌*

Ⅰ. 삶과 이룩함

함석헌(咸錫憲)이라 하면 연상되는 것이 참으로 많다. 우선 흰 수염, 흰 두루마기에 흰 고무신이다. 그는 이 땅의 그 하고많은 그리고 한 많은 늙은이로 살으셨다. 함석헌이라 하면 야인, 선비를 연상한다. 이 사회에 경종을 울리며 불의에 저항한 투사의 모습이다. 그러나 가장 강렬하게 연상되는 것은 역시 '씨ᄋᆞᆯ'일 것이다.

'씨ᄋᆞᆯ'이란 그가 그의 스승 유영모 님에게서 배워 쓰기 시작한 독특한 말로, 요즈음 표현으로는 민중을 뜻하며 '씨ᄋᆞᆯ사상'이라 하면, 이 민중이 역사의 주체가 되어야 한다는 사상을 이름이다. 참으로 그는 이 씨ᄋᆞᆯ의 개념으로 한국의 역사 풀이와 현대의 민주화 과정에 귀한 발자욱을 남겼을 뿐 아니라, 또 이것으로 '참교육'이 무엇인가를 밝히고, 씨ᄋᆞᆯ들을 일깨워준 귀한 스승이기도 했다. 그를 일컬어 한국의 간디라 하는 이유가 여기에 있다. 그는 생전에 여러 국제상을 수상했고 노벨평화상 후보에도 여러 번 올랐다.

함석헌은 1901년 3월 13일 평북 용천군 부라면 원성동, 일명 사자섬에

---

* 김정환(1991). 함석헌. 『한국의 교육사상가(下)』(pp.313-322). 서울: 교원복지신보사.

서 아버님 함형택(咸亨澤) 씨와 어머님 김형도(金亨道) 여사의 장남으로 태어났다. 그는 사립 기독교학교인 덕일(德一)소학교, 그후에는 양시(楊市)공립보통학교를 거쳐 1916년 평양고등보통학교에 입학했는데, 3학년때 3·1운동에 적극적으로 가담하여 퇴학을 당하고, 2년 정도 방황하다가 오산(五山)고등보통학교 3학년에 편입해서 1923년 이곳을 졸업한다.

이곳에서 그는, 그가 '선생님'이라 하면 누구나 알아차리는 유영모, 그리고 또 안창호, 이승훈, 조만식 등 위대한 인격들과 만난다. 그의 삶의 기본적 틀을 이루는 세 가닥, 즉 민중, 민족, 기독의 세 가닥이 여기에서 잡힌 것이다.

1924년에는 당시의 명문인 동경고등사범학교에 입학하는데, 이때 그는 예언적 기독자 内村鑑三(우찌무라 간조)를 만났다. 우찌무라는 군국주의를 찬양하는 교육칙어(教育勅語)[1] 경배를 거부하고 제일고등학교 교수직에서 추방당한 재야전도사였다.

이래서 그는 일본어로 '센세이'(선생님)라 하면 누구나 알아차리는 또 하나의 위대한 스승을 만나게 된다. 1927년 그는 같은 우찌무라 문하생인 김교신, 정상훈, 유석동, 양인성, 송두용과 더불어 신앙동인지 『성서조선(聖書朝鮮)』을 월간지로 창간하여 '무교회 기독교'를 이땅에 선포한다. '무교회 기독교'란 무엇인가. 간단하게 말하자면 민족적 민중적 토착적 기독교다. 이 혁명적인 새 이념을 지키기 위해서 그들은 당시의 교회 밖으로 뛰쳐나가 '무교회'가 되어야만 했다.

함석헌은 동경고사를 졸업하고 모교인 오산고보에서 10년간 교편을 잡으면서 이 땅의 젊은이에게 민족혼을 일깨워 주고 또 기독교 사관에 입각한 한국의 역사의 연구에도 몰두한다. 그의 대표작으로 꼽히는 『성서적 입장에서 본 조선역사』(뒤에 『뜻으로 본 한국역사』로 제목이 바뀜)의 기본적인 틀이 이곳에서 잡혔다. 왜 10년 만에 이곳을 물러나야만 했는가.

일제의 탄압 때문이었다. 그후 그는 오산에서 조그마한 과수원을 경영

---

1) 편저자 주: 1890년 10월 30일에 메이지 천황(明治天皇)의 명으로 발표된 "교육에 관한 칙어(教育ニ関スル勅語)"를 의미하며, 줄여서 "교육칙어"로 표기하기도 함.

하며 오산학교 생도들 대상의 전도생활을 하다가 1940년 3월 송산농사학원(松山農事學園)을 인수, 경영하였으나 계우회(鷄友會) 사건으로 연루되어 1년간 구치소에 매였고, 1942년 5월에는 성서조선사건(聖書朝鮮事件)으로 다시 서대문 형무소에 갇혀 만 1년간 옥고를 치른다. 이때 같이 갇힌 사람은 김교신, 송두용, 유영달 등 13인이었다. 『성서조선』의 주필 김교신이 제158호의 권두언으로 쓴 조와(弔蛙: 개구리의 죽음을 애도함)라는 글이 이 민족의 정기가 아직 살아있다고 외친 때문이었다.

옥에서 나온 그는 이제 고향에서 완전히 농사꾼이 되는데, 때마침 밭에서 똥거름을 주다 조국의 광복소식을 맞는다. 이렇게 해방은 맞았지만 그에게는 계속 시련과 고난이 이어진다. 이제는 누구나 다 아는 '신의주학생사건'이 그 대표적인 것이다. 공산당의 학정에 못이겨 그는 1947년 월남을 하고, 한국전쟁의 시련을 믿음으로 소화한 다음, 그것을 1956년부터 『사상계(思想界)』에 발표하기 시작하여, "생각하는 백성이라야 산다"라는 글로 잘 알려져 있듯이 이땅의 젊은 지성인들의 심금을 울리면서, 이 겨레의 현실진단과 이에 대처해 나아가야 할 방향을 제시한다.

그의 가장 큰 업적은 무엇일까. 역시 1970년 4월 19일자로 창간한 『씨ᄋᆞᆯ의 소리』일 것이다. 그의 씨ᄋᆞᆯ사상, 그의 민주화 투쟁, 그의 색다른 기독교사상, 그의 아름다운 시, 그리고 그의 평화사상이 남김없이 이 속에 담겨있기 때문이다. 『씨ᄋᆞᆯ의 소리』는 그 후 몇 번 정간(停刊), 발간(發刊), 속간(續刊)[2]을 되풀이하면서 이어져 왔으며, 1989년 2월 4일 그가 서거한 뒤에도 그의 정신적 제자들에 의해 공동으로 발행되다가, 1989년 5월호(통권 101호)부터는 김용준 단독발행의 형식으로 이어져 오늘에 이르고 있다.

함석헌! 그는 이 겨레의 씨ᄋᆞᆯ로 살으면서 씨ᄋᆞᆯ을 옹골차게 가꾸어 나갔다. 이것이 그의 삶이었다. 또 그는 씨ᄋᆞᆯ을 업수히 여기는 악과 독재에

---

2) 편저자 주: 1991년의 원문에는 "停刊, 發刊, 發刊"으로 "발간"이 두 번 연속하여 적혀 있다. 그러나 이 책의 머리말에서 소개한 바 있는 김정환의 미간행 강의록(『교육사상가론』, 1993: 198)에는 두 번째 "發"이 "續"으로 수기로 징정되어 있다(본장 마지막의 <그림 1> 참조).

맞서 싸웠다. 이것이 그의 선한 싸움, 대듦이었다. 그리고 그는 이 겨레의 씨올들을 일깨워 이 겨레로 하여금 세계의, 새 역사의 장을 열게 하는 평화사상을 다듬어 냈다. 이것이 그의 이룩함이었다.

Ⅱ. 생각과 믿음

함석헌은 엄청난 분량의 저작을 우리에게 남겼다. 1983년에 시작하여 1987년에 완결된 『함석헌전집(咸錫憲全集』(한길사)은 20권에 이른다. 우리는 이 속에서 그의 생각과 믿음을 잘 엿볼 수 있다. 그중에서도 중요한 것을 고른다면 아마 다음 다섯 가지가 되리라.

1. 씨올사상

씨올이란 무엇이냐? 모든 겉치레 옷을 벗은 사람, 곧 올사람 민중이다. 실(實), 참, real이다. 임금도, 대통령도, 장관도, 학자도, 목사도, 신부도, 군인도, 관리도, 문사도, 장사꾼도, 죄수도 다 올은 아니다. 실재(實在)는 아니다. 그런 것은 우주 간에 없다. 허망한 욕심으로 만들어진 우상일 뿐이다. 우상이란 무엇인가. 속이 텅 빈 깡통을 이름이다. 정말 있는 것은, 올은 한 올일 뿐이다. 그 한올 혹은 얼이 이 끝에서는 내가 되고, 저 끝에서는 하나님, 하늘, 브라만이 된다.

민이란 곧 그러한 모든 우연적 일시적인 제한, 꾸밈을 벗고 바탕대로 있는 인격이다. 꾸밈과 겉치레는 바뀌고 사라져도 이 올 사람, 올 생명은 없어지는 날이 없다. 그러므로 하나님은 씨올 편이요, 이 씨올을 통해서 역사를 창조해 가시며, 씨올이 역사의 주체가 되게 하신다.

2. 고난사관

『뜻으로 본 한국역사』는 그 첫 쪽에서부터 마지막쪽까지 훤히 드러나 있는 것이 있다. 그것은 고난의 역사라는 것이다.

우리 민족은 원래 착하디 착하고, 더욱이 싸움을 싫어하는 백의평화민족인데, 왜 다른 민족의 침략만 받아 왔고, 더욱 그들의 찌꺼기 문화 때문에 이 고생만 하여 왔는가? 우리 민족이 못나서가 아니라 하나님께서 그런 역할을 우리에게 주셨기 때문이다. 그것은 또 왜? 예수님이 십자가라는 고난을 통해 인류와 하나님과의 올바른 관계를 회복했듯이, 하나님은 죄 없는 이 겨레 한민족에게 인류를 대신하는 고난을 당하게 하사, 그 시련을 참 믿음으로 순화하여, 의와 평화의 새로운 인류사의 첫 장을 이 민족으로 하여금 열게 하고자 하심이다. 우리 민족은 '고난의 도매상'이다. 그러나 부끄러워 말라. 이것이 바로 한민족의 자랑스럽고 장엄한 세계사적 사명이다.

3. 제2의 종교개혁

근세는 종교개혁의 산물이다. 종교개혁에는 좁은 것과 넓은 것이 있다. 좁은 것은 루터의 로마교회에 대한 저항처럼 종교 자체 내의 개혁이고, 넓은 것은 종교에만 국한하지 않고 학문·예술·정치·경제 각 방면에 걸치는 신생운동이었다. 좁은 것을 The Reformation, 넓은 것을 Renaissance 라고 보통 말하는데, 실은 이 르네상스도 종교개혁의 한 모습으로 보아야 한다. 왜냐하면 얼의 새로워짐에 의해 나타났기 때문이다. 우리는 현대의 문화의 위기를 극복하기 위해 제2의 종교개혁을 이룩해야 할 시기에 이르렀다.

그것은 개개의 종교의 개혁, 혹은 문화의 개개의 영역의 개혁을 의미하는 것이 아니고 얼의 새로워짐을 뜻한다. 왜냐하면 참 종교란 정신일 수밖에 없기 때문이다. 조직을 갖춘, 특정교리로 무장한 무슨 무슨 종교, 교파의 너울을 벗어던지자.

4. 퀘이커적 평화사상

현존하는 종교는 못할 것이다. 왜냐하면 그것들은 모두 상전으로 받드는 국가나 정치에 너무 밀착되어 있기 때문이다.

이런 점에서 하나님 외에는 상전을 갖지 않는 퀘이커교는 믿을 만하다. 퀘이커교의 특징은 어디에 있는가. 그 관용성이다. 모든 종교가 다 하나님 계시를 조금씩 귀하게 나누어 갖고 있다고 이들은 믿기에 모든 종교와 화해한다. 그 민주성이다. 각자가 그 믿음의 분수대로 계시를 받는다고 믿기에 계층적 성직제도나 경직된 조직을 일체 거부한다. 그 실천성이다. 믿음은 곧 삶을 통해서 살아움직여야 하고, 이 세상을 하나님 나라의 모형으로 만들어 가야 한다. 그러나 가장 귀한 것은 그 평화성이다. 계층 간, 국가 간, 민족 간, 종족 간, 문화 간, 종교 간 … 의 갈등의 해소·화해에 힘쓰고, 반전·반핵운동의 실천으로 양심적 병역거부까지 한다.

5. 인격혁명

4·19혁명이 성공 못한 근본원인은 어디에 있었던가? 우리가 스스로 역사의 책임자 노릇을 하지 않고 서서 기다리려 한 데 있다. 그놈이 그놈이니, 어느 정당도 믿을 수 없고 어느 인물도 기대할 것이 없어졌으니, 그렇다면 오직 한길, 나밖에, 우리밖에 없다면서 씨올들이 나섰어야 할 것인데 그렇지 못해서 5·16이 와 버렸다! 우리는 이같은 어리석음을 다시 범하지 말아야 한다. 어떻게? 인격혁명으로다. 모든 혁명운동은 세 가지 요소로 되어 있다. 인물, 조직, 이론이 이것이다. 이 셋은 한 사람 한 사람의 새로 남, 거듭 남으로만 얻을 수 있다. 또 혁명은 대중운동 속으로, 지속적으로 전개되어야 한다.

Ⅲ. 가르침과 일깨움

따라서 참 혁명은 최악의 사태를 면하게 하는 외형적 혁명이 아니고 민족성 개조로까지 이어지는 인격혁명이어야 한다.

함석헌은 정규의 사범교육을 그것도 당시 모두 우러러 보던 명문학교에서 받은 엘리트 교사였다. 공립중학교에 가면 10년 만에 교무주임이 되고 이어 교장, 장학사, 장학관이 될 수 있다. 그런데 그가 몸을 담은 곳은, 퇴학당한 자기를 주워 키워준 민족사학인 모교 오산학교였다. 이곳에서 10년간 그는 많은 제자를 길렀다.

또 일제시에는 동인지 『성서조선』을 통해, 또 광복후에는 『씨ᄋᆞᆯ의 소리』 등을 통해 많은 씨ᄋᆞᆯ들을 일깨워 주었다. 공자님에게는 직제자가 72명이요, 간접제자는 3천 명에 이르렀다 하는데 우리 함석헌 님도 이에 못지 않았다. 님을 선생님으로 모신 사람들이 참으로 많다. 『씨ᄋᆞᆯ의 소리』 통권 100호 기념호(1989년 4월호)를 보면, 님을 선생님으로 모셨던 기라성 같은 사람들의 이름이 많이 보이는데, 김용준, 박두진, 노명식, 송건호, 김경재, 송 현, 김영호, 이윤구, 송기득, 장기려, 김대중, 김영삼, 최태사, 이태영, 법 정, 서영훈, 감상근, 원경선, 다나까, 한승헌, 강기철, 장기홍, 김승경, 배영기, 문대골 등이 이들이다. 이들은 모두 정치, 경제, 학문, 종교, 언론, 예술, 법조의 큰 재목들이 아닌가. 님이 얼마나 위대한 영혼의 교사였는가하는 것을 알 수 있는 귀한 근거다.

님에게는 교육에 관해 쓴 귀한 글이 많다. 그중에서도 『새교육』(전집 2권 수록), 『민중의 교육과 종교』(제3권), 『씨ᄋᆞᆯ의 설움』(제4권), 『교육에 있어서 반성해야 할 몇 가지 문제』(제5권), 그리고 이상흠 님이 쓴 "나의 오산학교 시절과 함석헌 선생"(『씨ᄋᆞᆯ의 소리』1990년 9월호)은 교육에 몸담고 있는 우리는 꼭 읽고 새김질해야 할 글들이다.

님에게는 소망이 하나 있었다. 농촌에 들어가 땅을 가꾸고 기도하면서 사람을 기르자, 이렇게 농(農) · 신(信) · 교(敎) 셋을 그는 분리할 수가 없었다. 님에게는 '참교육'의 이론이 있었다. 그것은 "교육은 인간살핌의 알파요 오메가다"라는 것이었다. 님에게는 우러러 받든 스승이 계셨다. (그러기에 그도 스승이)[3] 될 수 있었다. 그리고 님에게는 믿는 바가 있었다. 그래서 모든 것을 이 믿음으로 풀이하고 이 믿음을 향해 나아가도록 했다. 그가 교육의 기초, 유일한 기초를 종교로 본 이유가 여기에 있다.

위의 <새 교육>이라는 글에서 이러한 그의 논리를 좀 더 살펴보자.

교육의 목표를 하나되는 것으로 세워야 한다. 하나란 가장 구체적으로 말하면 나라의 통일이다. 그러나 그것은 그것으로 그치지 않고 세계국가에까지, 또 이렇게 겉으로만 아니고 속으로는 내가 하나되는, 나와 하나님이 하나되는 인격통일에까지 이르러야 한다.

교사는 새로운, 깊은 세계관을 지니고 학생들을 인격적으로 감화해야 함은 물론이요, 이 시대의 문화를 아름답게 고쳐 나가는 문화의 개조자요, 시대의 예언자이어야 한다. 과거에는 군인과 정치가가 이런 일에 앞장서고 교사는 그 뒤치다꺼리만 했다. 이것이 잘못이었다. 이제는 교사가 앞장서야 한다.

생도는 자기를 실현해야 할 인격체다. 그들을 틀 속에 가두고 그 틀에 맞게 닦달질하니 그들이 비뚤어질 수밖에 없지 않는가.

생도에게 이상을 심어 주고 나아가야 할 목표를 제시해 주고, 아름다운 삶, 사회, 세계의 틀을 제시해 주어야 한다. 학교에 가면 반공소리를 듣지만 정말 반공을 하고 있나? 당초에 공산주의는 왜 생겼나? 자본주의의 잘못된 것 때문 아닌가.

참 교육은 배양, 발전, 유도, 보호 따위 차원의 것이 아니라 어떤 회심(回心)을 계기로 하는 절대자에의 동경이다. 즉, 교육은 이렇게 초월적인 세계와 내가 이어지지 않고서는 안 된다.

영혼의 울부짖음과 영혼의 아늑함을 이끌어 내지 못하는 교육은 참교육이 아니다.

---

3) 편저자 주: 1991년의 원문에는 없으나, 김정환의 미간행 강의록(『교육사상가론』, 1993: 203)에는 이 아홉 글자가 수기로 추가되어 있다(<그림 2>).

따라서 참 교육은 절대자를, 진리를, 하나를 찾는 과정이다.

함석헌의 이같은 교육철학을 아주 명쾌하게 볼 수 있는 그의 시가 있다.

교육은 그 하나를 찾고,
정치는 그 하나로 가는 길을 열고,
예술은 그 하나의 깃발을 그리고,
종교는 그 하나이고.

그의 가장 큰 업적은 무엇일까. 역시 1970년 4월 19일자로 창간한 <씨올의 소리>일 것이다. 그의 씨올사상, 그의 민주화 투쟁, 그의 색다른 기독교 사상, 그의 아름다운 시, 그리고 그의 平和思想이 남김없이 이속에 담겨있기 때문이다. <씨올의 소리>는 그후 몇번 停刊·廢刊·復刊을 되풀이 하면서 이어져 왔으며, 1989년 2월 4일 그가 서거한 뒤에도 그의 정신적 제자들에 의해 공동으로 발행되다가, 1989년 5월호(통권 101호)부터는 金容駿 단독발행의 형식으로 이어져 오늘에 이르고 있다.

〈그림 1〉 김정환 강의록 『교육사상가론』(1993: 198)

농촌에 들어가 땅을 가꾸고 기도하면서 사람을 기르자. 이렇게 農·信·教 셋을 그는 분리할 수가 없었다. 님에게는 '참교육'의 이론이 있었다. 그것은 "교육은 인간살핌의 알파요 오메가다"라는 것이었다.

님에게는 우러러 받든 스승이 계셨다. 될 수 있었다. 그리고 님에게는 믿는 바가 있었다. 그래서 모든 것을 이 믿음으로 풀이하고 이 믿음을 향해 나아가도록 했다.

〈그림 2〉 김정환 강의록 『교육사상가론』(1993: 203)

제 9 장

외솔 교육사상의 틀 분석

<기념 특별 기고>

외솔 교육사상의 틀 분석

김 정 환
<고려대 명예교수/서울회원>

외솔회에 대해 오랫동안 잊고 있었는데, 외솔 탄신 100돌 기념 특집호인 《나라사랑》 제89집을 받고, 벌써 33년 전이 되어 버린, 필자가 외솔과 이 세상에서 얼굴과 얼굴을 맞대고 이야기를 나눈 단 한 번의 만남이 새로워졌다.

그것은 1963년 이른 여름이었다. 외솔과 히로시마고등사범학교의 동창인 최 아무개님이 서울특별시 교육감으로 임명되어, 그 댁에서 당시 생존해 계시던 광도고등사범학교 동창생들 20여 명과 저녁 만찬에 초대된 자리에서였다. 당시 외솔은 거의 칠순이요, 좌중에서 가장 윗분이셨고, 나머지 분들은 60 전후, 그리고 나만 유일하게 30대였었다. 다른 분들은 일제 시대에 광도고사를 다녔지만, 나만은 해방 후에, 그것도 한일국교가 공식적으로 아직 열리기 전에 다녔기 때문이다.

당시의 서울특별시 교육감 자리는 굉장한 자리였고, 좌중에 계시는 분들도 이미 그 자리를 거쳤거나, 당시의 일류 인문계 고등학교의 교장들이었다. 그래서 햇병아리 같은 나는 빌려 온 고양이처럼 주눅들 수밖에 없었고, 만찬의 자리가 하나도 즐겁지 않았다.

그 자리에서 외솔은 필자를 안스럽다는 듯 바라보시다 몇 마디

외솔 교육사상의 틀 분석*

외솔회에 대해 오랫동안 잊고 있었는데, 외솔 탄신 100돌 기념 특집호인 『나라사랑』 제89집을 받고, 벌써 33년 전이 되어 버린, 필자가 외솔과 이 세상에서 얼굴과 얼굴을 맞대고 이야기를 나눈 단 한 번의 만남이 새로워졌다.

그것은 1963년 이른 여름이었다. 외솔과 히로시마고등사범학교의 동창인 최 아무개 님이 서울특별시 교육감으로 임명되어, 그 댁에서 당시 생존해 계시던 히로시마고등사범학교 동창생들 20여 명과 저녁 만찬에 초대된 자리에서였다. 당시 외솔은 거의 칠순이요, 좌중에서 가장 윗분이셨고, 나머지 분들은 60 전후, 그리고 나만 유일하게 30대였었다. 다른 분들은 일제 시대에 히로시마고사를 다녔지만, 나만은 해방 후에, 그것도 한일국교가 공식적으로 아직 열리기 전에 다녔기 때문이다. 당시의 서울특별시 교육감 자리는 굉장한 자리였고, 좌중에 계시는 분들도 이미 그 자리를 거쳤거나, 당시의 일류 인문계 고등학교의 교장들이었다. 그래서 햇병아리 같은 나는 빌려 온 고양이처럼 주눅들 수밖에 없었고, 만찬의 자리가 하나도 즐겁지 않았다.

그 자리에서 외솔은 필자를 안스럽다는 듯 바라보시다 몇 마디 말씀을 주셨는데, 그게 무슨 말씀이었는지 지금은 하나도 기억이 안 난다. 다만

* 김정환(1995). 외솔 교육사상의 틀 분석. 『나라사랑』 90, 85-88.

그때 서명을 하시고 좌중의 모두에게 주신, 그때 갓나온 『나라 건지는 교육』(1963년 3월 초판)은 지금도 소중하게 간직하고 있다.

지금 생각하면 너무나도 부끄러운 일이지만, 외솔이 원래 페스탈로치를 연구한 교육학자이셨다는 것을 필자는 그때 처음으로 알았다. 나아가서 『조선민족 갱생의 도』로 국민 계몽에 앞장선, 요새 표현으로 한다면 '사회교육'의 선각자요, 또 『나라사랑의 길』에 담겨 있듯, 민족교육에 대해 탁월한 이론을 지닌 분이라는 것도 알게 되었다.

이같은 만남이 계기가 되어 필자는 홍이섭 교수님의 도움으로 『나랑사랑』 제17집에 '김교신'을 담는 행운을 누렸고, 이제 고인이 되신 한국교육학의 개척자 세 분 중의 하나로 외솔을 세우고, 그 외솔의 교육사상 연구를 특별히 위촉받아 발표를 하게 되는 영광도 누렸다. 이것이 1988년도 한국교육학회 연차대회 교육철학 연구회에서 발표한 필자의 "최현배의 교육사상 연구"이다. 원고 분량으로 200면이 넘는, 나로서는 혼신의 힘을 기울인 것이었다.

나머지 두 분은 서울대학교 문리대에서 오랫동안 교육학을 강의하신 이인기(李寅基) 교수님과 서울사대에서 역시 교육학과 윤리학을 강의하신 김기석(金基錫) 교수님이다.

필자는 이 논문에서 외솔의 교육사상을 ① 민족교육론, ② 구국교육론, ③ 사회교육론, ④ 국어교육론, ⑤ 페스탈로치 교육사상의 체계화의 다섯 가닥으로 추려 분석하면서, 외솔의 교육사상이 우리에게 남긴 귀한 사상을 담 일곱가지로 마름하였다.

1. 겨레의 참뜻 다짐

겨레란 피와 문화를 함께 한 단체라고 외솔은 보았다. 피는 신체적 특질, 문화는 역사와 전통의 총화다. 그런데 우리가 주목해야 할 것은, 민족은 주어진 불변의 실체가 아니고 성장·발전하는 생명체라는 것, 성장·발전할 수 있는 것이기에, 거꾸로 쇠잔·몰락할 수도 있다는 것을 외솔은 정확하게 인식했다. 그래서 그는 교육을 통한 갱생에 힘썼던 것이다.

2. 말 · 얼 · 글의 삼위일체성

말과 글 속에 얼이 깃들고, 거꾸로 얼은 말과 글로 더욱 일깨워진다. 그럼, 글과 말과의 관계는 어떤가. 이 둘 역시 소리와 붓으로, 이렇게 표현 방법은 다르지만 서로 도움을 주면서 발전한다. 외솔은 이 셋을 하나로 보고, 이 셋을 고루 가꾸고자 했다.

3. 문화의 기초로 삼는 언어관

문화는 의식주 등의 생활양식, 풍속, 습관, 종교, 언어 등을 넓게 포함하는 개념이다. 그러나 이들 문화의 구성 요소 중에서 가장 중요한 것은 무엇인가. 그것은 바로 언어다. 이것이 외솔의 언어관이었다. 그것은 페스탈로치의 사상이기도 했다. 사실 페스탈로치는 "문화의 기초로서의 언어"(1799)라는 논문에서, "언어는 나 자신을 있게 하는 것"이라고 했다.

4. 국민 대중 교육관

페스탈로치는 민중을 국가나 겨레를 구성하는 가장 중요한 층으로 보고, 이 민중의 각성을 교육의 큰 과제로 삼았다. 이 민중의 각성만이 새 역사의 열쇠다. 이래서 그는 상류계층 중심의 교육을 민중 중심의 교육으로 바꾸어, 교육의 역사에 코페르니쿠스적인 큰 전환을 이룩했다. 남녀노소를 막론한 온 겨레의 성원을 대상으로 하는 교육, 외솔이 페스탈로치 연구에서 강조한 "교육의 세 마당(가정, 학교, 사회)"의 생활의 교육이 이것이다.

5. 도덕의 기초로 삼는 종교관

페스탈로치는 머리, 가슴, 손, 혹은 지적인 힘, 정서적인 힘, 기능적인 힘, 또는 지육, 덕육, 체육의 조화로운 발전을 교육으로 보았다. 이것을 삼육론(三育論) 혹은 조화적 발전설이라 한다.

그런데 우리가 여기에서 주목해야 할 것은, 위 세 힘의 비중이 같아야 한다는 뜻은 결코 아니라는 것이다. 한 교향곡 속에는 여러 가락이 있고, 이것이 조화를 이룬다. 그러나 이 모든 가락은 첫 악장에 제시되는 으뜸가락이 변주된 것이거나 그것을 돋보이게 하는 것이다. 이 으뜸가락에 해당하는 것이 바로 위의 가슴이요, 정서적 힘이요, 덕육이요, 종교적 감각도야이다. 외솔의 민족이상론이나 도덕교육론도 바로 이같은 종교적 감각의 소치다.

6. 겨레의 이상 정립

외솔의 논리 중에서 겨레, 문화, 이상을 하나로 보는 문화교육학 체계의 논리가 강하게 작용하고 있음도 주목된다. 외솔의 문화교육학의 기본 발상은 무엇인가. 한 겨레를 다른 겨레와 구별하는 것은 문화이며, 모든 꽃이 제 아름다움을 지니듯, 모든 겨레의 문화도 아름다우며, 각 겨레는 각각 자기네의 개성적 문화로 세계사에 기여한다는 논리다.

7. 기독교적 민족주의 교육론

하늘이 이 겨레에게 귀한 몫을 주셨다. 그 몫의 실현으로 세계사에 이바지한다. 이것이 기독교적 섭리사관이다. 함석헌과 김교신을 그 대표자로 하는 '섭리적 민족사관'은 외솔에게도 일찍이 나타나 있다. 이 백성을 하느님의 백성으로 일깨워 주자! 이들은 이렇게 외치면서 그 귀한 삶들을 아름답게 마치셨다.

외솔의 이같은 교육사상의 틀이 귀하기에 필자는 《교육사상가론》[1]강의에서 꼭 3시간 정도로 이것을 소개하며, 겨레의 선각자를 같이 추모하여 왔다.

1) 편저자 주: 이 책의 "머리말"에서도 언급한 바 있는 김정환의 강의록 『교육사상가론』(1993)에는 이 책의 제II부 5장에 수록된 "최현배의 교육사상 연구"가 포함되어 있다.

제 10 장

외솔 교육사상 분석

외솔 교육사상 분석

金 丁 煥*

〈 차 례 〉

Ⅰ. 머리말
Ⅱ. 외솔 교육사상 분석
1. 민족교육론
2. 구국교육론
3. 사회교육론
4. 국어교육론
5. 페스탈로치의 교육사상과 체계화
Ⅲ. 맺음말

* 고려대 명예교수, 교육철학

외솔 교육사상 분석*

Ⅰ. 머리말

외솔의 한살이는 겨레의 문화를 담는 그릇인 한글연구와 사랑하기, 그리고 겨레의 얼과 사람됨을 일깨워 키워 주는 민족교육 특히 인간교육, 이 두 길을 외곬으로 다진 삶이었다. 그런데 우리는 그의 한글 학자로서의 업적평가에만 치우쳐 그의 교사, 특히 교육학자로서의 업적평가에 소홀하지 않았던가. 이는 외솔의 정신을 이어 받고자 세워진 '외솔회'가 님의 3대 저작으로 『조선 민족갱생의 도』(1926), 『우리말본』(1935) 그리고 『한글갈』(1940)을 든 것으로도 잘 알 수 있으며, 더욱 님이 정규교사 양성기관인 히로시마고등사범학교를 졸업했고, 교토제국대학 철학과에서 교육학 전공으로 한국인으로서는 맨 처음으로 교육개혁자요 근세교육의 아버지라고 추앙되는 페스탈로치를 연구하고 『페스탈로치의 교육사상』으로 학위를 취득한 점, 그리고 평생을 교사로 일관한 점으로도 잘 알 수 있다. 그래서 교육학적, 더욱 교육철학적 측면에서의 외솔연구는 아직 우리에게 귀한 과제로 남아 있다 하겠다.

그러나 이 측면에서의 연구가 아주 없는 것은 아니다. 그새 몇 사람들

---

* 김정환(1997). 외솔 교육사상 분석. 『동방학지』 95, 17-33.

에 의해 여러 시각에서 조금씩 꾀해져 왔다. 사실, 교육철학 연구 목록집 이라 할 수 있는 『한국의 현대교육철학의 전개』에서 보면, 「최현배(외솔 崔鉉培)」로 네 편이 들어 있는데, 김정환(1973)의 「외솔선생의 민족교육학」(『나라사랑』 제10집. 외솔회), 이원필의 「최현배의 민족교육론에 관한 연구: 교육적 저서분석을 중심으로」(『부산교육대학연구보고』), 한기언(1986)의 「외솔의 교육사상」(『나랑사랑』 제60집), 김정환(1988)의 「외솔 최현배의 교육사상 연구」(『교육철학』 제6집. 한국교육학회 교육철학연구회)가 그것이다.[1] 이처럼 이 측면의 연구는 이제 막 시작된 느낌이다.

그러나 개설적 교육학 서적에는 외솔의 이름이 꽤 많이 나오고 있다. 그중 몇 가지를 들고, 외솔의 어떤 생각이 그곳에서 음미되고 있는가를 들면 다음과 같다.

첫째, 한국인의 성격분석을 여러 사람이 해 왔는데(이광수, 최남선, 최현배, 최재희, 김기석, 오천석, 조지훈, 윤태림, 최재석, 이기백), 최현배는 의지의 박약함, 용기 없음, 활동력의 결핍, … 정치-경제적 파멸 등 열 가지 결함을 구체적으로 지적하면서도 한국인의 성격적 장점의 발굴 내지 구명에도 힘썼다.[2]

둘째, 우리는 한국인의 성격분석을 통해서 어떤 경우는 패배주의적 교육관을, 어떤 경우는 민족교육적 낙관론을 유도하는데, 이 두 경우를 잘 구별해야 한다.[3] 외솔은 어느 경우인가. 그것은 말할 필요도 없는 일이다.

셋째, 언어는 문화를 담는 그릇이요, 문화는 언어를 통해서 이어지며, 그래서 문화의 계승·발전을 교육의 생명으로 삼는 문화교육학파에서는 언어교육을 가장 중시한다. 우리 역사에서 이러한 입장의 교육사상을 지닌 사상가를 찾는다면 단연 외솔이다. 사실, 그의 '한글'을 지키고 갈고 닦고 가르쳐 온 삶은 이 문화교육학의 정신적 지주 위에 터잡았던 것이다.[4]

---

1) 오인탁·윤재흥. 『한국의 현대교육철학의 전개』. 성지출판사, 1992 참조.

2) 한기언. 『한국사상과 교육』. 일조각, 1973. 42쪽.

3) 김인회·정순목. 『한국문화와 교육』. 이대출판부, 1974, 73쪽.

4) 김정환. 『교육철학』. 박영사, 1987, 69쪽.

넷째, 겨레의 중병현상 원인규명이다. 외솔은 그 심층적 원인은 민족의 얼을 담고 있는 제 나라 말글을 경멸하고 한자의 숭배와 한자교육을 숭상함에 있다고 판단한 것이다. 외솔의 비유교적·비주정학적 교육정신을 여기에서 분명하게 볼 수 있다. 이 논문은 국문학자의 외솔 교육사상 분석이기에 더욱 귀하다.[5)]

다섯째, 윤리·도덕을 중심으로 예의를 올바르게 지도할 도의과목 중시다. 한국동란 직후 이 '도의과목 특설' 논쟁이 있었다. 1954년 4월 20일에 문교부령 제35호로 제정·공표된 초등학교·중학교·고등학교·사범학교의 '교육과정 시간배당 기준령'에서 초등학교와 중학교의 '사회생활과'에 배당된 시간 중 연 35시간(매주 평균 1시간 이상) 이상을 도의교육을 위한 활동에 충당하게 하고, 고등학교에는 훈련 제16호로 도의과목을 신설하였다. 그런데 이에 반대하는 사람들이 많았다. 주로 미국유학파들인데, 이들은 미국의 예를 들며, 도덕은 일상생활에서 모든 교과에서, 모든 활동에서 익혀지는 것이지, 특정의 과목이나 활동으로 배워지는 것이 아니라 하며 문교부의 '특설' 방안을 반대해 온 것이었다. 그러나 당시 문교부의 편수국장으로 있던 최현배는 "미국은 도덕과목이 따로 없다고 하더라도 교회가 있어서 정신적인 지도가 되어 가고 있지만, 우리나라는 그렇지 못하면서 과목조차도 없으니, 어린이나 청년이나 정신적 수양을 할 기회가 극히 적게 되어 설치한 것이다"고 그 문화적 배경의 차이를 들고 단호하게 맞섰던 것이었다.[6)]

이렇게 연구자의 관심사에 따른 고유한 시각에서 외솔의 교육학적 측면의 연구도 다양하게 이루어지고 있다. 그러나 그의 교육학자로서의 객관적인 자리매김과 한국교육사적 평가는 1987년 11월 14일, 동국대학교에서 열린 한국교육학회 교육철학연구회의 연차대회에서였다. 이곳에서 "한국교육철학의 개척자들 - 그 생애와 사상"이라는 주제로 최현배, 장리욱,

5) 김석득. 「최현배」. 『한국의 교육사상가(하)』. 대한교육공제회 교원복지신보사, 1991, 240쪽.

6) 손인수. 「1950년대 교육의 역사인식」. 『한국교육운동사』(제13권). 문음사, 1994.

김기석, 임한영, 유형진의 다섯 사람이 선정되어 각각 그들에게 특별한 학문적 관심을 지닌 사람들에 의해 연구·발표되었다. 이 중 외솔은 김정환이 맡았다. 외솔과의 특별한 인연, 즉 히로시마대학 선후배, 같은 페스탈로치 연구경력 등 때문이었다.

이 다섯 분의 선정기준은 이러했다. 첫째 해방공간의 한국교육에 크게 이바지한 사람, 둘째 훼절 않은 사람, 셋째 서거한 사람 등이었다. 이 세 조건을 다 갖춘 사람은 당시로는 위 다섯 분뿐이었다. 이 기준들을 좀 더 새김질해 본다. 첫째 해방공간조다. 이 시기의 인물이나 사안에 대한 논의는 아직 그 시대의 성격 규정이 모호하다는 뜻에서 피해가는 것이 관례였다. 그래서 큰 인물들이 교육사에서 빠져 버리기 일쑤였다. 예를 들면 저 유명한 이만규의 『조선교육사』(상·하. 을유문화사 1949)에도 그 「교육과 전기」 장에 남강 이승훈, 한서 남궁억으로 끝나 있고, 박상만의 『한국교육사』(상·중·하, 대한교육연합회, 1959)에도 그 여덟째 가름 「근세 이름난 교육가」에 도산 안창호, 한흰샘 주시경, 남강 이승훈, 한서 남궁억, 백농 최규동의 다섯 사람만 들어 있다. 이래서 해방공간의 주역들이 빠져 있고, 그래서 한국교육사가 구멍나 있었던 것이다. 둘째와 셋째의 기준은 굳이 부연할 필요도 없으리라.

오늘 저의 발표내용 중 다음 몸말만은 저의 위 「외솔의 교육사상 연구」의 셋째 가름 교육에 관련된 이론들만을 외솔회의 간청에 의해 요약한 것이다.[7)]

Ⅱ. 외솔 교육사상 분석

1. 민족교육론

외솔의 민족교육론은 『조선민족 갱생의 도』에서 잘 볼 수 있다. 그 머

7) 한국교육학회 교육철학연구회. 『교육철학』 제6호, 1988, 5-21쪽 참조.

리말에 그의 근본사상이 이렇게 터져 나온다.[8]

> "… 나의 신념에 의하면, 사회조직의 여하를 막론하고 생기의 왕성한 민족은 흥할 것이요. 생기의 미약한 민족은 망할 것이다. … 조선민족의 갱생 및 흥륭도 단순히 외적 세계의 수동적 변화에 기대할 것이 아니요. 차라리 외적 세계의 변혁에 대한 능동적 분투, 창조적 활동에 말미암을 것이다. 조선 생명의 발동의 대도(大道)는 여기에 있는 것이다."

우리는 그의 근본사상이 문화의 발전은 그 민족의 지배적 소수자에 의한 민족적 자아의 발견을 터전으로 선개되어야 한다는 논리임을 알 수 있다. 자아의 발견은 자아의 부정적인 측면과 긍정적인 측면의 객관적인 인식 그리고 그 인식을 토대로 한, 자아의 실현을 위한 전망의 큰 힘을 요구한다. 외솔은 이 책에서 바로 이런 작업을 수행한다. 겨레의 부정적 측면의 인식은 제1장 민족적 질병의 진찰(의지의 박약함, 용기 없음 등 10가지), 쇠약증의 원인(이조 5백 년간의 악정, 사상 자유의 속박 등 10가지)은 제2장에서, 민족적 갱생의 원리(민족적 생기를 진작하라, 민족적 이상을 수립하라 등 6가지)는 제3장에서, 그리고 민족적 갱생의 노력(신교육의 정신, 계몽운동 등 9가지)는 제4장에서 분석되어 있다.

이 중에서 제4장의 제호「민족적 갱생의 노력」이 협의의「민족교육론」이라 볼 수 있다. 이 부분을 요약·정리하여 본다.

이 겨레를 어떻게 발전시켜야 할 것인가. 외솔은 이것을 ① 신교육의 정신, ② 계몽 운동, ③ 체육 장려, ④ 도덕의 경장(更張), ⑤ 경제의 부흥, ⑥ 생활방식의 개선, ⑦ 민족 고유문화의 발양, ⑧ 여론(그 밖의 것들), ⑨ 갱생노력의 방식의 아홉 항으로 밝힌다. 이 중 가장 주목되어야 할 것은 민족 고유문화의 발양과 갱생노력 방식으로 보인다. 외솔은 민족의 생명을 한 마디로 민족의 문화적 개성의 계승 발전으로 보았고,[9] 갱생의 방식

8) 최현배.『조선민족 갱생의 도』(1930년도판 번각본). 정음사, 1971, 7쪽.

9) 위의 책, 220쪽.

은 겨레에 대한 사랑, 겨레의 구성원 개개인의 꾸준한 노력, 그리고 3천만 개개분자가 다 따라야 할 겨레의 문화적 개성의 계승 발전을 통한 겨레의 이상의 세계사적 실현의 논리라 하겠다. 참으로 외솔에 있어 '겨레'는 '겨레문화' 그 자체였던 것이다.

2. 구국교육론

이 빼앗긴 겨레를 다시 찾자는 논리가 그의 민족교육론의 주안점이라 한다면, 광복이 되어 겨레는 찾았지만 너무 엉성하게 나라를 세운 우리가 그것을 어떻게 다지고 키워야 할 것인가에 초점이 놓인 논리가 그의 구국교육론이라 할 것이다. 이에 관련된 문헌으로 우리는 그의 『나라 건지는 교육』(1963)에 수록된 「나라 건지는 교육」(1959), 「진학문제에 대하여」(1962), 「여러 가지」(1953)의 세 편의 논문과 전 9장으로 짜여진 저작 『나라 사랑의 길』(1958)을 들 수 있다. 이 글들에서 그는 교육 전반의 문제를 그의 교육학자다운 명석한 교육의 논리로 다루고 있다.

우리는 그의 구국적 교육론을 학교교육론과 사회교육론의 둘로 나눌 수 있는데, 사회교육론은 다음 조각에서 따로 보기로 하고 여기에서는 학교교육론에 한정하고 그것을 이념면과 방법면의 둘로 나누어 분석해 보자. 이념 면은, 나라 건지는 교육은 무엇이어야 하느냐, 방법 면은 나라사랑의 마음은 어떻게 길러져야 할 것인가의 논제를 다루기로 하자.

우선 이념 면에서 보자. 외솔은 나라 건지는 교육이 왜 필요한가를 이 나라의 그릇된 현실의 분석에서 시작한다.10)

> "… 나라 안에서는 비민주스런 기운으로 꽉 차 있고 … 나라 조직의 기본인 헌법은 제 형편 좋을 대로 경경히 다뤄지며 … 선거는 번수를 거듭할수록 더욱 비민주 · 무법 · 부도덕의 죄악상을 나타내고 있으며, 정치인의 무절조 · 비양심 · 몰염치의 추태는 국민의 깊은 실망을 사고 있으며, 세계인

10) 최현배. 『나라 건지는 교육』. 정음사, 1963, 10-11쪽.

의 눈에 비친 인상은 '경찰나라' 또는 '장미꽃이 피어날 수 없는 시궁창'이라는 악평을 사고 있으며, 사회는 혼탁하고 도덕은 타락하고 인심을 악화하여 … 열철(10대)의 소년이 가진 행악을 저지르기 예사이며, 남편이 그 아내를 때려죽이고 아내가 그 남편을 독살했다는 기사가 하루에도 몇 씩이며 …"

40년 전의 이 나라의 꼴이 어쩌면 꼭 오늘 같을까? 이 같은 나라꼴을 어떻게 바로잡아야 할 것인가. 외솔은 어린이에게 ① 각자 일할 몫을 갖고 그것을 통해 경제적으로 자립하여 이바지도 할 수 있는 생활능력의 교육, 근로생산의 교육, ② 경쟁이나 분열보다는 남과 어울려 일하는 회합·협동을 길러내는 교육, ③ 이기주의에 사로잡힌 노예상태에서 해방된 자유인, 바침과 섬김의 사람을 길러내는 교육, ④ 지역사회나 나라의 참된 요구에 맞는 교육, ⑤ 사람의 가치·사회·문화·나라·국제사회의 평화를 사랑하는 마음을 기르는 도덕교육의 다섯을 안겨줄 것을 다지자 한다. 그러나 이 중에서 무엇이 가장 중요한가. 외솔은 "그중에서도 도덕교육이 가장 으뜸이 되는 것이다. 도덕교육은 사람 만드는 교육이니, 사람만들기는 곧 교육의 전체의 목적이다"고 갈파하면서,[11] 페스탈로치 교육학 체계 안에서의 도덕교육 우위적 삼육론의 이념을 절규한다.

나라사랑의 마음은 어떻게 길러야 할 것인가. 외솔은『나라사랑의 길』 셋째 가름에서 이것을 ① 산천의 미와 인정의 미를 돋구라, ② 만민에게 나라의 혜택을 입힐 것-민복을 꾀하라, ③ 백성의 생명·재산을 보호하며 자유를 보장하라, ④ 제 나라의 문화를 이해시켜라, ⑤ 제 나라의 풍토·경치·고적·풍속·습관·문화에 친숙하게 하라, ⑥ 백성으로 하여금 생기를 왕성히 하고 이상을 높이하게 하라, ⑦ 나라사랑의 교육이라는 일곱 조각으로 논한다. 이 중에서 특히 우리의 주목을 끄는 귀한 말은 이상의 높음과 인격의 높음의 연관성을 논한 다음 글이다.[12]

---

11) 위의 책, 87쪽.

12) 최현배.『나라사랑의 길』. 정음사, 1958, 131쪽.

"또 그 백성의 이상이 높을 것 같으면, 제 스스로의 인격의 값어치를 중하게 치기 때문에, 구지분한 부정한 일이나 아람치(私事)만을 꾀하기를 일삼지 아니하고서 위대한 생각과 점잖은 태도로서 사람을 사랑하고 나라를 사랑하여, 이를 기르고 이를 번지게 한다."

외솔의 구국교육론의 핵심은 이처럼 나라의 이상의 설정과 이에 터한 각자의 인격적 각성의 교육으로 보인다.

3. 사회교육론

외솔은 페스탈로치 연구가답게 사회교육에 대한 관심과 이론도 남달랐다. 해적이에 있듯, 그는 일찍이 지방유지를 규합하고 출자시켜 공동상회를 설립하여 지방민의 경제적 복지를 위해 힘썼고, 흥업구락부 사건에 연루되어 연희전문학교 교수직을 강제 해임당하고, 한글의 보급을 위해 전국의 각종 교습소를 뛰어다니기도 했다. 온 사회성원을 대상으로 온 사회 안에서 이루어지는 평생교육을 사회교육이라 한다면, 일제시대에는 외솔만큼 그 이론을 갖춘 사람이 없었다.

그는 일찍이 『조선민족 갱생의 도』의 끝부분 「갱생노력의 방식」에서, 겨레의 개개인이 각각 다종다양한 몫을 수행하기 위해 뜻을 같이하는 사람들끼리 모여 다종다양한 단체에 가입할 것을 권장하고 있는데, 그가 이 자리를 빌려 들은 단체들은 참으로 다음 20여 가지에 이른다.[13)]

"학교, 학술연구회, 청년회, 소년군, 학생회, 체육회, 생활개선회, 노동야학회, 신문사, 잡지사, 인쇄소, 도덕진흥회, 수양회, 교육연구회, 실업회사, 생산공장, 국산장려회, 조선어연구회, 소비조합, 사회개조운동단, 과학정신진흥회, 소작인조합, 노동조합, 각종의 동업자조합, 기타 무엇무엇."

『나라 건지는 교육』의 결론도, 우연일는지는 모르지만, 바로 이 사회교

13) 『조선민족 갱생의 도』, 226쪽.

육론이다. "이러한 사랑의 교육은 그 시작은 학교교육에서 하겠지만, 그 완전한 달성은 각 개인이 종신토록 끊임없이 정진하는 자기교육으로써만 가능할 것이다"라는 종신적인 자기교육을 강조하는 글로 끝을 맺고 있기 때문이다. 그러나 사회교육 내용에 대한 조직적이고 구체적인 논설은 『나라사랑의 길』의 일곱째 가름 「거짓과 우악」, 여덟째 가름 「재건과 발전」에 보인다.

이처럼 외솔의 사회교육론은 사회의 온 성원을 대상으로, 온 생활의 마당에서, 온 생활을 통해서 이루어지는 온 삶의 개선의 교육론이라고 특징지을 수 있다.

4. 국어교육론

최근 교육이론으로 크게 부각되고 있는 분야가 교과교육학이다. 이는 각 교과의 교육이론으로서 ① 그 교과가 왜 가르쳐져야 하는가, 즉, 그 교과가 인간형성이라는 교육에 어떤 고유한 몫을 차지해야 하는가의 문제를 생각하는 교과교육 목적론, ② 그 교과교육이 어떤 문제를 안으면서 어떻게 발전하여 왔으며, 그 발전의 역사는 현재의 문제를 푸는 데 어떤 시사를 주는가의 문제를 생각하는 교과교육 문제사론, ③ 그 교과에는 적어도 어떤 내용을 어떤 비율로 짜 넣어야 하는가의 문제를 다루는 교과교육 내용론, ④ 그 교과의 내용들을 어떻게 가르쳐야 할 것인가의 방법을 다루는 교과교육 방법론, ⑤ 그리고 끝으로 그 교과교육을 어떤 행정적 지원이나 조직으로 수행해야 할 것인가의 문제를 생각하는 교과교육 체제론의 다섯 가닥으로 짜여진다.

그런데 이 교과교육학은 '교과의 학'이기도 하고 '교육의 학', 즉 보기를 국어교육에서 든다면 '국어교육학'은 '국어의 학(국어학)'이기도 하고 '교육의 학(교육학)'이기도 하기 때문에 두 학문의 맞물림 분야가 되고, 따라서 다루기가 어렵고 다루어야 할 분야가 넓다. 그러기에 이 두 학문으로부터 다 경원시되거나, 더욱, 특히 유감스러운 일이지만, 두 학문이 다 이 교과

교육이 하는 분야를 학문적인 전공 분야로 인정하려 들지 않기에 그 자리매김에 어려움이 많다. 사실 교원양성 과정에서는 제일 중요한 과목이 되어야 한다고들 말은 하면서도, 학문적으로 또는 위와 같은 어려움 인식 부족한 탓에 다른 분야에 비해 극히 소홀히 되는 것이 이 교과교육학이다. 이에 관련된 과목들을 마치 청소 당번처럼 서로 돌아가면서 맡고 있는 실정이다.

자, 이제 우리는 외솔의 업적을 '국어교육학'적 측면에서 살펴보고 평가해야 할 차례다. 미리 알아두어야 할 것은, 외솔은 국어학자이며 동시에 교육학자이기에, '국어교육학자'가 되기에 가장 알맞은 배경을 지닌 사람이라는 것이다. 그런데 그는 민족사적 지상의 과제 때문에 오로지 국어학에 매진했다. 그러나 그는 타고난 교사로서의 감각 때문에 국어교육에 대하여 많은 관심을 가졌고, 그것이 '국어교육학' 건설의 실마리를 마련하기도 했다. 외솔의 『환갑기념논문집』(1954) 속에 박창해 님의 「국어교육론 서설」이 이 분야로는 유일하게 담긴 것도 이러한 그간의 사정을 잘 보여주고 있다.

박창해 님은 이 논문에서 국어교육론의 입장, 국어교육론의 발전, 국어교육의 목적을 밝히면서, 외솔은 특히 "민족이 민족다워지고, 국민이 국민다워지는 것은 모국어를 사랑할 줄 알고, 모국어 바른 사고방식을 가지며, 올바른 표현방식을 갖추게 하는 것"은 국어교육의 몫인데, 이 면에서 외솔은 큰일을 했다고 평가하고 있다.[14]

본인은 위에 피력한 다섯 가닥으로 짜이는 '국어교육학' 체계로 외솔의 그것을 다음과 같이 추려낼 수 있으리라고 보고 있다.

① **국어교육 목적론** : 외솔은 특히 이 면에 많이 언급하고 있다. 얼·말·글 삼위일체 논리에서 한국의 얼을 지닌 한국인을 키워가는 데 국어교육이 아주 중요하다고 여러 군데에서 역설하고 있다. 그 대표적인 것은 『우리

14) 박창해. 「국어교육론 서설」. 『최현배 환갑기념 논문집』, 1954, 111-112쪽.

말 존중의 근본 뜻』의 다음 머리말의 첫 부분이다.[15)]

> "배달말(한국어, 한어, 조선어)은 배달겨레의 상징이며 배달정신의 표현이며 배달문화의 총목록이다. 우리는 겨레를 사랑하며, 또 그 문화를 사랑하며, 따라서 그 말을 사랑한다.
> 우리가 배달말을 사랑함은 단순한 감정의 문제가 아니라, 첫째, 사람되기 위하여, 다음엔, 제 조상의 문화창조의 역사적 생활을 받아 잇기 위하여…"

② **국어교육 문제사** : 우리 국어는 어떻게 발전하여 왔는가를 보는 일은 우리 국어가 국민들에게 어떻게 쓰여져 왔고, 오늘날의 국어교육의 문제를 어떻게 풀어야 하나의 문제를 푸는 데 열쇠가 된다. 외솔은 바로 이런 작업을 했고, 그것이 그의 대표작 『한글갈』의 둘째 가름의 「한글 쓰기의 번집(한글사용의 발전)＝한글 발전역사」이다. 그는 이곳에서 한글 창제시기, 한글 정착시기, 한글 변동시기, 한글 간편화시기, 한글 각성시기, 한글 대성시기의 여섯으로 한글쓰기 번짐의 역사를 조망한다. 이 같은 조망에서 그가 오늘날의 국어교육의 과제로 강조하게 된 것이 '한글만 쓰기'와 '한글 가로풀어쓰기'였음은 누구나 다 아는 일이다.

③ **국어교육 내용론, 국어교육 방법론, 국어교육 체제론** : 이에 대한 외솔의 글은 위의 목적론이나 문제사론에 견주어 별로 다듬어진 것이 없다. 그러나 이 방면에서의 실천은 남달리 많았다. 내용면으로는 『우리말본』을 아주 중시했다는 것, 방법면으로는 우리말을 깨끗하게, 쉽게, 바르게, 풍부하게, 너르게 쓰자는 운동을 제창·실천했다는 것, 그리고 체제면으로는, 문교부 편수국장으로 있으면서 좋은 교과서를 만들기에 힘썼고, 특히 자신은 『우리말본』 교과서를 직접 쓰는 등 국어교육의 발전을 위한 행정, 지원에 앞장섰다는 것을 들 수 있으리라. 끝으로 「국어 말본을 가르치는 이들에게」(1960)의 한 구절을 음미하자.[16)]

---

15) 최현배. 『우리말 존중의 근본 뜻』. 정음사, 1953, 5쪽.

"사람의 말배우기의 참스러운 과정은 결코 낱말낱말의 뜻매김을 듣고서 그 말을 깨치는 것이 아니요. … 말씨교육은 바른 말, 바른 글을 많이 읽고, 많이 쓰도록 함에 최선의 방법이 있는 것이다."

5. 페스탈로치의 교육사상과 체계화

외솔은 교토제국대학 철학과에서 교육학 전공으로 한국인으로서는 최초로 페스탈로치 연구로 학사학위를 취득했다. 그 논문제목은『페스탈로치의 교육사상』이다. 이 논문은 원래 페스탈로치의 교육사상을 이념·방법, 그 의미로 나누어 체계화하자는 것이었고, 또 그렇게 많이 준비하였지만, 대학의 자수제한(25,000자) 때문에 부득이 이념 부분만을 다듬어 낸 것이었다. 원래 일본어로 작성했으나, 그 번역이『나라 건지는 교육』의 넷째 매에 수록되어 있다.

이 논문은 페스탈로치의 저작 중에서 주로『숨은 이의 저녁노을』,『게르트루트의 자녀 교육법』,『린하르트와 게르트루』그리고『인류의 발전 과정에 있어서의 자연의 과정의 연구』를 분석하면서 그 속에 흐르는 사상을 나토르프(P. Natorp)의『페스탈로치의 이상주의』, 핀로헤(A. Pinloche)의『페스탈로치』, 고니시(小西重直)의『페스탈로치의 종교교육』등을 참고하면서 여섯 가름으로 그 사상을 체계화한 것이다. 그 내용소개는 생략하거니와 그 여섯 가름의 논제를 들면 ① 페스탈로치 교육학의 기초, ② 교육의 뜻과 목적, ③ 교육의 가능성과 한계, ④ 교육의 필요성, ⑤ 교육의 마당, ⑥ 교육의 원리(합자연성)이다

이 중에서 여섯째 가름의 교육의 원리부분을 보면 ① 자발성의 원리, ② 참스러운 첫점(시점)에서 출발, 결함 없는 진행, 전체에서의 완결하기(마무리하기)의 세 단계로 짜여지는 방법의 원리, ③ 인식의 절대적 기초로서의 직관의 원리, ④ 모든 힘의 형평의 원리, ⑤ 교육의 작업을 공동으로 수행하는 협동사회의 원리의 다섯으로 마무리하고 있다.[17]

---

16)『나라 건지는 교육』, 42쪽.

외솔은 이렇게 페스탈로치의 교육사상을 이 논문에서 체계화하려 했다. 그러나 그의 페스탈로치 연구는 애석하게, 민족사학적 긴급과제 한글연구 때문에 이것으로 끝났다. 그러나 외솔의 이 같은 시각에 의한 연구는 오사다(長田)에 의해 『페스탈로치 교육학』(1934)으로, 외솔의 논문이 나온 9년 뒤에 완성된다.[18] 저도 외솔의 연구를 받들어 이어왔으며, 정년퇴직을 맞아 『페스탈로치의 교육철학』(1995)으로 일단 마무리한 바 있다.[19] 이래서 외솔이 뿌린 씨는 아름답게 열매를 맺어가고 있다.

Ⅲ. 맺음말

우리는 위에서 외솔의 교육학자로서의 논리와 그 업적을 '외솔 교육사상 분석'이라는 논제로 살펴보았다. 외솔의 교육사상이 지금 우리에게 시사하는, 즉 우리가 새롭게 배워 힘써야 할 것이 무엇인가를 우선 다섯 가지 들어본다.

첫째는 민족교육론의 정립이다. 민족교육이란 민족주의에 입각한 민족의 발전을 기하는 교육이론이다. 그래서 민족주의의 이념에 근거해야만 한다. 그러면 민족주의의 이념은 무엇인가. 그것은 ① 민족에 대한 충성심, ② 타민족에 대한 경쟁적 이익추구, ③ 자민족의 특성에 대한 애착, ④ 민족문화의 보존, ⑤ 민족국가의 자주성이 그것이다. 이 다섯 중에서도 가장 귀한 것이 무엇인가. 그것은 세 번째에 든 자민족의 문화적 특성에 대한 애착이다. 즉, 민족은 민족문화를 지니지 못할 때 존립할 수 없다. 이것이 바로 외솔의 논리가 아니었던가. 외솔은 한 걸음 더 깊숙이, 민족문화는 "말로써 들어가며, 하여 간다"고 하면서 민족문화의 그릇인 모국어 교육을 민족교육의 핵으로 자리매김했다. 그런데 우리 현실은 어

17) 위의 책, 213쪽.

18) 오사다 아라다. 『페스탈로지 교육학』. 이와나미 서점, 1934, 전 370쪽.

19) 김정환. 『페스탈로치 교육철학』. 고려대출판부, 1955, 전 369쪽.

떠한가. '세계화'라는 교육이념 아닌 경제이념·통치이념으로 '민족화'의 교육의 틀을 망가뜨리고 있다. 우리말도 제대로 못하는 초등학교 3학년 어린이에게 정규교과로 영어를 가르친다니, 정말 외솔이 지하에서 통곡할 노릇이다.

둘째는 공동체 교육의 논리 중시다. 이는 더불어 배우고, 더불어 풀고, 더불어 사는 삶의 방식을 익혀 가는 교육의 중요성을 이름이다. 외솔은 공동사회 또는 협동사회 운동에 힘썼고, 그의 모든 교육이론에도 이것을 반영시켰다. 최근 소장 교육학자들에 의해 이 협동체 교육론이 다듬어지고 있다. 성차별 철폐교육, 계층 간 화해교육, 인간과 자연 공존의 환경교육, 민족 간·인종 간의 갈등과 폭력을 없애 가자는 평화교육, 남북문제를 평화적으로 풀자는 민족협동체교육, 그리고 물질적 풍요보다 정신적 평화가 더 중요하다는 것을 일깨워 주는 인성교육 … 등이 그 속에 담겨 있다. 현금의 학교교육은 체제교육·기능교육·출세교육·경쟁교육·입시교육이지 '참교육'이 아니다. 이런 뜻에서 민족공동체교육, 문화민주화교육, 인간화교육을 세 지주로 하여 '더불어 사는 삶'을 외치고 나선 전교조의 논리에도 귀를 기울여야 한다. 나는 전교조의 논리와 운동에 호응해 왔다. 외솔도 살아 계셨더라면 저와 동감일 것으로 믿는다. 왜냐하면 이 같은 논리는 바로 페스탈로치의 그것이기 때문이다. 사실 페스탈로치는 교육의 역사상 최초로 스위스교육협회라는 교권옹호단체를 창설하여(1806) 그 회장을 맡았고, 저 유명한 미국의 교육철학자 듀이도 미국 교원노조 회원 1번으로 가입했기 때문이다.

셋째는 우리말 찾아 쓰기, 만들어 쓰기 운동의 전개이다. 식량의 우리 옛말 '먹거리'라는 말을 우리말 사전에 올리는 데 27년이나 걸려 성공한 김민환 님의 기사를 처음에 대하고(1984년 10월 10일자 『조선일보』) 나는 감동했다. 그 후 '우리말' 만들기에 관심을 두고 그런 기사들을 모으기도 했는데, 김학수 님의 '박음쇠'도 걸작(1992년 7월 24일자 『한국일보』) 중의 하나라고 감탄했다. '호치키스', '스테이플러'를 '꺾쇠', '종이매개', '종이묶개', '박음쇠알', '박음못' 등으로 모색하다가 '박음쇠'로 정하는 과정이 정말 재미있었다. 이 같은 노력들을 온 국민이 힘써 해 나가자는 것이다. "말은 존재의 집이다"라는 유명한 명제가 있지 않은가. 외솔의 명제로 바꾸면 "우리말은 우리 겨레의 존재의 집이다"가 된다. 나도 걸작(?)을 하나 만들었다. breast-fed baby와 bottle-fed baby를 '모유양육아동', '우유양육아동'이라고 하는 데에 실망하고 여러 날 모색 끝에 하루는 번개처럼 '품돌이, 품순이'가 떠올랐다. 가슴으로 '품어' 키웠다는 뜻이다. 이랬더니 '병돌이와 병순이'는 자동케이스였다. 영어 원문 뉘앙스에도 가장 잘 어울리는 우리말 아닌가. 좋아서 눈물이 핑 돌았다. 그런데 이 말은 국어사전에 과연 오를 수 있을 깃인가?

넷째는 일깨움의 교육의 논리 확립이다. 우리는 '교육'을 사람을 '만드는' 일이라고 말들 한다. 그러나 이 만든다는 말의 뜻은 무엇인가. 영어권에서 옛날에는 make, 독어권에서는 machen을 썼었다. 그러나 1950년대부터 20세기 독일의 최고의 교육철학자요, 페스탈로치 교육철학 계승자인 슈프랑어(E. Spranger, 1882-1963)의 각성적 교육관이 깊게 널리 음미되면서부터는 이 만든다는 말을 삼가게 되었다. 그러면 각성적 교육관은 무엇인가. 슈프랑어는 교육을 세 모형으로 나눈다. '만든다', '키운다', '일깨우다'가 그 화두이다. '만든다'는 목공적 교육관 혹은 훈련적 교육관의 화두이다. 목공이 자기 연장으로 주문받은 가구 등을 '만들어' 팔아 생계를 유지하거나, 동물조련사가 매와 당근으로 곰새끼를 '길들여' 춤추게 하듯이, 교육이란 원래 국가나 사회에서 요구하는 인력자원을 양성해 내는 적극적인 조작작용이라는 것이다. '키운다'는 식물성장적 (혹은 유기적) 교육관의 화두이다. 식물에 물·비료를 주고, 돌을 치워 주거나 햇빛을 잘 쪼이게 하여 그 식물이 원래 지니고 있는 소질을 키워(grow) 성장시키듯이, 교육은 어린이 개개인이 원래 지니고 나온 소질이나 능력을 계발시켜 주는 일로 정원사가 꽃을 가꾸는 모습에 비유되며, 소극석 소성작용이 그 방법의 원리이다. 루소의 자연교육이 그 예이다. 이에 견주어 '일깨우다'는 각성적 교육관의 화두다. 쇠파리가 잠자고 있는 말을 쏘아 대어 잠에서 깨어나 뛰게 하듯이, 교육은 졸고 있는 학생에게 심한 자극을 주어 참 자기에 눈떠 자기회복과 자기실현을 하게 하는 계기를 주는 자기각성(awake)이며, 교사와 학생과의 인격적 '만남'이 그 방법원리의 생명이다. 그래서 이것을 만남(encounter)의 교육관이라고도 한다. 교육방법면으로 보면 make와 grow는 아침저녁 달달 볶거나 손보아 주는 연속적 작용인 데 비해, awake는 한 번으로 '끝내주는' '끝나 버리는' 단속적(비연속적)인 것이다. 그런데 본질적 의미의 교육은 각성이다. 그래서 이제부터 우리는 '만든다', '키운다', '일깨운다'를 엄히 구별해서 써야겠다.

다섯째는 교사의 성실성 분석이다. 성실성은 구체적으로 어떤 특성을 말하는가. 거짓말은 절대 못하는 등 인간적 성실성, 자기 몫을 철저하게 해내는 등 직업에 대한 성실성, 그리고 보다 나은 미래를 지향하고 참여하는 등 역사 앞에서의 성실성, 이 세 가닥의 성실성으로 짜여지는 하느님 앞에서의 성실성으로 보인다. 현대의 교사에게 요구되는 것도 바로 이것이다. 이것이 영원한 스승 김교신, 이승훈, 함석헌, 안창호, 남궁억, 그리고 외솔에서 보이는 참 스승상이다.

제 11 장

김교신

– 민족적 기독교를 통한 종교입국 주창자 –

김교신(金教臣)

— 민족적 기독교를 통한 종교입국 주창자 —

김 정 환

1. 다섯 가지 입국 이념
2. 삶과 믿음과 소망
3. 민족교회운동의 발자취
4. 민족교회 논리와 그 정신사적 의의

1. 다섯 가지 입국 이념

역사는 시대의 과제를 안고 인물을 부른다. 또 그 부름에 응하여 인물이 나타난다. 일제 강점기에서 이것을 보자. 민족의 자주 독립이라는 이 역사의 과제를 풀기 위해 수많은 투사와 선각자들이 나타났다. 모두 민족의 자주 독립을 위해서였다. 그러나 그 대응방식은 하나하나가 다 달랐다. 그 어느 하나도 똑같은 것은 없었다. 그래서 그 모든 삶이 그 개성으로 해서 다 아름답게 회상되고 받들어진다.

그러나 우리는 그 대응방식을 크게 유형별로 나누어 볼 수 있다. 이것을 독립입국이념 유형이라 하자. 그러면 이것을 우리는 크게 다섯 가닥으로

필자 : 金丁煥, 고려대학교 명예교수.
저자는 교육철학 전공으로, 저서로는 『페스탈로찌의 생애와 사상』(박영사, 1974), 『전인교육론』(세영사, 1983), 『비판적 교육이론』(박영사, 1988), 『김교신—그 삶과 믿음과 소망』(개정보완판, 한국신학연구소, 1994), 『페스탈로찌의 교육철학』(고려대출판부, 1995) 등이 있고, 역서로는 『몬테소리, 유아교육 첫걸음』(서원, 1992), 『페스탈로찌, 어머니들에게 보내는 편지』(개정판, 양서원, 1999), 『페스탈로찌, 숨은이의 저녁 노을』(박영사, 2001)이 있으며, 논문으로는 「김교신의 민족정신사적 유산」(『민족문화연구』, 고려대학교, 1976), 「쉬프랑어의 교육본질론에 있어서의 각성의 개념 분석」(『고려대학교 사범대 논총』, 1979) 등 교육철학에 관한 논문이 많다.

김교신*

- 민족적 기독교를 통한 종교입국 주창자 -

1. 다섯 가지 입국 이념

역사는 시대의 과제를 안고 인물을 부른다. 또 그 부름에 응하여 인물이 나타난다. 일제 강점기에서 이것을 보자. 민족의 자주독립이라는 이 역사의 과제를 풀기 위해 수많은 투사와 선각자들이 나타났다. 모두 민족의 자주독립을 위해서였다. 그러나 그 대응 방식은 하나하나가 다 달랐다. 그 어느 하나도 똑같은 것은 없었다. 그래서 그 모든 삶이 그 개성으로 해서 다 아름답게 회상되고 받들어진다.

그러나 우리는 그 대응 방식을 크게 유형별로 나누어 볼 수 있다. 이것을 독립입국이념 유형이라 하자. 그러면 이것을 우리는 크게 다섯 가닥으로 뽑아 볼 수 있다. 그 첫째는 외교입국이념이다. 이 유형의 대표적인 인물은 서재필과 이승만이다. 열강에게 우리들의 억울한 상황을 호소하고 선의의 국제여론을 불러일으켜, 그들의 도움으로 국권을 회복하자는 방식이다. 꼭 국권 차원이 아니더라도 지금도 걸핏하면 미국대사관 앞에 모여 데모하는 따위에서 그 잔재를 볼 수 있다. 둘째는 두생입국이다. 총칼로 나라를 빼앗겼으니 총칼로 힘을 길러 총칼로 다시 찾을 수밖에 없다는 논

---

* 김정환(2002). 김교신 - 민족적 기독교를 통한 종교입국 주창자. 『한국사 시민강좌』 30, 283-295.

리이다. 김구와 김좌진을 그 대표자로 볼 수 있다. 김구의 『도왜기(屠倭記)』에는 "왜놈 한 놈이라도 다 죽여야 한다"라는 말이 있다. 덕산온천 옆 높다란 언덕에 자리한 윤봉길 의사 사당을 대할 때, 어느 누구인들 고개가 수그러지지 않을까. 셋째는 산업입국이다. 김성수가 그 대표자이다. 항산(恒産)에 항심(恒心)이다. 백성은 먹을 것을 하늘로 삼는다. 의식주 족한 연후에 예절이 족한다고도 했다. 우선 산업을 일으켜 백성을 살찌운 다음 의식을 일깨워 주자는 논리이다. 박정희의 '새마을운동' 등에 그 논리가 재탕되었다. 넷째는 교육입국이다. 안창호가 그 대표자다. 우리가 나라를 잃은 것도 '인격의 힘'이 모자랐기 때문이다. 모든 힘의 원천인 인격의 힘을 기르는 교육에 우선 힘쓰자는 것이다. 그래서 교육입국은 인격입국과 같은 뜻이다. 그런데 이 논리에는 함정도 있다. 국권침탈의 책임을 '못난 우리'에게만 돌리는 과오가 그것이다. 안창호의 정신적 제자에 훼절한 『민족개조론』의 이광수가 있는가 하면, 3·1운동의 지도자요 민족사학 오산학교의 교장 이승훈도 있다. 이 두 사람은 본의 아니게도 안창호의 두 얼굴이다. 이른바 '선인격 후독립'이라는 논리의 틀에 대해서 뒤에 두고두고 비판도 받았지만, 이런 점진적 '인격혁명'밖에 다른 현실적 방안이 있겠는가 주장했다.

그러나 위의 네 이념과는 아주 다르고 그래서 특히 당시의 상황에서는 거의 돌이켜 볼 수 없는 것이 있었으니, 그것은 그 표현조차 생소하게 느껴지는 '종교입국'이다. 김교신과 함석헌을 그 대표자로 한다. 이 겨레가 꼭 독립해야만 할 이유, 즉 이 겨레의 존재이유를 역사를 주관하는 하나님의 섭리에서 찾아, '믿음'으로 그 섭리사적 사명을 이룩하자는 논리이다. 김교신의 「조선지리소고(小考)」와 함석헌의 『성서적 입장에서 본 조선역사』에 그 생각이 잘 담겨져 있다. 모두들 지성학적 숙명론에 사로잡혀, 조선은 큰 나라에 둘러싸여 있어, 이 나라 저 나라에게 시달리고 먹힐 수밖에 없다고 한탄하고 절망만 하고 있을 때, 이처럼 아름답고 좋은 지정학적 조건을 갖춘, '하나님이 주신' 지리는 세상에 다시 없다며 찬양한 '섭리적 민족지리관'이 김교신의 믿음이요, 하나님이 주신 '고난'을 이 겨레의 역사에서 새김질하여 그 고난의 승화(昇華)로 이 겨레가 섭리사에 크게 이바지해야 한다는 '섭리적 민족사관'이 함석헌의 믿음이었다.

위에 든 다섯 유형 어느 하나인들 귀하지 않겠는가. 참으로 이 겨레의 고난으로 점철된 역사의 용광로에서 다려 낸 귀한 것들이다. 그러나 필자에게는 종교입국이념이 가장 귀하게 여겨진다. 로마가톨릭 지배체제에 항거해서 '나인!(Nein! 아니오!)'이라고 외친, 일개 수도승 마르틴 루터의 그 믿음의 힘에 의해 새로운 게르만 민족이 태어나 근세 민족국가의 틀이 움텄다. 우리 겨레에서 이 같은 인물을 찾는다면 김교신과 함석헌밖에 더 있겠는가. 이 중 함석헌은 익히 알려져 있다. 그러나 섭리적 사명을 다지는 면에서 더 큰일을 한 김교신에 대해서는 일반인은 물론이요 국사학자들도 별로 모르고 있으니 안타깝기 그지없다. 그가 만 44세의 젊은 나이로 해방을 넉 달 앞두고 서거했다는 것, 일개 민족사학(私學)의 평교사로 일관했다는 것, 그리고 무엇보다도 매스컴을 피해 자기 몫만을 챙겨 힘썼기 때문이리라. 그러나 최근 기독교의 사회참여와 교회개혁 논리의 원형을 그의 '무교회(초교파)적 민족기독교' 논리에서 찾는 사람들이 학계의 일각에서 차츰 나오기 시작하여 늦게나마 다행이다.

2. 삶과 믿음과 소망

종교입국론자요, 한국의 무교회 신앙운동의 개척자요, 신앙 격월간지 『성서조선』의 창간동인이자, 뒤에 이를 개편하여 장장 12년간이나 월간으로 단독 간행하며, 민족교회의 믿음의 논리를 다듬고 이를 삶으로 불태우다가 만 44세의 젊은 나이로, 그렇게 바라던 해방의 그날을 넉 달 앞두고 서거한 김교신의 간략한 삶과 믿음과 소망의 해적이는 이렇다.[1)]

1901년 : 함경남도 함흥 사포리에서 부친 김념희(金念熙)와 모친 양신

---

1) 보나 자세한 것은 나의 저서, 『김교신 그 삶과 믿음과 소망』(한국신학연구소, 1994)의 김교신 연표(395-399쪽) 참조.

(楊愼) 사이에서 장남으로 태어남. 선생의 가문은 참수된 함흥차사 박순(朴淳)과 함께 함흥에 갔다가 요행히 죽음을 면하고 정평에 정주하게 된 본관 경주의 김덕재(金德載)의 후예임.

1912년 : 함흥 주북의 4세 연상인 한매(韓梅)와 결혼. 그 후 두 분 사이에 정손, 정민의 두 아들과 진술, 시혜, 정혜, 정옥, 정복, 정애의 여섯 딸이 태어났고, 유아사망이 많았던 당시로는 드물게 모두 다 잘 장성하였음.

1919년 : 3월, 함흥공립농업학교를 졸업하고 일본에 건너가 동경의 정칙(正則)영어학교에서 당대의 저명한 영문학자 사이토(齋藤秀三郎) 밑에서 영어 수학. 이때부터 주간지 『런던타임즈』를 읽기 시작하여 제2차 대전 종말 직전까지 계속 구독.

1920년 : 4월, 동경 우시고메구에서 성결교회의 노방설교를 듣고 입신을 결심하고 야라이정의 성결교회에 들어감. 6월, 세례를 받음. 11월, 교회의 온건한 시미즈 목사가 반대파의 술책으로 축출되는 과정을 지켜보고 교회에 실망하여, 당시 일본의 예언적 종교지도자로 추앙받고 있던 무교회주의자 우찌무라 간조(內村鑑三, 1861-1930)의 성서 강의를 청강, 이후 귀국 시까지 계속 7년간 청강하고 우찌무라의 성서연구회에서 연 성서희랍어반에도 출석.

1922년 : 4월, 당시의 명문으로 꼽히던 동경고등사범학교 영문과에 입학. 이듬해 뜻이 있어 지리·박물과로 전과. 20년 연상이며 메이지 학원을 나와 보성의숙(현 고려대학교 전신)에서 법학을 가르치던, 김교신이 존경해 마지않았던 당조부 김달집(金達集) 서거.

1927년 : 3월, 동경고등사범학교 이과 제3부 졸업. 4월, 귀국하여 고향 함흥 영생여자고등보통학교에서 교편을 잡음. 7월, 우찌무라 문하의 동지 함석헌, 송두용, 정상훈, 유석동, 양인성과 함께 『성서조선』을 6인의 동인 격월간지로 창간.

1928년 : 3월, 서울 양정고등보통학교로 전근하고 주간 격인 정상훈을 도와 『성서조선』 간행 업무에 힘씀.

1930년 : 5월, 그때까지는 정상훈 명의의 6인 동인으로 간행되던 『성서조선』을 제17호부터는 월간으로 개편, 김교신 주필로 단독 간행. 애독자 남강 이승훈이 5월에 서거하자 남강 특집호(제17호) 발간. 서울에서 경성성서연구회 개최, 이후 매년 여름과 겨울 일주일 동안의 성서연구 집회를 10년간 계속. 함석헌의 명저 『성서적 입장에서 본 조선역사』도 이 집회에서 정리, 발표되고 바로 『성서조선』에 1934년 2월(제61호)부터 1935년 12월(제83호)까지 장장 15회에 걸쳐 연재된 것임.

1933년 : 7월, 『산상수훈연구』 발간. 소록도의 나환자에게 특별한 관심을 갖고 『성서조선』 을 통해 복음과 사랑을 전하고, 그들의 비통한 삶 속에 서도 평화로운 복음의 간증을 『성시조선』에 거의 매호 소개하기 시작함.

1935년 : 12월, 제자 유달영에게 심훈이 다소 남녀 간의 사랑을 섞어 착색한 『상록수』의 주인공 채영신의 정확한 전기 "농촌계몽의 여성" 『최용신 소전』을 쓰도록 권하여, 이를 성서조선사에서 간행, 당일로 매진.

1940년 : 3월, 복음전도에 전념하기 위해 10년 만에 양정중학교 사임. 9월, 경기중학교 교사 취임, 단 6개월 만에 사임. 동경고등사범학교 선배인 경기중학교 교장 이와무라(岩村)의 강권에 의한 것이었으나 그 뒤에는 총독 당국의 회유책이 숨어 있었던 것으로 추측됨.

1941년 : 10월, 개성의 민족사학 송도중학교에 부임.

1942년 : 3월 30일, 『성서조선』의 제158호의 권두문의 「조와(弔蛙)」(개구리의 죽음을 애도함)가 발단이 되어 세칭 '성서조선사건'으로 전국의 약 300명의 구독자 동지와 더불어 검거됨. 그중 함석헌, 송두용, 유달영 등 12인과 함께 만 1년간 서대문 형무소에서 미결수로 옥고를 치름. 창씨개명을 끝까지 거부.

1943년 : 3월 29일, 불기소로 출옥, 그 후 전국 각지, 멀리는 만주로까지 신앙 동지를 순회, 격려.

1944년 : 7월, 함경남도 흥남 일본 실소비료회사 입사. 시본공공장에서 주택계장을 맡아 강제 징용된 5천을 헤아리는 한국 노무자의 복리를 위해 교육, 주택, 대우 등의 처우 개선에 진력하며 해방의 그날을 기다림. 한편 전국의 신앙동지, 독자 청년을 이곳에 불러 전쟁의 피해를 면하게

함. '도시산업선교'의 효시라 하겠음.

1945년 : 당시 유행하던 발진티푸스에 감염되어 일주일 만인 4월 25일 급서.

해방 후 선생의 신앙동지와 제자들에 의해 거의 해마다 기념강연회가 열려 왔고, 1975년에는 별권을 포함해서 전 7권이 된 『김교신 전집』(경지사) 간행 완결. 1982년에는 『성서조선』의 전 158호까지의 영인본이 별권까지 포함해서 전 8권으로 출간(일심사).

이것이 간략한 그의 삶의 자취다. 금년은 김교신의 탄생 100주년이다. 그런데 우연일까 섭리일까. 선교 초기 한국교회의 인물들인 김재준(金在俊, 1901-1987), 이용도(李龍道, 1901-1933), 함석헌(咸錫憲, 1901-1989)이 모두 김교신과 같은 해에 태어났다. 그래서 이 각 사람에 대한 기념강연회는 물론이요, 이 네 사람을 묶어서 비교, 평가하는 심포지엄도 열렸다. 그중의 하나를 예로 들면, 「선교 초기 한국교회 인물들 - 김교신, 김재준, 이용도, 함석헌 선생님 탄생 100주년을 기념하여」[2]이다. 이 네 분은 겨레와 믿음과 삶이 하나된 면에서는 같으나 그 신앙적 유산과 개성이 다른 점도 두드러져, 이것이 특히 귀하게 평가되어야 한다. 그것은 무엇일까?

민주화 운동의 투사 김재준은 '문화에 우월하는 예수(christ above culture)'가 아니고 믿음으로의 문화변혁(transform)을 기하는 '생활신앙'이요(한신대 김경재 교수), 이용도는 서양적이라고 하는, 합리적·조직적인 것을 넘는 '동양적 신비주의'요(연세대 유동식 교수), 함석헌은 민족사의 고난을 새김질하여 이를 주체적 민족사관으로 승화시킨 씨올사상이다(연세대 서정민 교수). 김교신은 무엇일까. 그것은 초대 기독교의 순수한 복음으로 돌아가자는 무교회 신앙운동(non-church Christianity movement)이 그것이다(필자). 그래서 양적으로는 기적적으로 발전하였지만 질적으로는 취약한 한국교회와 이 교회에 의존해서 믿음을 이어가고 있는 우리가 지금 다시 다

2) 한국신학연구소. 『신학사상』(2001, 가을), 3-25쪽.

지고 가다듬어야 할 일은, 이 네 분들의 사상적 단초를 붙들고 씨름하는 일이다. 만약 그렇게 하지 못한다면 한국교회의 미래는 정말 어둡다(감신대 이정배 교수)는 것이다.

3. 민족교회운동의 발자취

김교신이 주도적으로 참여하여 간행한 1927년 창간호에서 1942년 폐간호까지 전 158호의 『성서조선』 그 어디에도 '민족교회'라든가 '민족적 기독교'라는 표현을 찾아볼 수 없다. 그런데도 불구하고 '무교회'라든가, 뒤에는 그 본질을 훼손할까 봐 조심스럽게 쓰거나 쓰기를 거부하기까지 한 '무교회주의'라는 표현을 굳이 이렇게 '민족교회' 혹은 '민족적 기독교'라는 표현으로 우리가 바꾸어 쓰기도 하는 이유는 무엇일까. 그것은 한국의 교회사를 연구해 온 학자들이 보기에는, '무교회'라는 표현보다 '민족적'이라는 표현이 그들 『성서조선』 동인들의 생각을 보다 잘 나타내는 말이기 때문이다. 일찍이 이 표현을 이들에게 쓰며 평가한 분이 민경배이다. 그는 이렇게 말한다.

> "… 그는 소위 기독교적인 민족주의자는 결코 아니었다. 다만 기독교로 이 겨레를 구원하고자 한 민족기독교의 거대한 예언자였다. 민족기독교의 구현을 위한 길은 우선 반선교사의 토착적 노력에서 그 방향을 잡았다. 그는 한국에 기독교가 전래한 지 반세기를 거쳐 있음에도 불구하고 구미 선교사들의 유풍을 모방하는 지경을 벗어나지 못함을 유감으로 알아 순수한 조선산 기독교를 창달하고자 전력하였던 것이다. 이것은 한국교회 구미의존의 정도가 그리스도를 예배하는 데 버금가는 모습을 두고 한 말이었으나, 선교사의 지표 아래 있는 교회에 대한 반발은 모질었다."[3]

민경배는 이렇게 '민족적 기독교'라는 표현을 씀과 아울러 이 이념에 부응하는 믿음의 공동체를 '민족교회'라고 하며, 김교신을 이 민족교회의

---

3) 민경배. 「김교신과 민족기독교」, 노평구 편, 『김교신과 한국』(일심사, 1981), 417-418쪽.

원형을 모색하고 다듬은, 무교회주의자로 보기에 앞서 민족기독교인이요 한국 기독신자였다고 자리매김한다.[4)]

김교신 자신은 그러면 어떤 표현을 썼던가. 익히 알려져 있는 바, '조선산 기독교', '김치냄새나는 기독교'이다. 이것을 그가 쓴 『성서조선』의 창간사에서 확인하자.[5)]

> "하루아침에 명성이 세상에 자자함을 깨어 본 바이론은 행복한 자였다. 그러나 하룻저녁에 "아무리 한대도 조선인이로구나!" 하고 연락선 갑판을 발구르는 자는 둔한 자였다. 나는 학창시절에 오로지 학문에만 힘쓰면서 종종 이렇게 스스로 위로하였다. "학문엔 국경이 없다." …… 때에 들리는 일성은 무엇인고? "아무리 한대도 너는 조선인이다." 아, 어찌 이보다 더 큰 의미를 우리에게 전하는 말이 있으랴? 이를 깨우쳐 만사 끝장이요, 이를 이해하여 만사 이룸이로다. 이에 시선은 초점에 맞추어졌고 대상은 하나임이 명확하여지도다. …… '조선성서연구회'를 시작하고 매주 때를 기하여 조선을 생각하고 성서를 공부하면서 지내 온 지 반 년 남짓하여 누가 동의하여 어간의 소원이던 연구의 일단을 세상에 공개하려 하니 그 이름을 『성서조선』이라 하게 되도다. …… 다만 우리의 마음의 전부를 차지하는 것은 '조선'이라는 두 글자이고 애인에게 보낼 최고의 선물은 '성서' 한 권뿐이니 양자의 어느 하나도 버리지 못하여 된 것이 그 이름이다. ……
> 『성서조선』아, 너는 우선 이스라엘 집집으로 가라. 소위 기성신자의 손을 거치지 말라. 그리스도보다 외국인을 예배하고 성서보다 회당을 중시하는 자의 집에서는 그 발의 먼지를 털지어다. ……"

인용문이 좀 길어졌지만 창간사를 이 이상 줄일 수는 없었다. 빼어난, 장엄한, 그리고 어느 하나 버릴 수 없는 귀한 생각을 담은 선언문이기 때

4) 앞의 책, 429-430쪽.

5) 1927년 7월 1일자로 발간된 『성서조선』 창간호에는 창간사가 세 편 담겨 있다. 첫째는 '교신'이라는 본명이 그 말미에 괄호로 담겨 있는 이 글이고, 둘째는 "앞길 뒷길 다 막힌 조선이다"로 시작하는 삼안(三眼)이라는 필명으로 쓴 유석동의 것이고, 셋째는 「기독교의 적은 누구인가」라는 제목이 달린 '상훈'의 것이다. 이 셋 중 김교신의 것이 맨 먼저 나오기도 했거니와 그 내용이 빼어나고 또한 분량도 많아서, 창간사라 하면 김교신의 것으로 꼽는 게 보통이다.

문이다. 이 인용문의 끝 절에 "이스라엘 집집으로 가라"라고 했는데, 이것은 우리 표현으로 한다면 이름 없는 백성들의 집을 찾아가라는 뜻이다. 이 창간사에 이들 '무교회' 신앙운동의 이념이 잘 나타나 있다. 그래서 나는 이들이 주장한 신앙의 논리를 '민족적 · 민중적 · 토착적 기독교'라고 다듬어 보고 있다.

이 『성서조선』은 40면 전후의 상하 2단으로 짜여진 동인지였는데, 1930년 5월호인 제17호(이승훈 선생 기념호)부터는 문자 그대로 김교신의 책임 편집하에 발행하는 개인 신앙월간지가 되었다.6) 『성서조선』은 고정 독자가 가장 많을 때에도 약 300명 정도였고, 12년간 일제 총독부의 검찰, 경찰, 학무 당국의 혹독한 검열로 휴간, 정간을 되풀이하다가 1942년 3월 제158호의 권두언인, 「조와(弔蛙)」가 문제가 되어 폐간되고 말았다. 몇 마리 살아남은 개구리의 생명력을 빌어 어떤 혹한에도 살아남는 민족의 희망을 읊었다는 것이 그 이유였다.

폐간호의 권두언 끝부분은 이렇다.

> "늦은 가을도 지나서 담상에 엷은 얼음이 붙기 시작함에 따라서 개구리들의 기동이 하루가 다르게 느려지다가 나중에 두꺼운 얼음이 투명을 가리운 후로는 기도와 찬송의 음파가 저들의 귀 고막에 닿는지 안 닿는지 알 길이 없었다. 이렇게 격조하기 무릇 수개월 남짓!
> 봄비 쏟아지는 날 새벽, 이 바위틈의 얼음덩어리도 드디어 풀리는 날이 왔다. 오래간만에 친구 개구리들의 안부를 살피고자 담 속을 구푸려 찾았더니 오호라, 개구리의 시체 두세 마리 담 꼬리에 둥둥 떠 있지 않는가!
> 생각건대 지난 겨울의 비상한 혹한에 작은 담수의 밑바닥까지 얼어서 이 참사가 생긴 모양이다. 예년에는 얼지 않았던 데까지 얼어붙은 까닭인 듯, 동사한 개구리 시체를 모아 매장하여 주고 보니 담 속에 아직 두어 마리 기어다닌다.
> 아, 전멸은 면했나 보다!"

김교신은 늘 새벽 4시에 일어나 약수터에 가서 냉수목욕, 기도하고 돌

6) 실질적으로는 제16호부터인데, 여기에는 아직 발행인이 정상훈으로 나온다.

아와 성경을 읽었다. 그래서 이 권두언 내용은 이 당시 근무한 개성 송도 중학교 교사로 지내던 어느 봄날, 송악산 기슭의 새벽에 겪은 일을 소감 형식으로 기록한 것이다. 그런데 이렇게 명문이요 빼어난 은유가 되었다. 그래서 이 글은 천관우(千寬宇) 등이 뽑고 엮은 『근대한국명논설집』에 수록되어 있다.[7)]

4. 민족교회 논리와 그 정신사적 의의

보통 '무교회 모임'이라고 불리는 이들의 민족교회의 논리를 우리는 몇 가닥으로 나누어 볼 수 있다. 왜 하필이면 '무교회'냐? '교회'가 타락했거나 그 지나친 조직화로 또 하나의 체제, 즉 순수한 복음신앙의 장으로서의 '참교회'가 되지 못하고 있기 때문이다. 눈에 보이는, 화려하게 차려입은 교회가 예수님이 그리신 교회가 아니요, 삶과 믿음이 하나 된 만남의 마당이 교회일 수 있다는 논리이다. 이런 생각은 두 사람이 모여 기도드리는 곳이 바로 교회라는, 기독교의 초대 교회로의 회귀 지향으로도 이어진다.

더욱, 한 겨레의 교회가 외국의 문화침략의 들러리로 기능하는, 또 하나의 지배 이데올로기로 역기능하고 있는 상황에서는 그 의미가 절실해진다. 남미에서 발전한 해방신학이 로마가톨릭 신학을 또 하나의 지배 이데올로기로 보는 바로 그 논리이다. 이래서 무교회 신앙운동의 논리는 겨레의 정신문화 존중의 논리와 이어지며, 이것과 이어지지 않거나, 이것을 파괴, 부정하는 신학은 '매판' 신학이라고 보는 것이다.

폐일언하고 우선 '무교회'의 성서적 근거를 찾아 확인해 보자.[8)]

---

7) 월간 『신동아』 편집실 엮음. 『근대한국명논설집』(1966). 또 이 「조와」만을 보통 폐간호의 권두언으로 알고 있는데, 실은 이렇게 짤막한 권두언이 셋 실려 있었고 그 순서는 「강성하게 되는 길」이 먼저이고, 「부활의 봄」이 다음이며, 「조와」가 끝이다. 셋의 분량은 서로 비슷하다.

8) 「마가복음」 18장 19-20절.

> “내가 다시 말한다. 너희 중의 두 사람이 이 세상에서 마음을 모아 구하면 하늘에 계신 내 아버지께서는 무슨 일이든 다 들어 주실 것이다. 단 두세 사람이라도 내 이름으로 모이는 곳에는 나도 함께 있기 때문이다.”

그렇다. 단 두세 사람이라도 하나님 이름으로 기도드리는 그곳이 ‘교회’인 것이다. 그래서 교단, 교리, 목사, 성례전, 제직회 등은 실은 이 참교회와는 별 관계가 없는 것이다. 그런데 우리는 어떠한가. 기독교를 믿는다고 하면서 실은 교회를 믿는, 즉 기독교(christianity) 아닌 교회교(churchanity) 신자가 되어 있는 것이다. 그래서 더욱, 예수님을 교회라는 화려하게 꾸민 어두운 사당에 유폐시키는 오류를 범하고 있다. 그러니 교회 밖으로 뛰쳐나올 수밖에 없다. 이래서 루터의 종교개혁도 있지 않았던가. 그런데 그 신교가 다시 중세의 그 가톨릭체제 못지않게 생명을 잃고 굳어졌으니 어이 하랴.

이제 ‘무교회’의 성격과 논리의 정신사적 의의를 분석할 자리에 이르렀다.

첫째는 민족적인 데 있다. 『성서조선』의 창간사에서 우리는 익히 그것을 본 바 있다. 이런 생각은 필연적으로 서양의 선교사, 신교자본, 교파적 교리의 수용을 거부하게 된다.

둘째는 민중적인 데 있다. 민족을 구성하는 중핵층, 즉 ‘기층’인 민중의 삶 속에서 파고들지 못하는, 그리고 그들의 삶을 새롭게 일깨워 주지 못하는 믿음은 참 믿음이 될 수 없다. 민중이 즐겨 먹는 김치냄새가 나야지 버터냄새가 나서는 안 된다는 것이다.

셋째는 토착적이다. 우리의 기나긴 역사와 그 역사를 통해 따스히 다듬어온 문화와 그것이 이어져야 한다. 이 땅에 뿌리를 내릴 수 있어야 하고 또 이 땅을 살찌울 수 있어야 한다.

넷째는 반교권적이다. 조직으로서의 교회는 교권을 가지지 않을 수 없다. 그러나 이것이 지나쳐 개개인의 산 믿음을 억압해서는 안 된다. 그런데 오늘의 교회가 행사하는 교권은 어느 수준인가. 개개인을 초월한 조직으로서의 명령적 권위다. 성서 해석에 있어서도 그렇고, 생활 규범에 있어서도 그렇다. 그러기에 교회적 신앙생활은 교회의 지배 아래 들어가는 일이며, 교회 신자가 된다 함은 그 교회원이 됨을 의미한다. 이래서 교회는 조직의 유지·강화로 개개 신자의 산 믿음을 억누르며 통제·관리하기 쉽다. 아니, 조직의 생리 때문에 필연적으로 그렇게 된다. '무교회'는 바로 이 같은 교회를 바로잡기 위한 '안티테제'로 일종의 종교개혁 운동이다.

다섯째는 교회의 권능의 부정이다. 오늘날 교회는 갖가지 권능으로 신자 개개인의 순수한 복음신앙을 억누르고 있다. 교회도 조직인 이상 어느 정도의 권능은 필요하다. 그러나 오늘날 교회는 정치적 조직 못지않게 관료화된 계층구조와 그에 따른 갖가지 비본질적인, 아니 순수한 복음신앙적 견지에서 보면 비복음적인 행태를 자행하고 있다. 예수님이 그렇게도 미워한 파리세적인 요소가 그곳에 충만하고 있기 때문이다. 교회가 갖고 있는 교권을 구체적으로 들면, 성서해석권, 성례전 집행권 등이다. '무교회'는 하나님이 각자에게 주신 믿음의 분수대로 성경을 읽고 해석하며, 또 세례나 성찬 예식 같은 것에 별로 의미를 부여하지 않는다. 하나님에게 불로 세례를 받아야지, 목사에게 물로 세례받은 일은 아니라고 보는 것이다.

여섯째는 직업성소관(職業聖召觀)이다. 하나님은 각자에게 이 세상에서 해야 할 귀한 몫을 주셨다. 그것이 달란트다. 그 몫을 실현하면서 개성을 실현하고, 그 같은 삶의 마당이 바로 기도의 장소이고, 이런 삶을 통해서 이웃에 봉사하고 하나님에게 다가간다. 농부는 농업으로, 양복장이는 재봉으로, 교사는 교직으로 그 천직을 삼아야 한다. 꼭 성직(목회직)만이 천직이 아니다. 이게 종교개혁가 루터의 직업윤리, 막스 베버가 그렇게도 찬양한 프로테스탄트의 하느님이 주신 '직업(profession)'의 개념이다. 이 직업윤리로 새 역사가 열렸다. 무교회 모임 사람들은 이 직업관에 투철하다.

베버는 그 명저 『프로테스탄트 윤리와 자본주의 정신』의 본론 핵심부 제3장 「루터의 성소(聖召) 개념(Luther's conception of the calling)」에서 직업은 경제적 개념이라기보다 종교적 개념이라 했고, 그래서 '세속직'과 '성직'은 등가(等價: equalization of the values of religious and worldly occupations)라 갈파했다.[9)]

일곱째는 민족신학 탐구다. 참새 한 마리라도 하나님의 뜻이 아니면 떨어지지 않는다 했다. 성서는 모든 삶에, 모든 존재에, 다 주어진 뜻이 있다 한다. 그렇다면 이 겨레의 존재 이유, 즉 하나님이 그 역사를 통해 이루고자 하는 이 겨레의 몫, '섭리사적 사명'은 무엇인가. 이것은 이 겨레의 기나긴 역사와 지리를 통해 볼 수밖에 없고, 또 성서적 신앙의 눈으로 개개의 사실을 해석, 자리매김할 수밖에 없다. '무교회'는 민족적이라 했다. 그러면 이 민족의 섭리적 존재 이유를 밝히는 신학이 있어야 하지 않는가. 그것을 '민족신학'이라 하자. 바로 이 작업을 한 사람이 무교회 모임의 핵심 인물들인 김교신과 함석헌이다. 김교신은 「조선지리소고(小考)」에서, 함석헌은 『성서적 입장에서 본 조선역사』에서이다. 김교신은 모두들 지정학적 숙명론에 사로잡혀 있을 때, 우리 지리처럼 여러 면으로 좋은 땅은 없다며 '섭리적 민족지리관'을, 함석헌은 하나님이 주신 그 고난의 역사를 승화시켜 의와 평화의 새 역사를 여는 챔피언이 되자는 '섭리적 민족사관'을 다듬어 냈다.

이 겨레의 존재 이유를 우리 아니고 누가, 우리 땅과 우리 역사가 아니고 무엇이 밝혀 줄 것인가. 루터신학인가, 칼빈신학인가, 해방신학인가. 아니다! 김교신과 함석헌은 약관 27세인 1927년에 『성서조선』을 창간하면서 이 장엄하고 성스러운 물음과 씨름하기 시작했던 것이다. 그리고 그들이 다듬어 낸 생각은 이 민족의 정신사에 길이길이 되풀이되면서 음미·평가될 것이다.[10]

---

9) Max Weber. *The Protestant Ethic and the Spirit of Capitalism*. London: George Allen & Unwin, 1930, pp.79-92.

10) 김교신의 「조선지리소고」는 『성서조선』 의 1934년 3월 제62호 15-24쪽에, 그리고 함석헌의 『성서적 입장에서 본 조선역사』 중에서도 이 민족의 존재 이유를 묻는 핵심적 논리를 담은 「조선사의 기조(基調)」는 『성서조선』의 1934년 6월 제65호 3-9쪽에 담겨 있다.

III

부록

김정환의 “인간주의 교육사상”의 형성과 의미에 대하여

우정길

김정환의 "인간주의 교육사상"의 형성과 의미에 대하여*

[요 약]

본고는 고려대학교 교육학과에서 1970년부터 1995년까지 재직하였던 교육철학자 김정환의 "인간주의 교육사상"의 형성 과정과 의미에 관한 고찰이다. 그의 퇴임기념논문집 『인간주의 교육사상』(1996)에서 처음 사용된 용어인 "인간주의 교육사상"은 그가 평생 탐구하고 추구하였던 학문의 실체와 지향점을 총칭하는 개념이다. 페스탈로치 연구에서 출발한 그의 학문 여정은 한결같이 "교육의 인간화"에 초점이 맞추어져 있었다. 1970년대 그가 매진하였던 페스탈로치 교육사상, 교육인간학, 실존주의 교육사상 그리고 종교교육 · 민족교육에 대한 연구의 결과들은 1980년대 들어 "전인교육론"과 "인간주의 교육론"으로 체계화되었으며, 이 두 가지 이론은 김정환의 "인간주의 교육사상"의 중요한 두 축을 이룬다. 본고는 "교육의 인간화"라는 화두로부터 비롯되어 "전인교육론"과 "인간주의 교육론"을 거쳐 최종적으로는 "인간주의 교육사상"에 이르는 그의 교육적 사유의 여정을 연구사적 관점에서 조명한 것이다. 이것은 일차적으로는 김정환이라는 교육철학자 개인의 학문 이력과 성격에 관한 것이지만, 동시에 그에게서 배우고 그와 동행하였던 학자들의 모임 및 이들이 공유하고 있는 학문적 정세싱, 즉 "인간주의 교육사상"의 학맥과 학풍에 관한 것이기도 하다.

* 본고는 우정길(2020). 김정환의 "인간주의 교육사상"의 형성과 의미에 관한 고찰. 『한국교육학연구』 26(3), 139-162를 이 책의 취지에 맞추어 부분적으로 수정한 것임을 밝혀 둔다.

Ⅰ. 도입

1996년 고려대학교 교육사 · 철학연구회(現 고려대학교 교육사 · 철학회)는 『인간주의 교육사상』이라는 제목의 논문집을 출판하였다. 총 열다섯 편의 논문을 담은 이 저서의 가장 큰 특징은 "인간주의 교육"의 도드라진 강조에 있다. 저서의 제목부터 그러하거니와, 열다섯 편의 논문이 나뉘어 담긴 네 개 모둠의 소제목들 역시 "인간주의 교육론"을 공통분모로 하고 있다. 이들을 구체적으로 열거하자면 "인간주의 교육론의 기초 이론(제1부), 인간주의 교육론의 역사(제2부), 인간주의 교육론의 현대적 동향(제3부), 인간주의 교육론의 민족사적 과제(제4부)" 등이다.

이 저서의 제목과 소제목들이 "인간주의 교육"을 명시적으로 그리고 일관되게 표방하고는 있으나, 이 저서는 이른바 인간주의 교육사상가 한 사람에 의해 체계적으로 집필된 저서는 아니다. 아울러 이 저서를 구성하고 있는 열다섯 편의 논문들도 하나의 단일한 이론을 표방하고 있지도 않다. 과문(寡聞)을 전제로 평하자면, 슈타이너(R. Steiner)의 인지학(Anthroposophie)과 프랑크푸르트학파의 비판이론이 "인간주의"라는 표제하에 나란히 자리하는 예도 드물거니와, 니일(A.S. Neill)의 섬머힐 교육과 한국의 선비상이, 그리고 길리간(C. Gilligan)의 보살핌의 윤리학과 일제강점기 저항과 계몽의 교육사상가들(박은식, 남궁억, 안창호, 최현배, 김교신 등)이 동일한 범주 안에서 고찰될 수 있다는 사실 자체도 낯설고 흥미롭다.

그렇다면 이 저서는 왜 굳이 "인간주의 교육사상"이라는 제목을 채택하였으며, 또한 네 차례나 거듭 "인간주의 교육론"을 강조하였을까? 이 책을 펴낸 고려대학교 교육사 · 철학연구회의 당시 회장인 강승규가 쓴 "책머리에"의 일부를 참조해 본다. 여기에는 두 가지 동기가 기술되어 있다.

첫째, "학교 교육이 비인간화되어 간다는 비판은 어제오늘의 일이 아니다"라는 문장으로 시작되는 "책머리에"에서 강승규는 다음과 같이 적고 있다.

> "이 책은 많은 문제를 안고 있는 학교 교육에 대한 획기적인 대안을 마련하려는 의도에서 출발한 것은 아니다. 다만 학교 교육의 비인간화를 검토하여 새로운 방향을 탐색할 경우에 이론적인 갈증을 풀어 줄 수 있는 내용을 담으려고 노력한 것에 불과하다. 우리가 교육에 바라는 희망적 방향을 제시하는 데에 다소 보탬이 되기를 바랄 뿐이다. 이 책은 세계적으로 문제되고 있는 학교 교육의 비인간화에 대한 문제의식에서 시작된 인간주의 교육이론과 사상에 대한 전반적인 검토를 하려는 데에 그 의도가 있다."
>
> (고려대학교 교육사·철학연구회, 1996: 7)

이 저서의 기조를 이루는 문제의식과 편집의 의도는 선명하다. 즉, 현대 학교교육의 비인간화 현상에 대한 학술적 검토 그리고 그 해소를 위한 제안이 그것이다. 그런데 명료하게 드러나지 않는 것은, 이러한 문제의식을 담은 학술적 논의들을 어떻게 "인간주의 교육사상"으로 명명하게 되었는가이다. "인간주의"라는 용어는 "인간"이라는 용어의 학술적 다차원성과 포괄성만큼이나 그 스펙트럼이 넓기 때문이다.

둘째, 위 인용문과 더불어 "책머리에"에는 "인간주의 교육사상"이라는 표제의 이해를 위한 단서가 한 가지 더 제시되어 있다. 이 책은 고려대학교에서 1970년부터 1995년까지 교육철학을 연구하고 가르쳤던 김정환의 퇴임을 기념하기 위한 논문집이라는 것이다.

> "그간 고려대학교 교육학과에서 봉직하시다 정년퇴임을 하여 지금은 고려대학교 명예교수로 계신 김정환 선생님의 퇴임을 기념하여 그동안 선생님에게 석·박사 논문지도를 받아 온 우리가 기념 논문집을 간행하고자 했으나, 선생님께서 극구 사양하셔서 이런 형식으로 이를 대신하게 되었다. 이 책은 선생님의 제자에 대한 사려깊은 애정이 밑거름이 되어 이루어졌으며, 또한 여기에는 고려대학교 교육사·철학연구회 회원의 학구열, 김정환 선생님과 모교에 대한 사랑이 함께하고 있음을 밝힌다."
>
> (고려대학교 교육사·철학연구회, 1996: 7f)

여섯 줄에 불과한 위 인용문은 이 저서의 형성 과정과 표제에 대한 한 폭의 긴 그림을 제공해 준다. 저 두 문장 속에는 실로 한 세대에 걸친 학문의 역사가 함축적으로 내포되어 있기 때문이다. 여기에는 김정환이라는 학자가 25년 동안 이루어 낸 연구에 대한 존경이 배어 있고, 그가 걸었던 제자들과의 학문적 동행에 대한 사의(謝意)가 담겨 있다. 고려대학교 교육사·철학연구회의 한 세대가 매듭된 시점인 1996년, 김정환을 중심으로 지난 25년간 형성되어 온 그 교육철학적 사유와 탐구와 기여를 그들은 "인간주의 교육사상"이라 명명한 것으로 보인다.

본론에서 구체적으로 언급하게 되겠으나, 이 "인간주의 교육사상"은 김정환이 평생에 걸쳐 연구하고 주장해 온 교육(학)의 지향점이다. 물론 그는 자신의 학문적 지향점을 "인간주의 교육'사상'"이라고 명명한 적은 없으며, 아울러 이것이 하나의 독자적이고 체계적인 사상의 차원에 이르렀다고 평가할 수 있는가에 대해서도 별도의 논의가 필요할 것이다.

그러한 논의와는 별도로, 본고에서는 김정환이 1970년 한국의 교육철학계에서 활동을 시작한 이래 2019년 소천(召天)에 이르는 반세기 동안 쉼없이 제안하였던 "인간주의 교육사상"의 형성 과정은 어떠하였는지 그리고 그 핵심적 문제의식과 주장은 무엇이었는지를 살펴보고자 한다. 이것은 우선 교육철학자 김정환을 이해하고 그의 교육사상을 기억하는 일이기도 하지만, 동시에 지난 반세기 동안 그를 중심으로 형성되어 한국의 교육철학계에서 중요한 한 축을 담당해 온 고려대학교 교육사·철학연구회의 학맥과 학풍에 대한 소묘이기도 하다. 앞서 언급한 논문집 『인간주의 교육사상』(고려대학교 교육사·철학연구회, 1996)은 그 50년이라는 역사의 중간 지점의 단면(斷面)이다.

Ⅱ. "인간주의 교육사상"의 토대 형성(1970년대)

김정환이 "인간주의 교육론"이나 "인간주의 교육사상"이라는 특별한 체계와 명명을 처음부터 염두에 두었던 것은 아니었던 것으로 보인다.[1] 그가 일본 히로시마대학교에서 박사학위를 취득한 해가 1970년이고, 그 주제는 "페스탈로치[2]의 교육학에 있어서의 수학교육의 이론과 그 수학교육사적 위치"였다. 그러나 박사학위 취득 직후 고려대학교 교육학과 교육철학 담당 교수로 임용되면서, 그의 관심은 수학교육자 페스탈로치에서 교육학자 페스탈로치로, 그리고 나아가 교육철학 일반으로 확장된다. 이 시기 그는 우선은 교육학개론과 교육철학 등의 강좌를 위한 교재의 집필, 자신의 박사학위논문 주제였던 페스탈로치의 교육사상을 일반교육학의 관점에서 정리하고 재구성하는 일, 그리고 페스탈로치 연구의 확장의 일환으로 슈프랑어(E. Spranger)의 문화교육학 탐구 등에 관심을 집중하였던 것으로 보인다. 1970년대 그가 발표한 다섯 편의 논문들[3]이 이를 말해주거니와, 같은 시기 출판된 세 권의 저서 『교육의 본질과 과제』(1973a), 『교육의 철학과 과제』(1974a), 『페스탈로찌의 생애와 사상』(1974b) 역시 이 시기 그가 어떤 연구에 매진하였었는지를 보여 준다. 이 시기 그의 저작에 "인간주의, 인간주의 교육론, 인간주의 교육사상"과 같은 용어는 아직 등장하지 않고 있다. 그럼에도 불구하고 이후 그의 "인간주의 교육론, 인간주의 교육사상"의 주춧돌이 되는 학문적 계기들이 형태를 갖추어 가는데, 아래 다섯 가지가 바로 그것이다.

---

1) 본고에는 "인간주의 교육사상"과 "인간주의 교육론"이라는 용어가 혼용되고 있다. 이 둘은 때로는 그 지칭하는 바가 동일하지만, 그렇지 않은 경우도 있다. 후자("인간주의 교육론")가 김정환이 제안한 특정한 이론체계를 지칭하는 것이라면, 전자("인간주의 교육사상")는 생성적·포괄적 개념이기 때문이다. 본고에서는 김정환의 용례를 주로 따르되, 논의의 맥락에 따라 이 둘을 구분하여 적합한 한 가지만 표기하거나 혹은 이 둘을 병기하는 방식으로 사용할 것이라는 점을 미리 밝혀 둔다. 이 둘 사이의 구분에 관하여는 본고 "제Ⅲ장 맺는말"을 참조하기 바란다.

2) J.H. Pestalozzi(1746-1827). 한국어 표기 시 김정환은 "페스탈로찌"와 "페스탈로치"를 혼용하고 있다(김정환, 1974b; 1975; 1977b; 1995a; 2008; 2011). 본고에서는 인용의 경우 원저자의 표기를 따르되, 비인용의 경우 "페스탈로치"로 표기하고자 한다.

3) 김정환(1972). 페스탈로치의 교육철학과 교육방법론. 『고려대학교 문과대학 인문논문집』 17, 1-30; 김정환(1977a). 슈프랑어. 『20세기 교육고전의 이해』(pp.133-157). 이화여대출판부; 김정환(1977b). 페스탈로치의 사회교육론 연구. 『성곡논총』 8, 95-101; 김정환(1979a). 체벌의 교육적 의의. 『현존』 106, 25-33; 김정환(1979b). 슈프랑어의 교육 본질론에 있어서의 "각성"의 개념의 분석. 『고려대학교 사대논집』 4, 1-21.

1. 페스탈로치와 교육인간학

우선 김정환의 "인간주의 교육사상"의 가장 중요한 축인 페스탈로치 교육사상은 1970년대 초반 자신의 박사학위논문 및 『페스탈로찌의 생애와 사상』(김정환, 1974b), 『페스탈로찌의 교육사상』(김정환, 1975)을 통해 이미 상당한 체계를 갖추었다. 그리고 이것이 바탕이 되어 이후 김정환은 세계적 수준의 페스탈로치 연구가로 자리매김하게 되었으며, 『페스탈로찌의 교육철학』(김정환, 1995a)이라는 저서를 통해 그의 페스탈로치 연구는 집대성되기에 이른다. 『페스탈로찌의 생애와 사상』(김정환, 1974b)에 대해 김정환은 "나의 처녀작이자 대표작의 하나로 자임한다. 이 책으로 나는 우리나라의 유일한 페스탈로치 전문 연구가로 알려지고"(김정환, 2011: 83)라고, 그리고 『페스탈로찌의 교육철학』(김정환, 1995a)에 대해서는 "딱 한 권의 저서를 들라 하면 물론 이 책이다. 나의 평생의 연구주제이고 연구결과가 담겨 있기 때문이다"(김정환, 2011: 83)라고 자부한 바 있다. 김정환의 교육적 사유의 체계를 "인간주의 교육론, 인간주의 교육사상"으로 명명한다면, 그 속에는 페스탈로치로부터 얻은 영감이 가장 크게 자리하고 있다고 할 수 있다.

"인간주의 교육사상"의 또 다른 구성 요소라 할 수 있는 교육인간학에 대한 관심도 1970년대에 형성된 것으로 보인다. 1980년대 이후의 연구에서 본격적으로 그 체계를 드러내는 교육인간학에 대한 첫 언급은 『교육의 철학과 과제』(김정환, 1974a)에서이다. 눈여겨볼 부분은, 그가 이 책을 "[제1장] 교육의 철학적 탐구 - [제1절] 교육의 인간학적 탐구"로 시작하고 있다는 점이다. 여기서 그는 "인간의 불완전성, 인간의 가치지향성, 장기간의 준비성, 행동양식·문화내용의 재획득성, 경험의 전달성"이라는 다섯 가지 특징을 도출하고, 그 바탕 위에서 "인간은 교육적 동물이다"라는 교육인간학적 전제를 논증해 보이고 있다. 이러한 논증의 근거가 된 사상가들로 김정환은 루소(J.J. Rousseau)와 스키너(C.E. Skinner), 칸트(I. Kant)와 헛친스(R.M. Hutchins), 페스탈로치와 듀이(J. Dewey) 등의 이름을 한 차례씩 거명하고 있다. 즉, 이들 교육사상가들이 가졌던 인간에 대한 사유의 조각들을 모아서 그는 "교육의 인간학적 탐구"라고 명명하였던 것으로 보인다.

본고의 주제와 관련하여 주의를 환기해 두고자 하는 것은 다음 사항들이다. 첫째, 『교육의 철학과 과제』(김정환, 1974a)는 교육철학자 김정환이 자신의 교육철학 강좌를 위해 집필한 저서이다. 즉, 이 저서는 당시 그의 관점에서 교육철학 분야의 지식 중 교수의 필요와 가치가 높다고 판단된 내용들을 선별하고 집약하여 제작한 강의록이다. 그중에서도 제1장 제1절을 "교육의 인간학적 탐구"로 편성하였다는 사실은 그가 이 주제 또는 이 관점을 얼마나 비중 있게 여겼는가를 보여 준다. 참고로 이 저서는 후에 『교육철학』(김정환, 1987a)이라는 제목으로 개정·증보되어 출판되었으며, 그가 재직하는 동안 줄곧 교육철학 강좌의 주교재로 활용되었다. 1987년의 이 책에서도 제1장 제1절은 이 책의 전신(前身)이라 할 수 있는 『교육의 철학과 과제』(김정환, 1974a)의 그것과 동일하다. 즉, "교육의 인간학적 탐구"이다.

둘째, 김정환이 1970년대 사용하였던 "교육의 인간학적 탐구"라는 용어는 1980년대 이후 김정환의 저서들에서 "교육인간학"이라는 이름으로 편성된 것의 전신(前身)이라 할 수 있다. 실제로 앞에서 인용된 인간의 다섯 가지 특징들 중 제1항("인간의 불완전성")과 제3항("장기간의 준비성")은 1980년대 김정환이 "인간은 교육적 동물이다"라는 명제를 논증할 때면 항상 차용해 오던 생물학적 인간학자들의 주장과도 일치한다. 즉, 동물과 비교해 볼 때, 인간은 (동물에 비하여) 불완전한 존재로 태어나며, 독립적·자율적 인간으로서 자립할 수 있기까지는 (동물에 비하여 더욱) 장기간의 준비가 필요하다는 논리다. 이러한 논리는 1977년 한국어로 번역된 『철학적 인간학』(Landmann, 1969/진교훈, 1977)을 통해 소개된 포르트만(A. Portmann)의 "조기출산론", 겔렌(A. Gehlen)의 "결핍존재론", 윅스퀼(J.v. Uexküll)의 "세계개방성론"의 논리와 대동소이하다. 비록 『교육의 철학과 과제』(김정환, 1974a)에 란트만의 저서 『철학적 인간학』이나 생물학적 인간학자들에 대한 언급은 없고 "교육인간학"이라는 용어도 등장하지 않지만, 그의 "교육의 인간학적 탐구"와 "교육인간학"은 사유의 주제와 논거에 있어서 동형성을 보인다는 점만은 분명하다. 1970-1980년대 김정환의 저작들을 펼쳐 놓고 보면, 1970년대 초 "교육의 인간학적 탐구"라는 설익은 개념으로 있던 그 사유가 "교육인간학"이라는 특정 분야의 이론들을 만나면서 보다 분명해지고 체계화되는 과정들을 확인할 수 있다. 즉, 1970년대 김정환이 사용하였던 "교육의 인간학적 탐구"라는 용어 또는 접근법은 1980년대 이후 그가 본격적으로 철학적 인간학과 생물학적 인간학, 그리고 볼노(O.F. Bollnow)의 교육인간학과 실존철학적 교육학 등의 새로운 이론들[4]을 수용하는 가운데 체계화하였던 그 교육인간학을 위한 시론의 성격을 갖는다고 할 수 있다(김정환, 1988a: 3-15).

셋째, 인간주의 교육사상의 중요한 구성 요소 중 하나인 교육인간학과 관련하여 언급될 필요가 있는 한 가지는 바로 페스탈로치이다. 김정환은 1960년대부터 교육인간학 논의가 활발히 진행되었던 독일 교육학계의 쇼이얼(H. Scheuerl), 플리트너(A. Flitner), 츠다르칠(H. Zdarzil) 등의 견해를 수용하는 과정 중에 페스탈로치를 교육인간학의 시조로 재발견하게 된다(김정환, 1988a: 16). 주지하는 바와 같이, 페스탈로치는 인간 발달의 세 단계와 세 차원을 동시에 포괄하는 인간론을 아래와 같이 제시한 바 있다.

---

4) 국내에 "교육인간학"이 소개된 것은 이규호의 저서 『교육과 사상』(1972)에서이다. 이 책은 시기적으로는 김정환의 『교육의 철학과 과제』(1974a)보다 2년 앞서지만, 김정환의 이 저서(1974a)에서 "교육인간학"이라는 용어는 사용되지 않고 있다. 이에 관한 언급은 1988에 출판된 『현대의 비판적 교육이론』(김정환, 1988a)에서 처음으로 이루어진다. 이 책에서 김정환은 교육인간학 관련 국내의 연구 상황에 대해 다음과 같이 적고 있다. "우리나라에는 아직 교육적 인간학에 대한 관심이 환기되어 있지 않고 있고, 따라서 이에 관한 저서는 물론이요 역서 한 권 없는 한심한 실정이다. 그러나 이것을 저서 안에서 언급했거나 논문으로 소개한 것은 이 필자가 본 바로는 셋뿐이다. 그것은 이규호의 『교육과 사상』(1972)의 제3부 '인간과 교육 - 교육인간학을 위한 시도', 필자의 『교육철학』(김정환, 1987a)의 제1장 제1절의 "교육적 동물", 그리고 박덕규의 'Heinrich Roth의 교육적 인간학'(1985)이다"(김정환, 1988a: 8).

"나는 자연의 작품이다. 나는 사회의 작품이다. 그리고 나는 나 자신의 작품이기도 하다. … 자연의 작품으로서 나는 진리와 정의에 대해 동물적인 관념을 갖고, 인류의 작품으로서 나는 진리와 정의에 대해 사회적 관념을 가지며, 나 자신의 작품으로서 나는 진리와 정의에 대해 도덕적 관념을 갖는다."(Pestalozzi, 1976: 123; 김정환, 1988a: 18f 참조. 필자 번역)

후에 김정환이 "인간의 삼단층적 존재상"(김정환, 1995a: 216f)이라 명명하였던 삼단계 인간(발달)론으로부터 교육의 세 가지 차원, 즉 자연교육과 사회교육 그리고 도덕교육이 도출된다는 것이 김정환이 수용하고 있는 페스탈로치 교육인간학의 기본구조이다. 특히 동물성의 단계에서 시작하여 사회성의 단계로, 그리고 최종적으로는 자율적·독립적 도덕성의 단계로 상승해 나간다는 인간 형성의 논리는 생물학적 인간학으로부터 도출해 낸 교육인간학의 대전제("인간은 교육적 동물이다")와 유사성을 갖는다. 김정환의 "인간주의 교육사상" 속에서 페스탈로치는 교육인간학과 조우하며, 이 둘은 "인간주의 교육사상"의 중요한 주춧돌로 자리잡게 된다. 실제로 1995년에 출판된 『페스탈로찌의 교육철학』(김정환, 1995a)에서 김정환은 "교육적 인간학"을 독립된 장(章)으로 편성하기도 하였다. 이때 "교육인간학"은 당연히 페스탈로치의 교육인간학을 일컫는다.

2. 실존주의 교육사상

"인간주의 교육사상"의 또 다른 구성 요소인 실존주의 교육사상에 대한 관심 역시 1970년대에 그 시작을 고한다. 김정환은 앞서 언급한 1974년의 저서 『교육의 철학과 과제』(김정환, 1974a)의 "제5장 실존주의와 교육"을 "만남은 교육에 선행한다"라는 볼노의 문장을 인용하면서 시작한다. 여기서 김정환은 실존주의 철학사로 파스칼(B. Pascal), 키에르게고르(S. Kierkegaard), 하이데거(M. Heidegger), 야스퍼스(K. Jaspers), 사르트르(J.-P. Sartre), 슈프랑어(E. Spranger), 볼노 등의 이름을 거명은 하고 있으나, 실제로 소개되는 사상가는 파스칼과 볼노 두 사람이다. 이 저서의 제5장에서 파스칼은 실존철학의 시조로, 볼노는 삶의 철학(Leben sphilosophie)의 제안자로 소개되면서 "실존" 개념의 구성에 활용되었고, 교육과 관련하여서는 볼노의 *Existenzphilosophie und Pädagogik*(1968. 『실존철학과 교육학』)과 *Pädagogik in anthropologischer Sicht*(1971. 『인간학적 관점에서 본 교육학』)에 나타난 교육적 계기들(위기, 각성, 충고, 상담, 만남, 모험과 좌절)로 주로 구성되었다.

물론 파스칼과 볼노 두 인물만으로 재구성되는 실존주의 철학의 부당한 왜소함이 아쉬움을 남기기도 하거니와, 볼노 철학의 교육학적 수용에 있어서 실존주의 철학과 교육인간학 사이의 경계가 모호하다는 점에 대해서는 추가적 논의가 필요할 것이다. 본고의 주제인 "인간주의 교육사상"의 근본 동인에 국한하여 보자면, 다른 어떤 구성 요소들보다도 "실존주의와 교육"이라는 범주 아래 선명하게 드러나는 김정환의 아래와 같은 문제의식만은 특별히 주목해 볼 필요가 있다.

> "이런 만남을 통한 인간의 전인격적인 변용(變容)을 특히 강조하고, 오늘날의 기능화된 교육방법, 그리고 몰인간화 되어 가고 있는 교육의 마당에 새로운 숨결을 불어넣고자 하고 있는 사람들이 실존주의 철학의 입장에 서 있는 사람들이다. … 교육작용은 인간 대 인간 사이에서만 이루어지는 것이라 할진대, 실존주의 철학의 이런 시점은 되풀이 되풀이 음미되어야만 할 것이다." (김정환, 1974a: 155)

위 인용문에서 포착되는 "인간의 몰인간화, 교육의 기능화"에 대한 염려와 비판은 이후 김정환의 "인간주의 교육사상"의 근본 동기라 할 수 있는 "인간소외론"(김정환, 1997a: 106; 1988a: i, 9, 29ff, 113)으로, 그리고 "만남을 통한 전인격적 변용"은 1980년대 김정환의 대표적 이론이라 할 수 있는 "전인교육론"(김정환, 1982)으로 발전해 나간다. 그는 실존주의의 교육학적 공헌을 "인간의 복권"(김정환, 1974a: 177; 1987a: 335)으로 이해하였다. "인간소외론"에서 시작하여 "전인교육론"으로 나아가는 도상에 실존주의가 중요한 기여를 한다는 것이 실존주의에 대한 그의 평가였던 것으로 보인다.

김정환의 실존주의 철학의 교육학적 수용에 있어서 흥미로운 점을 한 가지만 첨언하자면, 그는 실존주의 철학 자체보다는 실존주의 철학을 통해 부각된 "만남"이라는 현상의 교육적 의미에 특별히 주목하였다는 점이다. 위 인용문을 담고 있는 『교육의 철학과 과제』(김정환, 1974a)에서도 그러하거니와, 1988년의 저서 『현대의 비판적 교육이론』(김정환, 1988a)에서도 "실존주의" 장(章)은 어김없이 "만남과 교육"으로 시작된다. 그리고는 볼노의 저 유명한 "만남이 교육에 선행한다"라는 문장이 예외 없이 인용된다. 1987년에 출판된 『교육철학』(김정환, 1987a)의 "제5-Ⅰ장 실존주의 교육론"에서는 "만남과 교육"이라는 소제목이 등장하지는 않으나, 그 첫 줄에는 "실존이 본질에 선행한다"(J.-P. Sartre)는 문장과 아울러 "만남이 교육에 선행한다"는 문장이 제시되고 있다. 플라톤과 소크라테스의 만남, 베드로와 예수의 만남, 이승훈과 안창호의 만남, 김교신과 우찌무라 간조(內村鑑三)의 만남은 그의 저작에서 빈번하게 등장하는 교육적 만남의 전형들이다(김정환, 1982: 92f; 1987a: 208; 1988a: 90). 참고로, 고려대학교 교육학과 교육사·철학회의 역사에서 비중 있는 발굴이라 할 수 있는 만남의 철학자 부버(M. Buber)가 김정환의 저서에서 본격적으로 등장한 것 역시 1987년의 저서에서이다(김정환, 1987a: 99-101). 김정환의 1980년대 저서들에서 확인되는 실존주의 교육학은 1970년대의 그것에 비해 철학적 근거의 제시나 교육학적 의미 부여의 다양성이라는 측면에서 그 풍성함이 더해가고 있었다. 시간의 흐름과 함께 김정환의 "인간주의 교육사상"의 또 하나의 단단한 축이 형성되어 간 것이라 하겠다.

3. 종교교육과 민족교육

김정환의 "인간주의 교육사상"에서 빼놓을 수 없는 중요한 요소 중 하나는 종교교육과 민족교육이다. 종교와 민족이 늘 동일한 것을 의미하지는 않겠으나, 김정환에게 있어서 이 둘은 동전의 양면처럼 나란히 자리한다. 주지하는 바와 같이, 김정환은 기독교 신자였다. 그것도 만년의 회상을 담은 저서 『한 교육학자의 자서전 - 백조의 노래』(김정환, 2011)에서 총 열다섯 장 중 다섯 장을 할애하여 자신의 기독교적 신념을 고백할 정도로, 그는 신심이 깊은 기독교도였다.

그에게는 도덕 역시 종교 안에 있다. 그는 『교육의 철학과 과제』(김정환, 1974a)에서 제6장의 소제목을 "도덕 · 종교와 교육"으로 정하지만, 내용을 보자면 그는 사실상 도덕을 종교라는 틀 안에 넣고 논한다. 도덕과 종교가 동일하지 않을 수 있는 가능성에 대하여 그도 모르는 바는 아니었을 것이지만, 그에게 있어서 자신이 신앙하는 종교는 도덕보다 큰 그릇이었다. 그는 이렇게 말한다. "물론 종교는 윤리와 다르다. 그러나 기독교는 윤리적 종교다. 한국교회도 윤리를 회복해야 한다"(김정환, 2011: 121). 아울러 민족마저도 그에게 있어서는 종교에서 안식을 찾아야 할 무엇이다. 종교는 그가 모친으로부터 물려받은 유산이자, 민족이라는 문화적 유산을 전수받은 통로이기도 하였다.

김정환이 1960년대부터 동참하였던 서울성서연구회는 그가 "위대했던 무교회 선생님들, 자랑스러운 무교회 선배들"(김정환, 2011: 127f)이라 칭송한 인도자들을 만났던 곳이자, 김정환이라는 인물 속에서 종교교육이 자연스럽게 민족교육과 합하여지게 된 계기라 할 수 있다. 그는 1970년대 『씨올의 소리』에 서너 차례 기고한 적 있으며,[5] 함석헌의 『성서적 입장에서 본 조선역사』를 일본어로 번역 · 출판하려 시도한 적도 있다.[6] 페스

---

5) "서너 편" 글에 대한 정확한 기록은 확인하지 못하였다. 다만 김정환의 기억에 따르면, 그중 두 편은 "인간회복의 교육(1974년 9월호)"과 "대학인의 기본적 자세(1975년 4월호)"(김정환, 2011: 119)이다.

6) "나는 함석헌의 『성서적 입장에서 본 조선역사』를 일본어로 번역 · 출판하려 했고, 번역도 약 절반은 했다. 그런데 [노평구] 선생님이 자의 반, 타의 반으로 미 국무성 초청 여행을 다녀오시는 바람에 선생님에게 잠시 맡겨 두었던 그 번역 원고가 몇 장만 남고 다 없어지는 사고가 터지고 말았다. 그후 이 명저는 일본인 신학자 사화 마시히고(澤 正彦)에 의해 일본에서 번역, 출판되어 그곳 기독인들은 물론이요 지식인들의 신금[심금]을 울렸다"(김정환, 2011: 119).

탈로치보다 먼저 만난 기독교 신앙 그리고 이를 통해 새롭게 발견하게 된 민족교육의 가치는 그가 "내가 가장 존경하는 사람"(김정환, 2011: 84)이라고 고백한 김교신에 대한 연구로 첫 결실을 맺게 된다. 그는 1974년 "김교신의 교사로서의 특질 분석"(김정환, 1974c)을 통해 "교육자" 김교신을 조명한 바 있으며, 이후 한국신학연구소를 통해 출판한 『김교신』(김정환, 1980)과 『김교신 - 그 삶과 믿음과 소망』(1994)으로 신학계와 교육학계의 주목을 동시에 받은 바 있다. 아울러 안창호와 함석헌에 대한 연구들(김정환, 1986; 1991) 역시 종교교육과 민족교육의 관점에서, 특히 대한민국의 20세기 자생적 교육사상의 역사 및 일제강점기 저항과 계몽의 역사라는 관점에서 간과되어서는 안 될 중요한 기여라 할 수 있다(우정길, 2019; 한국교육철학학회, 2020). 위 연구들은 김정환이 1960년대 초반부터 30년이 넘도록 종교와 민족을 어떤 관점에서 바라보고, 이 둘을 교육이라는 관점에서 어떻게 통합적으로 체계화시켜 나갔는지를 방증해 주는 중요한 자료들이라 할 수 있다.

민족교육이라는 범주 내에서 김교신, 안창호, 함석헌 등에 대한 연구와 함께 거론되어야 할 사실 한 가지는, 그가 일찍부터 최현배의 교육사상에도 각별한 관심을 기울였다는 사실이다(김정환, 1973b; 1988b; 1997b). 페스탈로치 연구의 선각자이기도 했던 최현배의 교육사상에 대하여 페스탈로치 전공자이자 민족교육을 지속적·체계적으로 제안해 온 김정환이 일찍부터 관심을 기울였던 것은 어쩌면 당연한 일일 수도 있다.[7] 김정환은 페스탈로치로부터는 민중교육의 영감을, 최현배로부터는 민족교육의 영감을 얻고, 이를 자신의 "인간주의 교육사상"에 녹여 넣었다.

종교와 민족에 대한 위와 같은 그의 애착과 관심은 그의 교육철학 저서

7) 김정환은 페스탈로치에 관한 자신의 저서 『페스탈로찌의 생애와 사상』(김정환, 1974b)의 "머리말"에서 다음과 같이 적고 있다. "필자를 페스탈로찌 연구의 길로 몰이넣으셨고 지금은 그렇게도 기다리시던 페스탈로찌의 墓 옆에 나란히 쉬고 계시는 故 長田新 恩師님, 우리나라의 교육입국의 이념을 페스탈로찌에게서 찾으셨던 故 최현배 선생님, 그리고 민족의 밝은 앞날을 꿈꾸며 교육에 힘쓰고 있는 우리 나라의 무명의 교육동지들에게 삼가 이 책을 바친다. 1974년 이른 봄"(김정환, 1974b: 4).

들에서도 상당한 비중으로 제시되었다. 전체가 일곱 개의 장으로 구성되었던 『교육의 철학과 과제』(김정환, 1974a)에서는 제6장 전체가 "도덕 · 종교와 교육, 기독교와 교육, 불교와 교육, 유교와 교육, 과제와 전망"에 할애되었고, 제7장은 "한국교육의 이념 탐구(제1절), 한국교육의 과제(제2절)"로 구성되었다. 『교육철학』(김정환, 1987a)에서도 위와 같은 구성은 그대로 유지되었으며, 기존의 『교육의 본질과 과제』(김정환, 1973a)를 개정 · 증보하여 출판한 『교육학개론 – 교육의 본질과 과제』(김정환, 1987b: 277-305)에서는 "민족교육론"이라는 소제목의 별도의 장(章)이 추가되었다. 1970년대에 시작되어 1980년대에 점차 그 모습을 갖추어 간 김정환의 "인간주의 교육사상"의 가장 깊은 곳에는 민족을 품은 종교교육, 종교에 기댄 민족교육이 뿌리 깊이 자리하고 있었다.

Ⅲ. "인간주의 교육사상"의 구체화(1980년대)

페스탈로치와 교육인간학, 실존주의 교육사상 그리고 종교교육 · 민족교육은 그가 교육철학자로서 활동을 시작하였던 1970년 이후 끊임없이 탐구하고 체계화하였던 학문적 영감의 원천이자 주춧돌들이다. 1980년대에 이르면, 그의 지난 10년간의 탐구는 한층 심화된 체계로, 동시에 더욱 김정환다운 언어로 학계에 모습을 드러내게 된다. 교육철학자 김정환의 대명사라 할 수 있는 "전인교육론"과 "인간주의 교육론"이 바로 그것이다.

1. "전인교육론"과 "인간주의 교육론"

1982년 김정환은 『전인교육론』(김정환, 1982)을 출판한다. 그리고 1985년에는 *Humanistic Foundations of Education*(Rich, 1971)을 번역하여 『인간주의교육학』이라는 제목의 번역서를 출판한다. 『인간주의교육학』(Rich, 1971/김정환, 1985)의 공동번역자로 당시 고려대학교 대학원 교육학과 학생들의 이름[8])이 속표지에 표기되어 있는 것으로 보건대, 이 책이 1985년 이전의 어느 학기에 대학원 강좌의 교재로 활용되었던 것으로 보인다. 즉, 『전인교육론』과 『인간주의교육학』 사이의 시기적 차이는 크지 않으며, 그만큼 두 저작은 학문적 관심사나 문제의식 그리고 내용 면에서 유사성과 연속성을 갖는다. 그렇다면 1980년대 전반 김정환이 천착하였던 문제의식과 관심사는 무엇이었을까? 『전인교육론』의 머리말에서 우리는 그가 "전인교육론"을 구상하게 된 근본 동기를 확인할 수 있다.

> "그렇다면 왜 최근 특히 전인교육의 이념이 크게 재음미되기에 이르렀는가? 산업사회 안에서 인간성이 메말라 가고 있고, 교육이 이런 그릇된 현상을 부채질하여 왔기 때문이다. 이같은 시대적 병폐를 인식하고 극복하기 위하여 다시 새롭게 요청된 교육이념이 인간성 지향의 교육이다. 하나의 인격으로 일깨워진 인간만이 개인적으로 행복하고 사회적으로 유능하며, 그리고 현대문명이 안고 있는 병폐를 극복하면서 새로운 역사를 창조할 수 있다는 교육의 이론을 말함이다. 그러기에 전인교육의 이념은 교육의 인간화의 이념과 표리(表裏)일체가 되는 것이다." (김정환, 1982: 머리말)

그리고 이와 대동소이한 문제의식을 우리는 『인간주의교육학』(Rich, 1971/김정환, 1985)의 역자후기에서도 발견할 수 있다.

> "현대 교육의 가장 큰 과제는 무엇일까? … 교육의 인간화(人間化)라고 대답할 것이다. 오늘날 교육이 너무나도 비인간적이기 때문이다. 교육의 인간화란 교육의 이념에서, 내용에서, 방법에서, 체계에서, 그리고 교육학 연구의 방법론에서도 그사이 너무나도 뒷전에 밀려 있었던 '인간'을 다시 찾아주자는 생각이다." (Rich, 1971/김정환, 1985: 351)

두 인용문에서 공통적으로 사용된 용어는 "교육의 인간화"이다. 그리고

---

8) 번역에 참여하였던 당시 제자들의 이름이 이 번역서의 속표지에 기록되어 있다: "J.M. Rich 著, 김정환 譯. 飜譯陣 박의수 강승규, 김상환, 강선보, 심성보, 정연기, 김학천, 최재일, 장승희, 김용준, 홍후조"

첫 인용문에서 김정환은 전인교육의 이념이 교육의 인간화의 이념과 동일한 것이라고 말하면서, 이것은 곧 "교육(학)에서 인간을 다시 찾아 주자는 생각"이라고 해설하고 있다.

그런데 김정환의 저서들을 살펴보면, "교육의 인간화"라는 화두가 1980년대에 갑자기 생겨난 것이 아님을 알 수 있다. 1974년의 저서 『교육의 철학과 과제』(김정환, 1974a)에서 그는 이미 "교육의 인간화"라는 용어를 사용하였으며, 그 기본적 문제의식을 비교적 상세히 적고 있다.

> "한마디로 오늘날의 인간성 증발의 문화적 상황은 젊은이들을 비인간화 · 비인격화로 몰아가고 있다. 따라서 교육의 시급한 과제의 하나는 교육의 인간화이다. … 교육의 인간화란 구체적으로 무엇인가? 그것은 개인적으로는 인간이 인간답게 살 수 있는 정신적 · 내면적 태도와 자질을 갖추게 하여주는 일이며, 사회적으로는 모든 인간이 개성과 창의성을 가지고 보람있게 각자의 사회적 역할을 수행할 수 있게 인간성을 안겨 주는 일이다. 교육이 기계화 · 대중화되면 될수록, 또 한편으로는 교육은 인격화 · 개성화되어야 한다는 파라독스가 여기에 있다. 아니 앞으로 완전학습과 교육공학이 더욱 진전되면, 모든 교육지도는 티칭머신(Teaching machine)이 맡게 되고, 교사는 넓은 의미로 도덕교육에만 종사하게 될 날이 올 수도 있을 것이다. 이때에 비로소 교사의 이런 고유 · 독특한 의의는 매우 귀히 여겨질 것이다. 우리는 마음의 개발에도 교육의 현대에 못지않게 힘써야 할 것이다. 이것이 여기에서 논하고자 하는 교육의 인간화이다."
>
> (김정환, 1974a: 253f)

이렇듯 그는 자신의 학문이력의 초창기부터 교육의 시급한 과제로 "교육의 인간화"를 지목하고, 그 한길로 매진한 것이다. 그 매진의 결과가 후에 한국교육학회 학술상(저작상, 1988)을 수상하게 된 『전인교육론』(김정환, 1982)이다. 그리고 그는 "전인교육론"이 곧 "교육의 인간화"라고 말한다. 한 걸음 더 나아가 그는 고려대학교 재직의 마지막 해에 펴낸 『인간화 교육 어떻게 할 것인가』(김정환, 1995b)에서 "이 책의 주제는 인간화 교육이다. 교육의 인간화라 해도 좋고 전인교육이라 해도 좋다. 넓게는

다 같은 뜻이기 때문이다"(김정환, 1995b: 책머리에)라고 말함으로써, "인간화 교육, 교육의 인간화, 전인교육" 등의 용어들이 사실상 동일한 혹은 유사한 것을 지칭함을 재차 확인해 주었다.

물론 『전인교육론』(김정환, 1982)에서도 그는 전인교육의 개념을 "넓은 의미의 인격교육, 학생을 하나의 통합된 인격으로 일깨워 주는 교육(education for integrated humanism), 현대사회의 비인간화 현상을 극복하고자 하는 인간성 지향의 교육(Erziehung zur Menschlichkeit)의 이념과 방법을 제공하는 진정한 교육의 이데올로기"(김정환, 1982: 31) 등으로 설명한 바 있다. 그 표현이 이떠하였든, 언제나 핵심은 "인간과 인간성을 위한 교육"이었다. 그가 『전인교육론』(김정환, 1982)에 "도덕 · 윤리교육 기초론"이라는 부제를 붙인 것도 이런 맥락에서 이해가 가능하다. 실제로 『전인교육』(김정환, 1982)의 제2장에서는 "인격교육, 도덕교육, 각성교육"이, 제4장에서는 그 실현을 위한 "바람직한 교사상과 교사교육"이 비중 있게 다루어지고 있기 때문이다. 아울러 그가 번역하여 출판한 『인간주의교육학』(Rich, 1971/김정환, 1985)의 제목이 왜 "인간주의교육학"인가에 대한 의문도 이런 맥락에서 해소 가능하다. 원제목인 *Humanistic Foundations of Education*이 꼭 "인간주의교육학"으로 번역되어야 할 이유는 없다. 학자에 따라서는 "교육의 인문주의적/인본주의적 토대(들)"로 번역되었을 수도 있었을 그 제목이 "인간주의교육학"으로 옮겨진 것으로 보건대, 김정환은 "교육의 인간화" 또는 "인간주의 교육론, 인간주의 교육사상, 인간주의 교육학" 등으로 표현될 만한 뚜렷한 지향점을 항상 염두에 두고 있었던 것으로 짐작된다.

한 가지 주목할 만한 사실은, 『인간주의교육학』(Rich, 1971/김정환, 1985) 이후 김정환의 저서에는 이전에 보이지 않던 용어가 새로 등장하였고, 그것도 하나의 독립된 '론(論)'의 이름과 독립된 '장(章)'의 형태로 자리잡게 되었다는 점이다. 우선 김정환의 저술 이력에서 "교육철학"이라는 제목으로는 처음 출판된 『교육철학』(김정환, 1987a)의 제5-II장에 "인간주의 교육론"이 처음으로 등장하였다. 여기서 그는 다시 한번 "인간주의 교육(론)"

의 개념을 다음과 같이 소개한다.

> "현대의 휴머니즘은 인문주의, 인본주의, 인간주의, 인도주의, 인류주의 등 다양한 표현을 지니고 있으나 그 표현들 중에 공통적으로 내포되어 있는 사상을 추려 내면 인간의 생명 · 가치 · 교양 · 창조력 · 자유, 그리고 공동운명체적 존재상 등의 중시이며, 그것은 인간을 하나의 인격으로, 동시에 정신적 공동체의 일원으로 보람된 삶을 누리게 하자는 사상체계라 할 것이다. 우리가 여기에서 생각하고 있는 인간주의 교육이란 이런 현대적 휴머니즘에 입각한, 인격을 일깨워주는 교육 … 인간성 지향의 교육 … 의 목표 · 내용 · 방법 · 체계를 총칭하는 하나의 새로운 교육 이데올로기를 말한다."
>
> (김정환, 1987a: 230)

위 인용문의 후반부는 『전인교육론』(김정환, 1982)에도 등장하는 문구인데, 이것이 『교육철학』(김정환, 1987a)에서 재활용되고 있는 것이다. 특이한 것은, 『교육철학』(김정환, 1987a)에는 "전인교육론"이라는 이름의 장(章)이 등장하지 않는다는 사실이다. 어쩌면 "전인교육론"을 대신하여 혹은 이것을 포함하는 의미로 "인간주의 교육론"을 편성한 것으로 이해해 볼 수도 있다. 이 "인간주의 교육론"의 내용은 철학적 인간학(M. Landmann), 각성적 교육관(E. Spranger), 인간주의 심리학(C. Rogers) 등에 근거한 노작교육론, 자유방임교육론, 교육기능 복권론 등으로 구성되어 있다. 재차 강조하건대, 이 저서 『교육철학』(김정환, 1987a)은 『교육의 철학과 과제』(김정환, 1974a)의 후신(後身)으로서, 1995년 그의 퇴임시까지 교육철학 강좌를 위해 사용된 교재이다.

정리해 보자면, 김정환의 재직 기간 중 1974년부터 1986년까지는 "교육의 인간화"가, 그리고 1987년부터 1995년까지는 "인간주의 교육론"이 그가 강의하였던 교육철학의 기저이자 지향점으로 편성 · 명기되었다. 그리고 이러한 지향점은 그의 퇴임 이후에도 한동안 지속되었다. 김정환이 자신의 후임인 강선보와 함께 펴낸 『교육철학』(김정환 · 강선보, 1998)의 제V-5장에는 "인간주의 교육론"이 고스란히 실려 있으며, 이러한 편성은 김정환 · 강선보 · 신창호가 공저한 『교육철학』(2014)이 출판되기 전까지 지속되었다.[9] 이런 의미에서 "인간주의 교육론"은 1974년부터 2013년에 이르는 40년간 고려대학교 교육사 · 철학연구회를 거쳐 간, 혹은 범위를 확대하여 표현하자면, 고려대학교에서 김정환의 교육철학 강의를 수강한 모든 이들 사이에 공유된 교육의 지향점이자 학풍이라 할 수 있다.

교육학개론 교재의 경우도 마찬가지이다. 1987년 출판된 김정환의 『교육학개론』(김정환, 1987b)에도 "인간주의"가 언급되는데, 이것은 이 저서의 전신(前身)이라 할 수 있는 『교육의 본질과 과제』(1973a)에서는 없던 일이다. 『교육학개론』(김정환, 1987b)에서 김정환은 교육학의 전 분야를 망라하여 개설(概說)하는 방식을 지양하고, 그 대신 "교육은 어떤 요소로 성립되는가, 교육은 어떤 곳에서 이루어지는가, 교육은 어떤 요소로 성립되는가, 오늘날 인류는 어떤 교육적 과제를 안고 있는가, 그리고 국가와 민족은 특히 어떤 교육적 과제를 풀어가야 할것인가"(김정환, 1987b: i) 등과 관련된 주제 영역 열 가지를 설정하고, 이에 관한 글들로 자신만의 교육학 개론을 편성하였다. 이 저서에 "인간주의 교육론"이라는 용어가 등장하지는 않지만, "제6장 교육과정론" 편에는 "인간주의 교육과정"이라는 용어가 아래와 같은 설명과 함께 사용되고 있다.

> "인간주의 교육과정은 교육의 인간화를 위해 강조되어야 할 교육내용을 강조하는 것인데, 그 중요내용은 ① 지 · 덕 · 체의 조화, ② 노작, ③ 고전독서, ④ 실존적 자기 각성, ⑤ 사회구조 비판, ⑥ 역사의식 고취를 위한 의식화 등을 주요 내용으로 하여 자기, 이웃, 역사, 인격과의 "만남"의 체험을 강조하는 것이다." (김정환, 1987b: 193)

이렇게 "인간주의 교육과정"이라고 세부적으로 명명된 그것은 사실상 그가 『전인교육론』(김정환, 1982)의 "제3장 전인교육의 원리"에서 강론하

9) 『교육철학』(김정환 · 강선보 · 신창호, 2014)에서는 "인간주의 교육론"과 "민족교육론"이 제外되고, 그 자리에 유학(儒學), 도가(道家), 불교(佛敎) 등 동양의 전통적 교육사상이 더하여졌다.

였던 내용들의 요약이기도 하다.

1988년에 출판된 『현대의 비판적 교육이론』(김정환, 1988a)은 “인간주의 교육론”이라는 용어의 개념에 대한 김정환의 결심을 가장 뚜렷하게 보여주는 문헌이다. 『전인교육론』(김정환, 1982)의 머리말과 『현대의 비판적 교육이론』(김정환, 1988a)의 제5장의 서두를 비교하여 보기로 한다.

> “전인교육이란 말이 최근 교육현장에 크게 부각된 것은 퍽 다행한 일이다. 그러나 이런 현상은 실은 불행한 일이라고 말할 수도 있다. 왜냐하면, **교육은 원래가 전인교육이었어야만 했기 때문이다**. 교육은 원래 국가나 경제계가 요구하는 사람을 만들어 바치는 인간생산공정이 아니며, 벼나 사과처럼 적절하게 비료를 주면서 열매를 많이 맺게 해 주는 재배에 비유되는 인간재배과정이 아니며, 실은 사람을 사람으로 일깨워 사람이 되게 하는 끊임없는 인격적 각성조성의 작용이기 때문이다.”
>
> (김정환, 1982: 3. 진한 체는 필자 강조)

> **“교육이란 원래 ‘인간교육’인데 새삼스럽게 ‘인간주의 교육’을 논할 필요가 있는가**. 그러나 그렇지 않다. 오늘날 교육에서 인간교육이 뒷전에 물러나 체제교육, 생산교육, 출세교육이 판치고 있기에, 이 물음이 다시 제기되었고, 이 물음에 응할 교육이론이 새롭게 다듬어져야 하는 것이다.”
>
> (김정환, 1988a: 113. 진한 체는 필자 강조)

이렇듯 김정환이 1980년대 출판한 네 권의 저서 『전인교육론』(1982), 『교육철학』(1987a), 『교육학개론』(1987b), 『현대의 비판적 교육이론』(1988a) 그리고 한 권의 번역서 『인간주의교육학』(김정환, 1985)은 그의 “인간주의 교육론” 그리고 나아가 “인간주의 교육사상”이 어떤 과정을 거쳐 형성되었는지를 보여 주는 이정표라 할 수 있다. 1980년대 초 “전인교육론”으로 시작된 김정환의 교육적 사유가 1980년 후반 “인간주의 교육론”으로 결실하기에 이르게 된 것이다. 1970년대로까지 확장하자면, “교육의 인간화”라는 화두는 “전인교육론”을 거쳐 “인간주의 교육론”으로 귀결되었다고 말할 수 있다.

2. "인간주의 교육사상"의 지평 확장

본고에서는 구체적으로 다루지 않겠으나, 1988년의 저서 『현대의 비판적 교육이론』(김정환, 1988a)에서 포착되는 한 가지 특징은 김정환의 "인간주의 교육사상"의 성격과 관련하여 언급될 필요가 있을 것이다.

"인간화 교육"에서 시작하여 "전인교육론, 인간주의 교육론"으로 구체화된 "인간주의 교육사상"은 다소 개인적 차원에 집중된 교육의 이론이라는 인상을 남긴다. 특히 실존주의 교육사상에 입각하여 그가 제안하는 "각성의 교육"과 "만남의 교육"에서는 "인간 대 인간 사이에서만 이루어지는 교육작용"(김정환, 1974a: 155)이 교육의 기본구도로 상정된다. 이 경우 피교육자를 향한 교육자의 교육적 노력 그리고 교육자를 향한 피교육자의 열린 자세가 강조되는 것은 자연스러운 귀결이다.

그러나 이러한 접근을 통해서는, 제안자의 의도와 무관하게, 교육이 개인적 차원의 작용으로 환원되기에, 교육행위가 발생하는 사회구조에 대한 환기와 의미부여가 충분히 이루어지지 않을 가능성이 높아진다. 아울러 교육의 성패가 상당 부분 교사 개인의 사명감과 수월성에 의해 좌우되는 것으로 여겨지기도 쉽다. 시대적 비참과 개인적 삶의 비극을 지고한 인간애(人間愛)와 교육적 사명감으로 이겨내고 "인간화 교육"을 실천하였던 페스탈로치나 김교신 등의 인물들을 "전인 교사[들]"의 모범으로 삼자는 김정환의 제안(김정환, 1995: 273f; 1997: 295f; 2014: 145f)은 교직에 몸담고자 하는 모든 이들이 내면화하여야 할 온당한 교육적 에토스라는 데 이견이 있을 수는 없다. 그러나 교육적 행위가 사회구조적 행위의 장(場)에서 이루어진다는 전제가 간과되거나 망각된다면, 위와 같은 교육적 에토스는 때로 주관적 차원의 당위적 규범에 머물 수도 있으며, 사회적·정치경제적 구조 및 문화적 배경에 따라 그 동력을 쉽게 상실하게 될 수도 있다.

이런 의미에서 1980년대 "전인교육론"과 "인간주의 교육론"을 제안하였던 김정환이 교육의 사회적 차원을 다루는 이론들에게로 시야를 확장한 것은 고무적인 일이라 할 수 있다. 『현대의 비판적 교육이론』(김정환, 1988a)

은 "인간주의 교육론"이 어떻게 사회적 차원으로 외연을 확장하면서도 동시에 교육철학적 중심을 잃지 않을 수 있는가를 보여 준, 한국의 현대 교육철학계에서 보기 드문 사례라 할 수 있다.

이 저서 『현대의 비판적 교육이론』(김정환, 1988a)의 열쇠어는 "비판"이다. 비판이 무엇이며, 무엇을 위한 비판인가에 대하여 김정환은 아래와 같이 적고 있다.

> "비판이란 무엇인가. 먼지를 털어 본래의 모습이 드러나게 하고, 그릇된 방향을 바로잡아 주고, 올바른 기준을 설정하여 빗나간 현실을 시정하려는 작업이다. 그러기에 그것은 부정을 위한 마음에서라기보다는 긍정을 위한 사랑에서 출발하는 작업이다." (김정환, 1988a: i)

비판의 대상은 사회의 곳곳에서 만연해 가는 "인간소외"(김정환, 1988a: i, 113)라는 현상이고, 그가 채택한 비판의 관점들은 다양하다. 프랑크푸르트학파의 비판이론의 관점에서 김정환은 "관심을 버린 인식의 모습을 비판하고, 인간의 해방을 버린 기성문화의 재생산 과정인 교육의 모습을 비판"(김정환, 1988a: 53)하였다.

한 걸음 더 나아가 그는 여타 현대의 비판이론들(종속이론, 매판자본론, 신제국주의론, 네오마르크시즘, 해방신학)의 배경에서 생겨난 각종 민중교육론들(의식화교육론, 탈학교론, 민족해방교육론)을 검토하고, 교육이 사회와 맺는 관련성을 "교육의 정치화"라는 관점에서 심도 있게 논의함으로써, 그 의의와 한계에 대한 균형 잡힌 시각을 제공하였다. "평화"라는 주제와 관련하여 그는 상존하는 다양한 평화론들(기독교 평화론, 불교 평화론, 老莊 평화론, 칸트 평화론, 절대적 평화론)을 검토하고, 이를 배경으로 평화교육론(비판적 평화교육학, 유네스코의 국제이해교육론, 킹의 비폭력저항적 평화교육론, 편견극복 교육론, 역사[교]과에서의 전쟁사 교재의 구조화)의 다양한 차원들을 펼쳐 보였다. 이를 통해 그는 전쟁과 비평화의 위기에 상시 노출되어 있는 한국의 교육의 목적과 내용, 방법과 체제를 새로운 시각에서 점검할 수 있는 바탕을 마련하였다.[10] 아울러 독일과 한국의 분단상황과 교육의 지향점 등에 대한 검토를 통해서는 한국의 교육이 긴 호흡으로 세워 나가야 할 가치와 목표를 성찰할 기회를 제공하였다(김정환, 1988a).

위와 같은 이론들 또는 주제 영역들은 전통적 교육철학의 영역 바깥의 것들이라는 인식이 당시나 지금이나 없지 않음에도 불구하고, 김정환은 "비판"의 필요에 대해 확고한 자세를 견지하였다. 그는 폭넓게 탐구하고 체계적으로 정리하여, "인간주의 교육사상"의 외연을 사회구조적 차원으로 확장하였다. 그리고 그 목적은 한결같았다. "먼지를 털어 내어 본래의 모습이 드러나게 하는 작업, 즉 비판"을 통해 그는 다시금 그리고 한결같이 "교육의 인간화"를 주장하였던 것이다. 인간의 문제는 인간 내면의 문제이자 인간 사이의 문제임과 동시에 곧 사회구조의 문제이기도 하다. 전자들에 매몰될수록 '순진한' 교육철학의 틀에 갇힐 위험성이 커지고, 후자에 과도한 비중을 둘 경우 교육의 출발점이자 최종 목적인 개인은 부품화·수단화될 가능성이 농후하다. "인간주의 교육론"의 외연 확장을 통해 김정환은 '인간의 인간'을 목적함과 동시에 '사회 속의 인간'을 간과하지 않기를 교육(학)계에 당부하였던 것이다.

이런 맥락에서 그가 자신의 "전인교육론"을 제안하였던 1980년대 초부터 "교직·교권론, 체벌교육론, 가정교육론과 사회교육론, (현대적 표현으로는, 시민교육론의 범례적 고찰이라 할 수 있을) 스위스 공민과(公民科) 교육, 통일교육"(김정환, 1982; 1995b; 2006) 등에 대해 진지하고 체계적인 접근을 병행하였다는 점은 재음미의 가치가 높다. 아울러 그가 한국 교육(계)의 개선을 위한 평론[11]을 지속하였다는 점, 교수연좌데모(1987)를 통해 지사

10) "평화교육의 체계에서 우리나라의 교육의 현실을 보면 모든 면에서 아주 뒤져 있다. 목적 면에서는 교육이 반공교육을 주축으로 하는 국민윤리교육과 산업사회에 적응시키려는 기능교육에 치우쳐 있고, 내용 면에서는 교육과정에 비평화현상들을 거의 담고 있지 않고 그저 미사여구로 조화나 협력의 중요성만 강조하고 있고, 방법 면에서는 국가나 체제에의 일체감만 고취하지 국가나 체제 안의 모순·갈등·불의의 문제들을 점검하거나 체험할 기회를 주지 않고 있고, 체제 면에서는 입시준비를 위한 특정교과의 중점적 이수를 강요하는 교과교육에 치우쳐 있다"(김정환, 1988a: 83).

적 참여를 몸소 실천한 일, 그리고 "스위스 교육협회"(1808)를 창립한 페스탈로치를 기억하며 전국교직원노동조합을 지원한 일(김정환, 2011: 96-106) 등도 "인간주의 교육사상"의 성격 규정을 위하여 재조명해 보아야 할 대목들이다.

Ⅳ. 맺는말

이상에서 우리는 김정환의 "인간주의 교육사상"의 형성사를 고찰하였다. 교육철학자이자 교수로서 활동을 시작하였던 1970년부터 퇴임을 고하였던 1995년까지 그가 출판하였던 저작들의 흐름을 통해 우리는 그의 교육적 사유의 시작점과 지향점을 확인할 수 있었다.

그는 한결같이 인간을 탐구하였고, 인간의 문제를 고민하였으며, 인간의 교육을 추구하였다. 그의 이러한 인간애와 교육학적 열정은 1970년대에는 "교육의 인간화"로 표현되었으며, 1980년대 들어 "전인교육론"을 거쳐 "인간주의교육학" 또는 "인간주의 교육론" 등으로 달리 명명되기도 하였다. 시간의 흐름과 함께 그 명칭은 조금씩 변하였고, 축적된 시간과 연구의 양만큼 김정환의 이론은 더욱 풍성하고 체계적인 것으로 진화하였다. 그리고 그 중심에는 한결같이 "인간"이 있었다. 그러므로 그의 교육적 사유를 어떻게 명명하여도 큰 차이는 없을 것이다. "인간"과 "교육"의 정상적인 조합이라면, 그는 흔쾌히 동의할 것이다.

그런가 하면 "전인교육론"이 "인간주의 교육론"에 포함된다거나 혹은 이 둘을 동일한 것으로 간주하는 관점 역시 재고의 필요가 있다. 물론 그가 "교육의 인간화, 전인교육론, 인간주의 교육론이 사실상 동일한 것"(김정환, 1982: 머리말; 1995b: 책머리에)이라는 견해를 표명한 바가 있고, 또한

11) 김정환이 논평하였던 주제들을 열거하자면 다음과 같다. "조기영어교육, 과잉학력, 산학협동, 민족교육혼돈, 매스컴의 저속화, 사학의 존립 목적과 과제, 산학협동의 문제, 교과서 국정화"(김정환, 1995b: 239-260).

시간 순으로 볼 때 "인간주의 교육론"이 가장 나중의 것이기에 "인간주의 교육론"이 가장 적합해 보이는 것은 사실이다.

그러나 본고에서는 중점적으로 다루어지지 않은 1990년대의 문헌들을 보면, 김정환은 위와 같은 의견을 표명함과 동시에 또 다른 생각도 갖고 있었던 것으로 보인다. 25년간의 교수직을 마감하던 해 그가 펴낸 『인간화 교육 어떻게 할 것인가』(김정환, 1995b)에는 여전히 "인간화 교육론"과 "전인교육론"이 각각 독립적 장(章)으로 편성되어 있으며, 1982년에 그가 『전인교육론』(김정환, 1982)이라는 이름으로 학계에 제안하였던 "전인교육론"은 후에 『전인교육 어떻게 할 것인가』(김정환, 1997a)와 『전인교육의 이념과 방법』(김정환 2014)이라는 제목의 저서로 출판됨으로써, 그 이름과 체계를 유지하고 있었다. 아울러 1995년에 출판한 『페스탈로찌의 교육철학』(김정환, 1995a)에서도 "교육적 인간학(제7장)"과 "전인교육 방법론(제8장), 전인교육 체제론(제9장)"이 독립적으로 제시되어 있기 때문이다. 이렇게 보자면, 김정환에게 있어서 "전인교육론"은 소멸하거나 혹은 "인간주의 교육론"에 병합된 것은 아니다. 그는 "전인교육론"과 "인간주의 교육론" 모두를 자신의 사유체계를 구성하는 견고한 두 개의 기둥으로 존속시키기를 희망하였던 것 같다.

이와는 별도로, 본고의 서두에서 언급된 논문집 『인간주의 교육사상』(고려대학교 교육사·철학연구회, 1996)에서 당시 공저자들은 김정환의 학문적 대명사라 할 수 있는 "전인교육론"이나 "인간주의 교육론"과는 조금은 다른 제목을 택하였다는 점 역시 주목을 요한다. 그 이유에 대한 별도의 해명은 제공되어 있지 않다. 다만 눈에 띄는 것이라면, 열네 명의 제자들이 공동저자로 참여한 이 저서에서 "전인교육론"은 저서의 표제에도 그리고 소제목으로도 등장하지 않거니와, 심지어 "전인교육론"을 주제로 논의를 전개한 사례 역시 없다는 점이다. 그들 대부분은 김정환의 교육학적 사유체계를 "전인교육론"이 아닌 "인간주의 교육론"이라는 열쇠어로 수용하였던 것으로 보인다. 본고의 서두에서 소개한 바와 같이, 이 저서의 표제("인간주의 교육사상")도 그러하거니와 네 개의 소제목들도 하나같이 "인간주의 교육론"이라는 용어를 명기하고 있기 때문이다.

또 한 가지 흥미로운 점은, 이 저서에 김정환 자신도 공저자의 한 사람으로 참여되어 있다는 사실이다. 이제 동료가 된 제자들 사이에서, 그것도 별도의 목소리를 내지 않은 채, 자신의 퇴임을 기념하여 엮은 논문집의 맨 마지막 장에 그는 묵묵히 이름을 올리고 있었다. 이러한 정황으로 비추어 보건대, "전인교육론"과 "인간주의 교육론"의 제안자인 김정환은 자신의 교육학적 사유와 이론들이 "인간주의 교육사상"으로 명명되는 것을 긍정적으로 수용하였던 것으로 보인다. 어쩌면 그는 "전인교육론"과 "인간주의 교육론"을 중심으로 한 자신의 교육학적 사유가 최종적으로는 "인간주의 교육사상"으로 수렴된다고 여겼을 수도 있다.

이러한 추측이 사실에 부합한다면, "인간주의 교육사상"은 비단 김정환의 교육적 사유와 이론만을 지칭하는 용어가 아닐 것이다. 여기에는 그의 "전인교육론"과 "인간주의 교육론"이 속하는 것은 물론이거니와, 그가 제자들과 함께 걸어 온 학문적 동행의 역사 그리고 그들이 탐구하고 추구하고 공유하였던 모든 교육철학적 가치와 사유와 행위의 집적이 "인간주의 교육사상"을 구성한다고 볼 수 있다. 이런 의미의 "인간주의 교육사상"은 김정환을 중심으로 이루어져서 오늘날까지 이어지는 과거와 현재의 학맥이자 학풍이며, 이에 공감하는 동료와 후학 모두의 지적 공공재라 할 수 있을 것이다.

사상(思想)은 바탕이고, 사상은 흐름이며, 사상은 열린 울타리이다. 사상은 번지고 스며들며, 나눌수록 진보한다. "전인교육론"과 "인간주의 교육론"을 중심으로 이루어진 "인간주의 교육사상"은 그러므로 또 다른 전인교육론들과 새로운 인간주의 교육론들의 산실(産室)이라 할 수 있다. 1996년, 이 산실에서는 "인간주의 교육의 계보(장승희)와 교양교육의 인간학적 원천(최선영)이, 노작교육론(전일균)과 실존주의 교육론(김하자)이, 자유의 교육인간학(주영흠)과 부버의 윤리론(강선보)이, 슈프랑어의 각성 개념(송순재)과 슈타이너의 인지학적 교육(강승규)이, 보살핌의 윤리학(심성보)과 비판적 교육학(정영수)이, 섬머힐 교육(김은산)과 평화교육(고병헌)이,

한국의 선비상(박의수)과 동학의 인간주의 교육(최무석)이, 그리고 마지막으로 민족교육(김정환)"이 서로에게 번지고 스며들며, 새로운 시대가 요구하였던 또 다른 전인교육론들과 인간주의 교육론들을 탄생시킬 준비를 하고 있었다(고려대학교 교육사 · 철학연구회, 1996). 이들 모두가 김정환의 그 "전인교육론"과 그 "인간주의 교육론"을 직접적으로 다루고 있는 것은 아니었지만, 그들 모두는 "인간주의 교육사상"이라는 넓은 바탕 위에 새로운 전인교육론들, 더욱 진보한 인간교육론들을 그려나가고 있었던 것이다.

그로부터 다시 사반세기가 지난 오늘날, 이제 이 산실은 원하는 모든 이들이 와서 "교육의 인간화"를 위해 꼭 필요한 지식과 지혜를 나누는 공적 공간으로 자리 잡게 되었다. 비록 "인간주의 교육사상"의 시작을 열었던 그가 지금 여기에는 없지만, 그를 추모하는 모든 이들의 마음속에 그리고 그가 남긴 무수한 저작들 속에 그는 여전히 광활한 바탕이자 열린 울타리로 남아 있다.

참고문헌

고려대학교 교육사·철학연구회 편(1996). 인간주의 교육사상. 서울: 내일을여는책.

김정환(1970). 페스탈로찌의 교육학에 있어서의 수학교육의 이론과 그 교육사적 위치. 히로시마대학원 박사학위논문.

김정환(1972). 페스탈로치의 교육철학과 교육방법론. 고려대학교 문과대학 인문논문집, 17, 1-30.

김정환(1973a). 교육의 본질과 과제. 서울: 박영사.

김정환(1973b). 외솔 선생의 민족적 교육학. 나라사랑 10, 58-74.

김정환(1974a). 교육의 철학과 과제. 서울: 박영사.

김정환(1974b). 페스탈로찌의 생애와 사상. 서울: 박영사.

김교신(1974c). 김교신의 교사로서의 특질 분석. 나라사랑 17, 33-46.

김정환(1975). 페스탈로찌의 교육사상. 서울: 고려대학교출판부.

김정환(1977a). 슈프랑어. 20세기 교육고전의 이해. 서울: 이화여대출판부, 133-157.

김정환(1977b). 페스탈로치의 사회교육론 연구. 성곡논총 8, 95-101.

김정환(1979a). 체벌의 교육적 의의. 현존 106, 25-33.

김정환(1979b). 슈프랑어의 교육 본질론에 있어서의 “각성”의 개념의 분석. 고려대학교 사대논집 4, 1-21.

김정환(1980). 김교신. 서울: 한국신학연구소출판부.

김정환(1982). 전인교육론. 서울: 세영사.

김정환 (1986). 도산 교육사상의 발전적 계승책. 도산사상연구 1, 113-161.

김정환(1987a). 교육철학. 서울: 박영사.

김정환(1987b). 교육학개론-교육의 본질과 과제. 서울: 박영사.

김정환(1988a). 현대의 비판적 교육이론. 서울: 박영사.

김정환(1988b). 최현배의 교육사상 연구. 교육철학, 6, 91-105.

김정환(1991). 함석헌. 한국의 교육사상가(下). 서울: 교원복지신보사.

김정환(1994). 김교신-그 삶과 믿음과 소망. 시울: 한국신학연구소.

김정환(1995a). 페스탈로찌의 교육철학. 서울: 고려대학교출판부.
김정환(1995b). 인간화 교육 어떻게 할 것인가. 서울: 내일을여는책.
김정환(1997a). 전인교육 어떻게 할 것인가. 서울: 내일을여는책.
김정환 (1997b). 외솔 교육사상 분석. 동방학지 95, 17-33.
김정환(2006). 한국교육이야기 백 가지. 서울: 박영사.
김정환(2008). 페스탈로치의 생애와 사상. 서울: 박영사.
김정환(2011). 한 교육학자의 자서전. 백조의 노래. 서울: 월인.
김정환(2014). 전인교육의 이념과 방법. 서울: 박영스토리.
김정환 · 강선보(1998). 교육철학. 서울: 박영사.
김정환 · 강선보 · 신창호(2014). 교육철학. 서울: 박영스토리.
우정길(2019). 일제강점기 한국 교육사상가에 대한 연구 현황 고찰. 교육철학연구 41(2), 81-103.
이규호(1972). 교육과 사상. 서울: 배영사.
한국교육철학학회 편(2020). 일제강점기, 저항과 계몽의 교육사상가들. 서울: 박영스토리.
Landmann, M.(1969). *Philosophische Anthropologie*. Berlin: Walter de Gruyter; 진교훈 역(1977). 철학적 인간학. 서울: 경문사.
Patterson, C.H.(1973). *Humanistic Education*. New Jersey Prentice-Hall; 장상호 역(1980). 인간주의 교육. 서울: 박영사.
Pestalozzi, J.H.(1976). *Pestalozzi Sämtliche Werke* (Bd. 12). Kritische Ausgabe, begründet von Buchenau, A., Spranger, E., Stettbacher, H. Zürich: Orell Füssli Verlag.
Rich, J.M.(1985). *Humanistic Foundations of Education*. Worthington: Charles A. Jones Pub. Company; 김정환 역(1985). 인간주의교육학. 서울: 박영사.

인명색인

(ㄱ)

강선보 265, 268, 269, 276

강성갑 112

강승규 252, 265, 276

강창수 140

고병헌 276

구건 53

김교신 i, 5, 7, 11, 14, 26, 28, 35, 36, 41, 42, 45, 46, 52, 58, 61, 62, 66, 68, 72, 73, 76, 82, 84, 85, 89, 91, 94, 105-108, 112, 114, 115, 167, 173, 175, 176, 178, 180, 181, 185-192, 194, 198, 199, 212, 232, 235-237, 239-243, 247, 252, 261, 263, 271

김구 105, 236

김귀봉 103

김기석 34, 210, 218, 220

김상환 265

김성수 7, 26, 28, 37, 105, 113, 191, 236

김성식 113

김성태 63, 81

김용준 199, 265

김은산 276

김재준 240

김정식 177

김정환 i-iii, 3, 6-14, 62, 69, 76, 218, 220, 229, 251, 253-255, 257-277

김종흡 72

김좌진 236

김주환 177

김필례 112

김하자 276

김학천 265

(ㄴ)

남궁억 5, 7, 26, 28, 30, 31, 102, 112, 191, 220, 232, 252

노성호 57

노평구 36, 41, 57, 62, 63, 69, 262

(ㅁ)

문정길 63, 69

민경배 62, 63, 75, 241

(ㅂ)
박덕규 258
박사명 54
박상만 5, 6, 220
박신관 63
박은식 7, 252
박의수 4, 265, 277
박정수 86
박정희 236
박창해 140, 158, 226
박태서 51

(ㅅ)
서재필 105, 235
손기정 43, 49, 54, 85, 177
손인수 5, 140, 219
손정균 47
송건호 100
송두용 35, 72, 174, 177, 179, 198, 199, 238, 239
송순재 276
신창호 269
신채호 66, 107
심성보 265, 276
심훈 51, 89, 178, 239

(ㅇ)
안병욱 103
안병헌 46
안승욱 111
안중근 101
안창호 i, 5, 7, 11, 26, 28, 33, 36, 97, 99-105, 108-113, 116, 118, 119, 121-124, 126, 127, 129, 191, 198, 220, 232, 236, 252, 261, 263
안학수 74
양인성 72, 198, 238
오천석 218
우정길 i, 4, 9, 12, 251, 263
유달영 35, 51, 62, 89, 177, 179, 239
유석동 72, 174, 175, 198, 238
유영달 199
유영모 72, 177, 189, 197, 198
유형진 220
유희세 51, 69
윤봉길 236
윤석중 47, 177
윤태림 218
이경종 53
이광수 99, 100, 103, 108, 109, 118, 151, 177, 218, 236
이규호 258
이기백 218
이덕봉 72
이만규 97, 98, 220
이상흠 203
이순형 103
이승만 105, 235
이승훈 5, 7, 26, 28, 34, 36, 102, 112, 177, 191, 198, 220, 232, 236, 239, 243, 261
이용도 240
이원필 218
이인기 210
이일천 103
이종인 109

이홍식 62
임옥인 51
임한영 220

(ㅈ)

장리욱 103, 112, 118, 219
장승희 265, 276
장원준 54
전봉준 116
전영택 51
전일균 276
정상훈 175, 177, 198, 238
정연기 265
정영수 276
정태시 51
조동식 5, 112
조만식 198
조성빈 83
조지훈 118, 137, 218
주시경 5, 102, 220
주영흠 276
주요한 103

(ㅊ)

최규동 5, 102, 220
최남선 218
최남식 47, 51
최무석 277
최선영 276
최용신 51, 89, 178, 239
최재석 218
최재일 265
최재희 218
최치환 47
최현배 ⅰ, 7, 9, 10, 21-24, 26-33, 35-37, 112, 137, 139-141, 145-159, 162-167, 191, 209, 212, 217-224, 226, 229, 232, 252, 263
충무공 54, 81, 92

(ㅎ)

한기언 103, 218
한용운 180, 187
한용신 4
함석헌 ⅰ, 7, 11, 26, 28, 29, 35, 42, 58, 66, 68, 72, 73, 87, 99, 105, 107, 108, 114, 167, 174, 176-181, 185, 186, 189, 190, 197, 200, 203, 212, 232, 236-240, 247, 262, 263

小西重直 160, 228
內村監三 14, 22, 35, 52, 53, 71-74, 86, 115, 167, 174, 177, 198, 261
長田 新 10, 162, 169, 229, 263
矢內原忠雄 52, 62, 81, 167, 177

(A)

Adiseshiah, M. 121
Aristoteles 45

(B)

Barth, K. 114
Bloom, B.S. 5

Bollnow, O.F. 98, 258-261
Buber, M. 261

(D)
Dewey, J. 5, 111, 256

(E)
Brunner, E. 114

(F)
Faure, E. 121
Ferire, P. 125, 126
Fichte, J.G. 21, 33
Flitner, A. 258
Fromm, E. 126

(G)
Gehlen A. 257
Gilligan, C. 252

(H)
Heidegger, M. 259
Hus, J. 13, 14
Hutchins, R.M. 131, 256

(K)
Kant, I. 256
Kerschensteiner, G. 122
Kierkegaard, S. 74, 259
Kohn, H. 128

(L)
Landmann, M. 257, 268
Lengrand, P. 121
Luther, M. 13, 29, 72, 74, 117, 201, 237, 245, 246

(N)
Natorp, P. 160, 228
Neill, A.S. 252

(P)
Pascal, B. 259
Pestalozzi, J.H. 9-14, 21-24, 46, 112, 120, 138, 149, 153, 154, 160, 162-166, 173, 210, 211, 217, 223, 228-231, 251, 255, 256, 258, 259, 263, 264, 271, 274
Pinloche A. 160, 228
Plato 44, 45, 85, 93, 261
Portmann, A. 257

(R)
Rich, J.M. 264, 267
Rogers, C. 268
Rousseau, J.J. 231
Russel, B. 128

(S)
Sartre, J.-P. 259, 261
Scheuerl, H. 258
Schubert, F. 12, 13
Skinner, C.E. 256
Socrates 34, 44, 49, 50, 85, 93, 125, 261
Spranger, E. 122, 123, 125, 166,

231, 255, 259, 268
Steiner, R. 252

(U)

Uexküll, J.v. 257

(W)

Weber, M. 117, 124, 246

(Z)

Zdarzil, H. 258

사항색인

(ㄱ)
가정교육론 7, 23, 273
각성교육 7, 124, 125, 193, 232, 268, 271
강명의숙 34
겨레얼 일깨움의 한글교육론 ⅱ, 7
결핍존재론 257
경성성서연구회 178, 239
계우회 사건 199
고난사관 7, 201
교육기능 복권론 268
교육의 의식화 125, 126
교육의 인간화 ⅰ, 251, 266, 273, 274, 277
교육인간학 9, 251, 256-259, 264
교육입국론 10, 105, 108, 236, 263
교직 · 교권론 273
구국교육론 7, 154, 163, 210, 222, 224
국민교육 7, 10, 25, 26, 102, 104, 115, 118-121
국어교육론 157, 163, 210, 225
국한문 혼용주의 147
국혼교육론 7
그레이트 북스 운동(The Great Books Movement) 131

(ㄴ)
네오마르크시즘 272
노작교육 7, 121-123, 268

(ㄷ)
대성학교 101, 102, 118
대안교육 8
도덕교육 122, 166, 212, 223, 259
도산학 104
동래고등보통학교 29, 31, 137

(ㅁ)
만남 191-193, 232, 261
만남의 교육 271
매판자본론 272
무교회 11, 68, 70, 71, 72, 74, 75, 77, 115, 173, 176, 186, 187, 189, 194, 198, 237, 240-247, 262
무력항쟁입국론 105
무실역행 33, 123, 122, 124

문화교육학 166
민족교육 ⅱ, ⅲ, 3, 6-12, 22, 24, 25, 30, 32, 126-129, 149, 163, 167, 210, 217, 220, 221, 229, 251, 261-264, 269
민족교회 63, 64, 70, 75, 92, 101, 241, 244
민족독립방략 105, 110
민족사관 66, 107, 167
민족신학 187
민족자결주의 127
민족적 그리스도교관 187
민족주의 128, 129, 164, 167, 229
민족지리관 66, 107
민족해방교육론 272
민중교육 120, 121, 125, 165, 181, 189, 197, 198, 245, 263, 272

(ㅂ)
보성의숙 238
보성전문학교 37
불교 75, 175, 193
비판이론 252, 272

(ㅅ)
사회교육 10, 152, 154-157, 163, 210, 222, 224, 225, 259, 273
산업입국론 105, 236
삶의 철학 260
상록수 51, 89, 178, 239
서울성서연구회 11, 262
선비 사상 7
선비상 76, 92, 108, 116, 118, 252
섬머힐 교육 252
섭리사관 64, 68, 76, 105
섭리적 민족지리관 ⅱ, 66, 107, 167, 180, 185, 187, 212, 237, 247
섭리적 민족지리 교육 7
성서연구 36, 53, 63
성서조선 35, 53, 55, 61, 66, 67, 69, 70, 71, 74, 78, 81, 82, 106, 115, 174, 176-179, 181, 186-190, 192, 198, 199, 203, 237-243, 245, 247
성서조선사건 35, 199, 239
세계개방성론 257
송도고보 35
송도중학교 239, 244
시민교육론 273
신의주학생사건 199
신제국주의론 272
실존주의 교육사상 9, 12, 251, 259, 261, 264
실존철학 260, 261
씨올사상 ⅱ, 7, 186, 189, 197, 199, 200, 240
씨올의 철학 176

(ㅇ)
양정고등보통학교 35, 82, 238
양정중학교 239
얼·말·글 삼위일체 158, 164, 211, 226
영생여자고등보통학교 35, 177, 238

오산고등보통학교 28, 177, 198
오산학교 34, 102, 199, 203, 236
외교입국론 105, 235
외솔회 36-38, 137, 138, 209, 217, 220
의식화교육론 272
이상촌 103, 122, 129, 130
인간소외론 260, 272
인간주의 교육사상 ⅰ, ⅱ, 3, 9, 12, 14, 251-256, 259-261, 263-265, 268-277
인간주의 심리학 268
인간화 교육 ⅰ, 271, 275
인격입국론 105, 108, 236

(ㅈ)
자연교육 259
자유방임교육론 268
자주적 국사교육론 7
전인교육론 8, 121, 251, 260, 264-271, 273-277
정의돈수 123, 124
조기출산론 257
조선어학회 사건 138
조와 35, 62, 179, 239, 243, 244
종교개혁 3, 13, 14, 72, 74, 108, 180, 187, 193, 201, 245, 246
종교교육 ⅲ, 9, 11, 12, 251, 261, 262, 264
종교입국론 105, 180, 236, 237
종속이론 272
주인의식 각성교육론 ⅱ, 7

(ㅊ)
천도교 75, 175
철새운동(Wandervogel) 131
철학적 인간학 257, 268
체벌교육론 273
출가훈 87, 190

(ㅋ)
퀘이커교 202

(ㅌ)
탈학교론 272
태극서관 118
투쟁입국론 235

(ㅍ)
평생교육 119, 121, 155, 224
평화교육 8, 230, 272, 273
평화사상 202
프랑크푸르트학파 252, 272

(ㅎ)
학교교육 83, 102, 120, 121, 152, 155, 222, 225, 230, 252, 253
학습사회 121
한국교육철학학회 ⅲ, 4, 6
한글 가로쓰기 148, 163
한글 가로풀어쓰기 159, 227
한글만 쓰기 146, 159, 163, 227
한글운동 144-146, 163
해방신학 189, 244, 247, 272
흥사단 33, 111, 118, 128, 129, 131, 13

저자 정보

김정환 (金丁煥. 1930–2019)

고려대학교 교수 및 명예교수(1970-2019). 고려대학교 사범대 학장 역임. 스위스 취리히대학 교육학부 객원교수 역임. 한국교육학회 교육철학분과회 회장 역임. 일본 히로시마대학교 교육학박사(1970).

〈저서〉 『페스탈로찌의 생애와 사상』(1974). 『김교신』(1980). 『전인교육론』(1982. 한국교육학회 학술상). 『현대의 비판적 교육이론』(1988). 『인간화교육, 어떻게 할 것인가』(1995). 『페스탈로치의 교육철학』(1995). 『한국교육 이야기 백 가지』(2007). 『백조의 노래』 (2011). 『전인교육의 이념과 방법』(2014) 외 다수.

〈역서〉 『인간주의 교육학』(1985). 『페스탈로치가 어머니들에게 보내는 편지』(1989). 『몬테소리, 유아교육 첫걸음』(1992). 『페스탈로찌의 숨은이의 저녁노을』(2000) 외 다수.

편저자 정보

우정길 (禹貞吉)

독일 Justus-Liebig-Univ. Giessen(Dr. Phil.). 독일 Justus-Liebig-Univ. Giessen 전임연구강사(Wiss. Mitarbeiter) 및 강의전임(LfbA) 역임. 현재 경희대학교 교육대학원 교수.

〈저서〉 Handbuch der Erziehungswissenschaft(2007, 공저). Lehren und Lernen mit Bildern (2010, 공저). Lernen und Kultur (2010, 공저). 『포스트휴머니즘과 인간의 교육』(2019. 세종우수도서). 『비판적 실천을 위한 교육학』(2019, 공저. 세종우수도서). Confucian Perspectives on Learning and Self-Transformation (2020, 공저). 『일제강점기, 저항과 계몽의 교육사상가들』(2020, 공저). 『한나 아렌트와 교육의 지평』(2020, 공저. 대한민국학술원 우수도서). 『포스트휴머니즘과 교육학』(2021, 편저)

〈역서〉 『마틴 부버의 교육강연집』(2010)

김정환의 민족과 종교와 교육

초판발행	2021년 10월 9일
지은이	김정환
엮은이	우정길
펴낸이	노 현
편 집	윤혜경
기획/마케팅	손준호
표지디자인	이수빈
제 작	고철민·조영환
펴낸곳	㈜ 피와이메이트
	서울특별시 금천구 가산디지털2로 53, 한라시그마밸리 210호(가산동)
	등록 2014. 2. 12. 제2018-000080호
전 화	02)733-6771
f a x	02)736-4818
e-mail	pys@pybook.co.kr
homepage	www.pybook.co.kr
ISBN	979-11-6519-178-8 93370

정 가 19,000원

피와이메이트는 박영사와 함께하는 브랜드입니다.